KB239942

# 고고학여정

최 성 락

# 고고학여정

- 한국고고학의 방향 모색 -

최 성 락

# 고고학여정


| | | |
|---|---|---|
| 저　　자 | 최 성 락 |
| 발 행 인 | 도서출판 주류성　최 병 식 |
| 발 행 일 | 2001년 10월 19일 |
| 등 록 일 | 1992년 3월 19일 제 21-325호 |
| 주　　소 | 서울특별시 서초구 서초동 1305-5 창람(蒼藍)빌딩 |

T　E　L　： 02- 3481-1024(대표전화)
F　A　X　： 02- 3482-0656
h t t p / /　： www.juluesung.co.kr
e - m a i l　： juluesung@yahoo.co.kr

ⓒ2001. 최성락
값　9,000원

잘못된 책은 교환해 드립니다.
ISBN　89-87096-19-X

# 서 문

　이 책은 필자가 고고학을 공부하면서 느낀 여러 가지 문제를 간략하게 정리하거나 학술대회에서 발표한 글들을 모아 본 것이다. 그 시작은 1994년까지 거슬러 올라간다. 당시 미국에서 체류하면서 작성한 연구노트가 하나의 계기가 되었기 때문이다.

　여기에 모아둔 글은 크게 세 부분으로 구성되어 있다. 첫 부분에서는 고고학과 인접분야와의 관계를 다룬 글들이다. '고고학과 인류학'에서는 두 학문과의 관계를, '고대사연구와 고고학'에서는 고대사연구에서 고고학의 역할을 생각해 보았다. 고고학은 결코 역사학이나 인류학의 하위학문이 아니라 나름대로의 연구목적과 방법을 가진 학문인 것이다. '고고학에 있어서 자연과학의 활용'에서는 고고학의 분석과정에서 활용되는 자연과학적 방법들을 살펴보았다. 그리고 '문화재관리의 새로운 방향'에서는 문화재관리가 고고학의 한 분야이지만 과거 문화를 밝히는 데 연구목적을 둔 고고학과 달리 유적의 보존과 활용에 중점을 두는 분야임을 알게 되었다.

　두 번째 부분은 전남지역 고대문화의 연구현황을 정리한 글들이다. 즉 '전남지역 고대사회의 연구현황과 반성' 및 '호남지역 철기시대의 연구현황과 과제'에서는 각각 연구현황과 문제점들을 검토해 보았고, '전방후원형 고분의 연구현황과 과제'에서는 최근 가장 관심의 대상이 되고 있는 '전방후원형 고분'을 정리해 보았다. 전방후원형 고분은 근래에 영산강유역에서 확인되고 있는 특이한 고분으로, 그 성격에 대하여 한일학자들 사이에 많은 논쟁이 야기되고 있다. 필자는 이들 무덤의 주인공이 영산강유역의 토착인이며, 고분의 일부 특징이 일본지역과의 교류를 통해 유입된 것으로 보고 있다. 그리고 '마한론의 실체와 문제점'에서는 마한에 대한 연구성과를 정리하면서 최근 고고학계에서 제기된 마한론에 대한 문제점을 지적해 보았다.

세 번째 부분에서는 고고학연구상의 여러 가지 문제와 방향에 대한 글들이다. 먼저 시대구분과 관련되는 것으로 '철기시대'에 대한 필자의 생각과 '전환기의 고고학'에 대한 의미를 정리해 보았다. 전환기란 구석기시대에서 신석기시대로, 신석기시대에서 청동기시대로, 청동기시대에서 철기시대로 변화되는 시기를 지칭한 것이다. 마지막으로 '21세기 한국고고학의 연구방향'에서는 한국고고학이 가지고 있는 몇 가지 과제와 나아갈 방향을 제시해 보았다. 이들 과제를 정확히 파악하고 해결하기 위해서는 모든 고고학자들이 함께 노력하여야 할 것이다.

이상의 글들은 각기 별도로 기획된 것이라 체계적이지 못하고 중복되는 부분도 적지 않다. 다만 이미 출간한《한국고고학의 방법과 이론》(학연문화사, 1998)에 뒤이어 한국고고학의 연구 방향을 여러 가지로 모색하고자 하는 의도에서 책으로 묶어 보았고, 필자의 이러한 노력이 한국고고학에 조금이라도 보탬이 되기를 바라는 마음이다. 끝으로 이 책의 출간을 허락해주신 주류성 최병식 사장님께 깊이 감사를 드린다.

2001년 9월

최 성 락  씀

# 차 례

# 출 전

- 고고학여정-1994년 연구노트-
  (박물관연보 3, 목포대 박물관, 1994)
- 고고학과 인류학
  (박물관연보 4, 목포대 박물관, 1995)
- 고대사연구와 고고학
  (지방사와 지방문화 2, 역사문화학회, 2000)
- 고고학에 있어서 자연과학의 활용
  (최몽룡 외 편, 고고학연구방법론, 서울대 출판부, 1998)
- 문화재관리의 새로운 방향
  (제70기 문화재연수, 언론연수원, 1999)
- 전남지역 고대사회의 연구현황과 반성
  (박물관연보 6, 목포대 박물관, 1997)
- 호남지역 철기시대의 연구현황과 과제
  (호남고고학보 11, 호남고고학회, 2000)
- 전방후원형 고분의 연구현황과 과제
  (박물관연보 8, 목포대 박물관, 1999)
- 마한론의 실체와 문제점
  (박물관연보 9, 목포대 박물관, 2000)
- 철기시대의 설정과 문제점
  (박물관연보 7, 목포대 박물관, 1998)
- 전환기 고고학의 의미와 과제
  (제22회 한국상고사학회 학술발표회, 1999)
- 21세기 한국고고학의 연구방향
  (제24회 한국고고학 전국대회, 한국고고학회, 2000)

# 고고학여정

### - 1994년도 연구노트 -

# 1. 머리말

1994년은 어쩌면 나에게 특별한 한 해가 되었다고 볼 수 있다. 목포대학교에서 12년을 근무하고 처음으로 외국대학에서 교환교수(정확하게 말하면 강의를 하지 않기 때문에 방문 학자-visiting scholar-임)의 자격으로 연구할 기회가 주어진 것이다. 진작부터 그 행선지를 어디로 할 것인가 물색하다가 미국 오리건대학(University of Oregon)으로 결정하였고, 그 동안 밀린 여러가지의 잔무를 처리하다 보니 학교에서 정한 시한을 며칠 앞둔 2월 24일에야 비행기를 탈 수 있었다.

미국에 도착한 후 오리건대학에 오도록 주선해 준 북서기독교대학의 이송래교수와 유학생 김경택의 도움으로 생활의 터전을 잡을 수 있었고, 오리건대학 인류학과 내에 조그만 연구실도 배정받았다. 처음 얼마 동안은 갑자기 바뀐 분위기와 주어진 일거리가 전혀 없는 생활에 무기력하기만 하고 도무지 책이 읽혀지지 않았으나 점차 이곳 생활에 익숙해지면서 해야할 일들을 알게 되었다. 이곳 오리건대학 인류학과에는 한국 유학생이 3명이다. 이미 박사과정을 수료하고 귀국하여 논문을 준비중인 노혁진(한림대 교수)과 역시 여기에서 논문을 작성중

오리건대학 캠퍼스(큰 딸과 함께)

인 강봉원(현 경주대 교수), 그리고 김경택이 있어 미국 내에서 한국 고고학을 전공하는 사람의 수가 많은 편이다.

오리건대학이 위치하는 유진(Eugene)시는 인구 13만 명의 중소 도시로 유진시가 포함된 레인 카운티(Lane County)의 인구는 30만 명에 지나지 않지만 일간지 신문이 있는 등 여러 가지 문화시설이 잘 되어 있다. 오리건주(Oregon State)의 면적은 남북한 전체 면적과 비슷하나 인구는 불과 300만 명으로 자연이 잘 보존되어 있고 겨울에 비가 많은 것을 빼고 나면 기후가 좋은 편이다.

본고에서는 우선 연구과정을 학기별로 정리해 보고, 가장 큰 관심 분야인 미국고고학의 연구동향과 한국고고학의 연구방향 등을 검토해 보고자 한다.

# 2. 연구일지

미국의 대학에 와 있으면서 무엇을 할 것인가 하는 목적은 대략 3가지로 정리될 수 있다.

첫째, 미국고고학의 방법과 이론을 공부하여 한국고고학의 방법론 정립에 참고하는 문제이다. 이것은 미국에 오기 전에 제출한 연구계획서의 목적과 같다. 즉 한국고고학은 고고학적 자료가 증가하나 이를 기초로 문화를 해석하는데 필요한 방법과 이론이 부족하다고 생각된다. 이를 보완하기 위해서는 미국고고학이나 유럽의 고고학을 참고하여야 할 것이다.

둘째, 미국 대학에서 교수방법을 배우는 것이다. 지난 12년 간 교단에서 강의하면서 한번도 어떻게 하면 강의를 효율적으로 하고 학생들을 잘 이해시킬 것인가를 진지하게 생각할 기회가 없었다. 이번 기회에 강의 방법, 강의 내용, 그리고 평가방법 등을 관찰해 보려고 한다.

셋째, 영어를 듣고 말하는 능력의 배양이다. 영어를 오래 공부하였다고는 하지만 제대로 말하고 듣지 못하는 것이 사실이다. 이번 기회에 영어로 의사표현을 할 수 있고, 들을 수 있도록 공부해야 한다. 이것이 안되면 사실상 모든 연구를 수행하기가 어렵다.

지난 일년간의 연구활동을 이곳 학교의 학사일정인 4학기제(쿼터제)에 따라 구분하여 보았다.

1) 봄학기(' 94.3.28~6.10)

　봄학기에는 우선 대학원강좌 하나를 청강하였다. 이 강좌는 인류학과 학과장이며 나를 초청한 에이켄스(C. Melvin Aikens)교수가 맡은 '고고학과 인류학(코아코스)'이다. 인류학과의 코아코스(core course)는 문화인류학, 고고학, 형질인류학, 언어인류학 등 분야별로 1강좌씩 있는데 석사과정 학생들이 필수적으로 수강하여야 하는 과목이다.

　강의 내용은 미국고고학의 이론과 방법의 흐름을 정리해 보는 것으로 그 동안 발표된 미국고고학의 대표적인 논문을 읽고, 요약·정리하는 것이다. 대학원생의 수는 16명이고, 강의 중 논문의 요약을 미리 지정해서 하는 것이 아니라 임의로 발표하고 토론하는 것이 특징이다. 이 과정에서 수업의 참여도도 성적에 반영된다. 수업은 거의 결강 없이 진행되는데 한번은 교수의 학회참석으로 빠지자 학생들만으로 수업이 진행되었다. 물론 학기말에는 학생들이 교수의 강의에 대한 평가도 빠지지 않았다.

　이 강의를 청강하면서 어려운 점은 우선 어학문제이다. 수업 중에 교수의 말이나 학생들의 말을 잘 이해할 수 없는 점은 물론이고, 매주 읽어야 하는 논문도 미처 읽지 못한 채 강의에 참여하였고, 말석에 앉아 거의 벙어리 신세로 한 학기를 보냈다. 그러한 과정에서 약간씩 접하는 미국고고학 논문에서 미국고고학의 방향이나 흐름을 조금은 이해할 수 있었다. 미국고고학의 첫 번째 연구대상이 북미지역 인디언들의 유적이기 때문에 시작단계에서부터 인류학과 같이 연구되었다. 그래서 미국고고학에서는 민족지고고학(ethnoarchaeology)의 중요성이 강조되고 있다. 최근에는 전통이 다른 유럽의 고고학도 민족지고고학의 중요성을 인정하는 것을 보면 이 분야에 대한 공부의 필요성을 느낀다.

봄학기 중에는 두 가지 일이 있었는데 미국고고학회의 참석과 서평의 작성이다. 미국고고학회는 캘리포니아 디즈니랜드 호텔에서 개최되었으며 전국의 고고학자들이 참여하는 정기학술대회였다. 마침 강봉원씨가 참가하기에 같이 가보았는데 몇 가지 면에서 기억에 남는다. 우선 그 규모에서 엄청나다는 점이다. 수 천명의 학자들이 모였고 방법론으로부터 세계 각지의 고고학에 대한 수 백 건의 주제발표가 있었다. 다음은 여성고고학자의 수가 거의 절반에 이른다는 점이다. 20여 년 전에는 여성고고학자의 수가 적었으나 점차 늘어나면서 각 부분에서 적극적인 활동을 하고 있다고 한다. 뿐만 아니라 미국고고학에서는 여성고고학(Feminist Archaeology)의 분야도 개척되어 고대문화에서의 여성의 역할을 연구하고 있다. 여기에서 만난 사람으로는 전곡리유적을 발견한 보헨(Bowen)이 있는데 그는 요즘 용역회사에 다니고 있고, 마침 한국인 부인과 딸이 함께 와 있었다. 그리고 덴버대학의 고고학교수인 넬슨(S. M. Nelson)과 아리조나 주립대학의 젊은 친구들도 만났다.

또한 학회에 참석하기 전 미국인류학회로부터 넬슨의 "The Archaeology of Korea"에 대한 서평을 요청받았다. 이는 미국에서 맡은 첫 번째 일로 어떻게 할지 고심하다가 받아들이기로 하고 준비하였다. 최종적으로 이송래교수의 도움을 받아 원고를 완료하고 기한에 맞추어 발송하였다. 한참 후 연락 온 편지에 학회지 게재를 보류한다는 것이다. 왜냐 하면 넬슨의 책이 너무나 빈약하여 이런 책의 서평을 "American Anthropologist"에 실을 수 없다는 것이다. 어쩌면 비판을 너무 심하게 했었나 후회해 보기도 했는데 나의 첫 영문원고의 출판이 무산되는 순간이다. 이는 15년 전 한국고고학회의 간사를 하면서 '박물관신문'의 요청으로 고고학대회의 발표요지를 작성 제출하였는데 다른 분이 우연히 같은 주제로 원고가 제출되어 무산된 것과 처음 작성해 본 흔암리 주거지 8차 발굴보고서가 내용의 빈약으로 출판이 무산되는 등 과거의 기억이 되살아나기도 하였다.


2) 여름학기 및 여름방학(' 94.6.11～9.26)


여름학기(6.20～7.15)는 일부 학생만이 등록하고 대부분의 학생들은 바로 여름방학에 들어간다. 여름학기는 비교적 짧은 기간(4주)에 주 4차례 수업을 하는 강행군이다. 이 기간에 에얼스(William S. Ayres)교수의 '고고학개론'을 청강하였다. '고고학개론'은 처음 기대한 것과 다르게 고고학의 방법과 이론만을 강의하는 것이 아니라 오히려 세계선사고고학에 치중하는 강의였다. 시험은 중간고사와 기말고사 이외에도 수업 중에 몇 차례 객관식 시험을 쳤다. 만약 시험을 학생들과 같이 치렀다면 어떤 학점을 받았을까? 아마도 낙제점을 겨우 넘어서는 수준이 아닐까 한다. 이것은 유학생과 달리 교환교수로서의 입장이 느슨하여 별다른 준비 없이 강의에 참여하기 때문이기도 했다. '고고학개론'의 강의에서는 학생들에게 흥미를 주기 위해 슬라이드, 오버헤드 프로젝트, 영화 그리고 유물 등 다양한 보조자료를 사용한다는 점이 좋았다.

미국의 학부나 대학원의 강의를 들으면서 느낀 점은 강의가 계획서에 의해 이루어지고 있고 휴강과 결강이 거의 없다는 것이다. 그리고 강의 보조자료의 활용이 두드러지며, 시험도 객관식, 주관식, 그리고 논술형 등 다양하고 엄격하다. 그리고 성적처리와 함께 교수와 조교의 강의내용에 대한 평가는 학기말에 학생들에 의해 이루어진다. 이와 같이 성적관리가 철저한 반면에 학부생에 대한 개인적인 학사지도는 주립대학에서 거의 찾아볼 수 없다고 한다. 주립대학에서는 대학원생에게만 지도교수가 있고 학부생에게는 없어 학부생들은 소속감을 가지지 못한 채 거의 방치되고 있다. 다만 사립대학의 경우 비교적 학부생들의 학사지도를 잘 한다고 하는데 이것은 중·고등학교도 등록금이 비싸지만 사립학교가 학생관리를 철저히 하는 것과 일맥상통한다.

방학기간 중에 있었던 일은 먼저 고고학 필드스쿨(Archaeology Field school)에 구경간 일이다. 필드스쿨은 에이켄스(C. M. Aikens)교수가 단장으로 매년 여름 방학중에 6주간 실시되는데 유진시에서 동쪽으로 자동차로 약 3시간 반 가량 떨어진 포트 락(Fort Rock) 부근에서 이루어졌다. 필드스쿨은 발굴에 대한 현장실습으로 학점의 취득도 가능한데 오리건대학 인류학과의 창설자이고 금년 봄에 작고한 크레스맨(L.S.Cressman)에 의해 시작되었다. 비단 오리건대학생 뿐만 아니라 전국에서 20여명이 와 있었는데 그 중에는 일본 유학생 2명도 포함되어 있었다. 필드스쿨의 숙소는 야산에 친 텐트이고, 식사와 실내작업은 부근 학교를 빌려서 사용하고 있었다. 현장은 차로 다니는데 거리가 10여 마일 이상이며, 준사막지대로 바람이 불면 먼지를 덮어쓰는 등 어렵게 작업하고 있었다. 조사대상은 약 9000년 전의 인디언유적으로 그들의 주거지와 저장고 등을 발굴하고 있었으며 이 지역의 인디언들은 토기를 사용하지 않았기 때문에 대부분의 유물은 석기였다. 석기들의 위치를 일일이 기록하고 정리할 뿐만 아니라 지질고고학자와 식물전문가도 참여하여 당시의 환경 복원

필드스쿨의 발굴현장에서(에이켄스교수와 함께)

을 시도하고 있었다.

현장을 다녀 온 이후에는 얼마 동안 오리건주와 인접한 워싱톤주 일부지역을 여행하였다. 특히 기억이 남는 곳은 인디언 거주지역인 웜스프링(Warm Spring), 萬年雪이 있는 레이니어山과 후드山 등 이 있다.

그리고 방학중에는 미국고고학사를 읽었고, 논문 〈한국고고학에 있어서 시대구분론〉을 작성하였다(최성락 1995a 참조). 특히 시대구 분론에 관심을 가진 것은 그 동안 한국고고학이 삼시대 구분법에 의거 한 시대구분에 머물러 있다는 비판이 있었고, 시대구분에 대한 인식 이 잘못되어 있다고 보았기 때문이다. 이 논고에서는 원칙적으로 고 고학에서의 시대구분이 고고학적 자료나 당시 문화적 혹은 사회적 특

징을 기준으로 구분되어야 하고, 한국고고학에서의 새로운 시대구분
은 당시 문화에 대한 연구가 심층적으로 이루어지면 자연스럽게 제기
될 것으로 보았다.

미국고고학사를 읽으면서 미국고고학에 나오는 용어를 이해하는
데 어려움이 많았다. 이것은 미국고고학이 정립되는 과정에서 많은
용어들이 만들어졌고, 다른 학문분야로부터 차용하여 사용되기도 하
는데 이들 용어가 고고학자들에게 통용되고 있다(이를 고고학언어라
고도 부른다). 이를 보면서 그 학문의 깊이는 사용되는 전문용어가 얼
마나 많은 가로 점칠 수도 있는 것이 아닐까 생각한다.


## 3) 가을학기(' 94.9.27~12.10)

가을학기에는 에얼스교수의 '세미나 – 공간고고학' 을 청강하였고,
'고고학개론' 도 재청강하였다. 공간고고학은 고고학에서 꼭 공부해
보고 싶었던 분야 중의 하나이다. 공간고고학은 과거의 인간활동, 즉
분업, 교역, 사회구조 등을 추론해 내는데 중요한 역할을 하게 된다.
이 강의를 청강하면서 공간고고학의 연구경향과 이와 관련된 다양한
연구세목들을 알게 되었다. 마침 한국고고학회의 가을 학술대회의 주
제가 취락고고학이라서 관심이 많았다. 마지막 시간에는 한국고고학
에 대한 슬라이드를 대학원생들에게 보여주었다.

그리고 얼랜슨(J.M.Erlandson)의 '고고학개론' 의 재청강은 강
의를 듣는 훈련을 위해서이다. 얼랜슨의 부인인 모스(M.Moss)도 역
시 고고학자로 인류학과의 교수이다. 이와 같이 부부교수가 같은 과
에 근무하는 경우는 한국에서 거의 찾아보기 힘드나 미국에서는 아주

흔하다고 한다. 이 강의는 교수가 주 2회를 강의하고 강의조교(GTF)가 주 1회 강의하는 방식으로 진행되는데 성적의 평가도 주로 조교가 맡고 있다. 따라서 학부생을 대상으로 하는 대규모의 강의에는 조교가 3~4명이 배정되어 인류학과에 모두 15명의 조교를 두고 있다. 조교가 되는 것이 대학원생들에는 가장 큰 장학혜택이다. 한가지 특이한 점은 몇몇 대규모 강의의 경우 대학원생 한 사람이 강의노트를 작성하여 이를 공식적으로 판매하는 것이다. 혹시 결강하는 경우 이를 참고하여 공부하라는 것인데 한국에서는 볼 수 없는 제도이다.

오리건대학에는 예술박물관과 자연사박물관이 있다. 가을 학기가 시작되면서 자연사박물관에서는 고고학주간을 설정, 강연과 특별전시를 하였다. 자연사박물관에서는 수시로 이와 같은 특별기획을 통해 시민과 학생들의 관심을 끌고 있다. 지난 봄에는 석기 및 토기의 제작과정을 공개적으로 실시하여 일반인들에게 고고학과 친숙하게 하는데 기여하였다. 그리고 자연사박물관의 부속기관으로 고고학발굴팀(책임연구원은 Dr. Dennis Jenkins로 고고학 필드스쿨의 현장책임자이기도 함)이 있어 고고학유적의 조사와 발굴을 담당하고 있다.

가을학기 중에 이루어진 일은 한국상고사학회에서 요청한 '한국고고학에 있어서 사전용어의 작성'이다. 한국고고학의 용어를 정리하는 작업의 하나로 고고학의 기본적인 용어를 맡게 되었다. 이 작업을 통해서 한국고고학에서 사용되는 기본용어의 수가 절대적으로 부족하고 정확한 개념의 정리도 필요하다는 점을 실감하였다.

가을학기가 끝날 때쯤 오리건대학 미식축구팀이 퍼시픽-10 리그에서 우승, 로스볼에 출전이 결정되었고, 이는 37년만의 일로 유진시뿐만 아니라 오리건주가 온통 난리였다.

4) 겨울학기(' 95.1.4~3.18)

연말휴가(' 94.12.11~' 95.1.3)가 끝나면 겨울학기가 시작된다. 이번 학기는 시작이 일반적으로 하루 늦은 1월 4일이다. 이것은 1월 2일에 오리건대학 미식축구팀이 펜실베니아주립대학팀과 남부 켈리포니아에서 로즈볼 결승전을 하기 때문이다(결국 오리건대학팀이 38-20으로 패하였다).

겨울학기에는 '동남아시아고고학', '통계학' 등을 청강할 계획이고, 지금까지 구상한 한국고고학의 몇 가지 주제에 대한 원고작성을 시작할까 한다.

# 3. 미국고고학의 연구동향

연구과정에서 나의 가장 큰 관심은 미국고고학의 동향을 파악하는 것이다. 도대체 미국고고학이 어떻게 연구되고 무엇에 관심을 많이 가지고 있으며 한국고고학과 차이점이 무엇인지 알아보는 것이다. 이와 같은 문제는 결코 짧은 시간에 파악할 수 있는 문제는 아니다. 그동안 공부하면서 느낀 점을 적어봄으로써 이를 대신할까 한다.

미국고고학은 출발부터 인류학과 같이 시작되었고, 고고학은 인류학의 일부라는 인식이 아직도 지배적이기 때문에 기본적으로 유럽의 고고학이나 한국고고학과 차이가 있다. 그러나 이론과 방법 면에서는 유럽의 고고학과 상당한 부분을 공유하고 있다.

먼저 미국고고학의 관심이 어디에 있는가 하는 문제이다. 미국고고학은 고고학 자료의 수집이나 자료의 분석보다는 문화의 해석에 치중하기 때문에 고고학의 방법과 이론에 대한 연구논문이 많이 발표되고 있다. 또한 미국고고학은 전 세계의 고고학에 관심을 가지고 있는데 북미지역 다음으로 중남미지역이 중요하고, 그 다음은 근동과 유럽, 아프리카, 동남아시아 및 호주, 시베리아 및 동아시아지역 순이라고 생각한다.

다음은 미국고고학사를 살펴보았다. 미국고고학사에 관심을 가진 것은 미국고고학의 발전과정을 쉽게 알고자 함이다. 20세기 중반까지의 미국고고학은 문화역사적 접근으로 당시 문화의 복원에 치중하였다고 한다. 그 후 1960년대에 신고고학이 등장하면서 새로운 방법론의 체계가 정립되었고, 많은 발전을 가져 왔다. 1970년대에는 미국고고학이나 유럽고고학에서는 순진함을 벗어났다(loss of innocence)고 선언되기도 하였다(Clarke 1973). 그 의미는 고고학이 과학화하여 하나의 학문으로 정착되었다는 것이다. 즉 신고고학(과정고고학)이 등장하면서 과거의 고고학과 같이 유물을 통한 추정적 해석을 포기하고 한층 발전된 고고학으로 변화된 것이다. 미국고고학에서는 고고학이 각 분야별로 세분되어 있다. 앞에서 언급한 민족지고고학, 여성고고학, 공간고고학 이외에도 지질고고학, 환경고고학, 경관고고학, 동물고고학, 실험고고학, 역사고고학(산업고고학), 성서고고학 등 연구 주제에 따라 여러 분야가 연구되고 있다.

또한 미국고고학에서는 신고고학(과정고고학)에 이어 1980년 중반 이후 등장한 후기과정고고학이 있다. 최근 미국고고학은 그 주류가 과정고고학으로부터 후기과정고고학으로 바뀌어가고 있다. 고고학 개설서에도 이런 경향을 소개하고 있을 뿐만 아니라 심지어 이런 입장에서 쓰여진 개설서도 등장하였다. 아직은 후기과정고고학에 대한 이론과 방법을 정확히 이해할 수 없다. 그런데 어느 개설서에서 본 다음의 글이 이들 경향을 분명히 대비해 주고 있다.

> "20세기 고고학은 3가지 경향을 보여주고 있는데 그것이 문화역사적 접근(전통고고학), 문화과정적 접근(과정고고학 혹은 신고고학), 그리고 후기과정고고학이다. 문화역사적 접근은 과거 문화의 무엇, 언제, 그리고 어디에 등에 관심을 가지는 반면, 문화과정적 접근은 과거에 이루어진 것이 어떻게, 그리고 왜 이루어졌는지를 설명하기 위해 노력한다. 후기과정고고학자도 역시 과거에 있어서 발전에 대한 왜 라는 의문에 목적을 두려고 하는데, 다만 고대사람의 관점에서 외부자의 설명 대신에 내부자의 이해를 얻고자 한다."

끝으로 고고학의 체계와 문화이론에 대해 알아보았다. 미국고고학이 어떻게 연구되는지를 알기 위해서는 그들의 연구체계를 알아야 한다. 미국고고학에서도 고고학의 체계는 자료정리, 자료의 분석 및 해석 등 3단계로 이루어져 있으며 과거문화의 해석에 앞서 많은 방법과 이론이 요구된다고 한다. 방법에는 공간, 연대, 형태 및 기능 등에 대한 연구가 있고, 이론에는 높은 단계의 문화이론(일반이론)과 중간단계의 이론(중범위이론)이 있다. 문화이론은 문화의 변천과 발전과정을 설명하는 이론으로 신진화론, 문화생태학, 문화유물론, 체계이론,

막시스트론, 구조론 등 다양한 이론이 고고학에 적용되고 있다. 중범위이론은 고고학적 자료와 인간의 행위간을 연결짓는 이론이다. 이러한 이론들을 이해하고 한국고고학에 응용하기는 결코 싶지 않을 것이다.

# 4. 한국고고학의 연구방향

　　미국고고학의 연구동향에 대한 관심과 더불어 지금까지 나의 연구과정을 회상해 보고 나아가 한국고고학의 연구방향에 대하여 검토하는 것도 중요한 과제이다.

　　한국고고학에 있어서 큰 문제의 하나는 방법론에 관심이 적다는 점이다. 고고학의 연구는 결코 발굴작업을 통해 얻어지는 유물의 해석으로 끝나는 것이 아니다. 이들 유물을 체계적으로 정리·분석하고, 고고학적 방법과 이론을 통해 과거 문화를 해석하여야 한다. 그러기 위해서는 우선 고고학이 무엇을 하는 학문인가 하는 논의와 더불어 이론과 방법에 대한 연구가 많이 이루어져야 한다. 그리고 고고학이 물질적인 자료를 가지고 문화를 복원하는 학문이라면, 문화에 대한 개념도 정확히 정립되어야 할 것이다. 즉 고고학적 문화란 어떠한 것이고, 어떤 과정을 거쳐 문화가 복원되어야 하는가 등이다.

　　그런데 한국에 있을 때는 왜 이러한 문제를 깊이 있게 생각하지 못했을까? 아마도 관심의 부족이라 생각한다. 한국에서는 대부분의 시간을 발굴과 보고서의 정리에 매달려 그러한 문제에 관심을 돌릴 만한 시간이 없다는 점과 대부분의 관심이 유물의 연구, 편년의 설정, 문화의 기원문제 등에 한정되고 있고, 미처 외국고고학의 연구동향을 파악할 수 없기 때문이다. 최근 외국고고학의 경향을 소개하는 글이 발표되고 있어 한국고고학의 방향을 알려주는 데 도움이 되기도 한다. 그러나 이를 소개하는 경우에는 외국의 연구경향을 객관적이고 정확하게 전달하여야 할 것이다. 개인적인 견해나 의견을 강조하다 보면 오히려 잘못 전달되거나 본질에서 벗어나는 경우가 생길 수도 있다. 이들 논고의 검토가 필요하다고 느낀다.

다음은 여전히 한국고고학에서 문화해석이 전파론에 의존하고 있다는 점이다. 여기에 와 있으면서 받아 본 몇 편의 한국 논고는 너무나도 철저한 전파론적 문화해석을 하고 있다. 이러한 해석에서 벗어나지 않으면 한국고고학의 발전을 기대하기 어렵다. 전파론적 해석의 문제점에 대한 검토가 역시 필요하다. 이러한 문제의식에서 몇몇 사람들에게 개인적인 私信으로 그들 논문의 문제점을 비판하기도 하였다(최성락 1995b 참조). 이것은 미국고고학을 공부하고 있다는 입장이라기 보다는 어떻게 하면 한국고고학이 좀 더 발전할 수 있을까 하는 노파심에서 나온 것이다.

따라서 한국고고학이 언제까지나 현 단계에 머물러서는 아니될 것이다. 세계고고학의 방향을 알아야 하고, 한국고고학에 적합한 방법과 이론이 정립되어야 한국고고학도 나름대로 발전할 수 있을 것이다.

# 5. 맺음말

　이상과 같이 1994년도를 보내면서 느낀 몇 가지 점을 적어보았다. 그런데 지금에 와서 생각해 보면 출발하기 전의 준비가 부족하였다고 느낀다. 즉 사전에 이곳에서 공부할 주제들을 좀 더 검토하여야 할 것 같고, 영어에 대한 준비도 시간을 두고 했어야 했다. 그리고 만약 미국으로 오는 경우 가능하면 이곳에서 새 학기의 시작이 9월이니까 거기에 맞추어 8월경에 오는 것이 좋을 것 같다.

　1년을 보내면서 이제 겨우 무엇을 공부해야 할지 알 것 같고, 미국고고학의 동향도 조금 이해된다. 또한 한국고고학의 방법론 정립을 위해 공부하여야 할 많은 과제도 메모해 두었다. 그러나 아직 미국고고학의 방법론을 구체적으로 이해하기에는 시기상조이다. 나에게 좀 더 시간이 주어진다면 이상의 과제를 풀기 위해 시간을 보낼 것이다.

# I
# 고고학과 인접분야

# 제1장
# 고고학과 인류학

# 1. 머리말

필자가 인류학을 알게 된 것은 고고인류학과에 들어가서이다. 그러나 고고학을 전공으로 선택하면서 인류학에 대한 관심이 줄고, 오로지 고고학에만 전념해왔다. 방문교수로서 미국에 2년째 머물면서 미국 고고학의 이론과 방법, 미국 인류학의 이론 등을 공부하게 되었고, 고고학과 인류학의 관계도 다시 생각하게 되었다. 여기에서 부딪치는 문제는 대부분 한국에서 다루지 못한 부분이어서 이를 이해하는 데 어려움을 겪고 있는 것이 사실이다. 그 과정에서 필자는 고고학이 어떤 학문인가? 한국고고학의 연구방향을 어떻게 잡아야 할 것인가 등을 주된 관심으로 삼아왔다.

그러던 중에 필자의 《韓國 原三國文化의 研究》(최성락 1993a, 이하 본서라 함)에 대한 전경수교수의 서평을 받아 보게 되었다. 전교수는 우선 고고학의 학문적인 위치에 대하여 자신의 견해를 제시하고 고고학이 문화를 연구하는 학문이므로 人類學的 科學으로 볼 수 있으며 문화란 總體性(holism)에 입각하여 연구하여야 한다고 전제하면서 고고학에서 문화의 개념이 무엇인지 의문을 제기함과 동시에 다음과 같은 문제점을 지적하였다(전경수 1994).

먼저 본서에서 고고학 연구는 문화를 연구하는 것이라고 전제하였으나 실상 고고학적 자료의 연구에 지나지 않았고, 인류학적 개념으로서 문화의 연구가 이루어지지 못하였다고 비판하였다.

다음은 문화해석의 방법으로 形式分類를 앞세우고 있고, 필자의 演繹法的 方法論에 앞서 歸納法的 方法論의 體系가 우선 적용되어야 한다는 주장은 방법론상의 편견이라고 보았다.

끝으로 文化接變, 形式分類(類型, 型, 式 등), 社會, 벼농사와 밭농사, 原三國文化 등 사용된 용어의 문제점을 지적하였다.

이상과 같은 지적은 필자도 느끼고 있는 가장 근본적인 문제점들이어서 더 이상 반박할 여지가 없다. 다만 지적한 문제점 중에는 다소 변명해야 할 부분이 있고, 나아가서 전교수가 고고학을 보는 시각이 필자와는 차이가 있기에 이를 언급하고자 한다.


# 2. 문화란 무엇인가?


전교수의 지적 중 가장 중요한 부분은 고고학이 과거 문화를 연구하는 학문이라고 한다면 인간의 삶을 지칭하는 문화에는 인문과학적 문화가 따로 있고, 사회과학적 문화가 따로 있는 것이 결코 아니며, 일반적인 문화의 내용이 기술, 조직, 이념인 것과 비교할 때 고고학에서 문화의 개념이 무엇인가 라는 의문을 제기한 점이다.

필자가 문화에 대한 뚜렷한 개념을 당시에 제시하지 못한 것은 부정하지 않는다. 또한 지금까지 한국고고학에서 문화의 개념이나 복원 방법에 관한 논의가 활발하지 못한 점도 주지의 사실이다. 그러나 전교수가 언급한 바와 같이 어느 분야에서나 문화의 개념이 동일하게 적용되는지 검토해 보자.

文化(culture)의 개념에 대해서는 많은 문화인류학자들이 연구하여 왔고, 그 개념도 각 시기나 이론에 따라 변화되어 왔다고 볼 수 있는데 우선 人類學에서의 문화 개념에 대해 간략히 알아본다.

문화의 어원은 라틴 말 colere(의미는 cultivate)에서 출발한다. 18세기 유럽에서는 문화의 개념이 야만(barbarism)의 반대적인 의미로 사용되었다. 19세기에 독일과 프랑스에서는 각기 다른 의미로 사용되었는데 독일에서는 관습, 종교, 예술 등이 文化(culture)로, 법과 제도 등이 文明(civilization)으로 불려진 반면에 프랑스에서는 그 구분이 없었다(Meinander 1981：100~102).

그 후 영국의 인류학자 타일러(E.B.Tylor)는 "文化란 社會構成員에 의해 습득된 知識, 信仰, 藝術, 法, 道德, 慣習 및 人間이 社會의 成員으로서 획득한 어떤 다른 能力이나 習慣 등을 포함한 複合總體"라 정의하였다(Tylor 1871). 그의 정의 속에는 문화가 인간 고유의 소유물인지를 분명히 하지 않았지만 이를 암시하고 있다. 이 정의는 進化論을 배경으로 하고 있으며 오랫동안 인류학에서 통용되어 왔다.

그 뒤 인류학에서는 單純進化論에 대항하여 傳播論, 歷史特殊主義, 機能主義, 文化 類型論 등이 등장하면서 문화에 대한 해석을 달리하였다. 그런데 최근까지 문화의 개념은 문화와 인간관계에 초점을 두고 몇 가지 특성으로 정의되었다. 첫째, 문화는 學習된 行爲(learned behavior)이다. 즉 인간이 유전인자를 통해 선조로부터 얻어지는 체내적인 것이 아니라 언어, 풍습 등 신체와는 다른 체외적인 경로를 통해 얻어지는 지식을 말한다. 둘째, 문화는 인간에게 유일한 것이다. 이 말은 약간의 논란이 있을 수 있다. 일부 동물들도 어떤 형태의 행위를 배운다. 그러나 인간이 유일하게 환경과 경쟁하는 수단으로서 문화를 이용한다. 즉 문화는 인간의 환경에 대한 적응체계이다. 셋째, 문화는 類型化(patterned)가 이루어진다. 일련의 습관과 관습은 그것을 사용하는 집단을 통합하고, 상호 체계적으로 관련을 맺는다. 인류학자들은 편리한 방법으로 언어, 종교, 경제, 기술, 사회조직 및 예술 등을 개념화하고 이를 연구한다. 넷째, 社會가 문화의 媒介體이다. 문화와 사회의 구분은 쉽지 않다. 사회는 상호작용하는 조직의 집단이고, 인간은 유일한 사회적 동물이다. 인간의 경우 사회는 문화의 저장소이고, 문화를 전달하며, 그 구성원이 문화에 참여한다. 문화는 사회행위의 지배적인 결정요인이다(Deetz 1967:5~7).

수 십년 간 인류학자는 이상의 정의에 만족하였으나 몇몇 학자들에 의해 문화란 행위로부터 끌어낸 抽象(abstract)이라고 주장되기 시작하였다. 즉 크루버와 크락혼(Kroeber and Kluckhohn 1952)에 의해 문화는 "그 자체가 행위가 아니라, 구체적인 인간행위로부터 끌어낸 추상"이라는 것이다. 그 동안 정의되어온 행위는 심리학자들의 연구 영역으로 보고 인류학자는 행위에서 도출된 추상만을 문화로 보았다.

또한 문화에 대한 개념은 新進化論, 文化生態學, 그리고 文化唯物論 등이 연구되면서 그 관점이 달라졌다. 특히 新進化論을 대표하는 화이트(L.A.White)는 文化란 "身體 外的인 脈絡에서 고려된 象徵行爲로 이루어진 사물과 사건들에 붙인 이름"으로 정의하였다(이문웅역 1978:175).

그리고 1970년대 이후에는 構造論, 맑시스트론, 象徵論 등과 포스트 모더니즘 (post-modernism)이 대두되면서 역시 문화에 대한 개념이 다르게 정의되고 있다. 뿐만 아니라 문화의 개념은 文化人類學, 民族學, 考古學 등 각 연구분야 별로 약간의 차이가 있다

(Winthrop 1991:57~59).

다음은 고고학에서의 문화의 개념을 살펴보자. 문화의 또 다른 특징은 고고학자들이 직접 볼 수 없으며 이미 사라져버린 것이다. 특히 정치제도, 언어, 종교적 신념 등은 유물로 남겨지지 않는다. 고고학자들은 물질적인 자료를 통해 과거 문화를 복원할 수밖에 없다. 이러한 고고학적 자료의 성격상 고고학에서의 문화란 인류학에서 연구되는 문화와 달리 제한적일 수밖에 없기 때문에 고고학에서 복원되는 문화를 考古學的 文化(archaeological culture)라 부른다.

처음으로 고고학에 문화의 개념을 접목시킨 고고학자로는 차일드(G.Childe)를 들 수 있다. 그는 고고학적 자료를 통해 유럽의 문화를 해석하는데 노력함으로써 문화가 고고학의 연구대상이 되는데 중요한 역할을 하였다. 그는 "동일한 형식의 유물복합체들(assemblages)이 여러 지역에서 나타날 때 이를 문화"라고 불렀다(Childe 1956:17). 이러한 정의를 계승한 클라크(D.Clarke)는 문화란 "한정된 지리적인 공간의 유물복합체들 속에서 끊임없이 상호작용하는 특별하고 이해할 수 있는 일련의 유물 형식들(artifact types)"로 보았다(Clarke 1968:203).

또한 고고학적 문화의 개념은 디츠(J.Deetz)에 의해 잘 제시되었다. 그는 고고학적 자료에 나타나는 인간행위를 네 단계로 나누었는데 그 중 마지막 단계로 고고학적 문화를 언급하였다. 즉 유물복합체들의 유형은 사회행위의 유형을 반영하는데 이를 고고학적 문화(archaeological cultures)라 정의하였다(Deetz 1967 : 108~109). 이후 고고학적 문화는 "특정사회에 해당하는 일련의 유형화된 유물복합체들(assemblages)"(Sharer and Ashmore 1993:299~301)로 혹은 "어떤 특정한 시기와 장소에서 행해졌던 일련의 행위를 보이며 계속적으로 나타나는 유물복합체들(assemblages)"(Renfrew and Bahn 1991:485) 등으로 각각 정의되고 있어 고고학적 자료에 한정시키는 경향이 있다.

그러나 화이트(L.A.White)의 영향을 받은 빈포드(L.Binford)는 문화를 "社會와 그의 環境 및 社會·文化的 體系와의 통합에서 채용된 體外的인 適應體系"로 정의하였고(Binford 1965:205), 문화를 보여주는 유물에는 기술적 유물, 사회적 유물 그리고 이상적 유물 등 3가지 범주가 있음을 말하였다(Binford 1962:217~225). 이후 미국고고학에서는 이러한 문화의 개념에 의거해 문화복원을 시도하는 것이 일반적이다.

따라서 최근 서양고고학에서 문화의 내용으로 기술, 조직, 이념 등이 연구되는 것은 분명하지만 고고학적 문화의 개념은 여전히 인류학적 문화의 개념과 차이가 있음을 알 수 있고, 서양고고학과는 연구기반이나 전통이 다른 한국고고학에서 문화의 개념은 일반적인 문화와 차이가 클 수밖에 없다고 본다.

필자가 "원삼국문화의 연구"라고 하였으나 문화의 복원이 충분히 이루어질 수 없는 것은 몇 가지 이유가 있다. 첫째로, 충분한 고고학적 자료를 확보하지 못한 상태이기 때문이다. 필자가 주로 다룬 전남지방 원삼국시대의 고고학적 자료는 당시 사회조직이나 이념을 복원하기에 충분하지 못하였다.

둘째로, 고고학적 방법과 이론의 부족이라고도 본다. 문화복원을 위해서는 환경적인 연구, 민족지고고학에 의한 유추 그리고 이론적인 모델에 의한 사회복원 등이 연구되어야 하는데 어느 것도 시도되지 못하였다. 이는 고고학을 연구하는데 있어서 필자의 한계였음을 인정한다. 이러한 고고학적 방법과 이론을 연구하는 것이 현재 필자의 가장 큰 연구과제이다.

　필자가 형식분류에 많은 비중을 둔 것은 사실이나 전교수가 지적한 것처럼 형식분류를 문화해석의 방법으로 언급한 적은 없다. 형식분류는 어디까지나 고고학적 자료의 분석 방법의 하나이며, 분석 방법에는 이밖에도 과학적 분석, 편년법, 공간적 분석, 통계적 분석 등이 있음을 언급하였다. 고고학에서 형식분류는 유물이나 유구의 성격을 기술하는데 기본적인 것이다. 유물이나 유구에 대한 구체적인 서술 없이는 고고학에서 문화를 복원할 방법은 없을 것이다.

　또한 필자는 당시에 문화의 복원방법에 대한 충분한 논의를 한 것은 아니지만 문화의 복원에 앞서 모든 고고학적 자료의 종합이 필요함을 절감하였다. 왜냐하면 종래 고고학의 연구가 개별 유물 혹은 개별 유구 중심의 연구였기 때문에 이를 통한 연구가 문화의 극히 일부분만을 보게 되고, 나아가 전파론적 해석의 결과를 낳는다고 보기 때문이다.

　전교수의 지적과 같이 문화의 내용이 기술, 조직, 이상으로 구성되어 있다는 것이 당연하다고 하더라도 고고학적 자료의 특성상 이를 바로 복원한다는 것은 결코 간단한 것은 아니다. 과거 문화를 복원하기 위해서는 많은 考古學的 方法과 理論을 필요로 한다. 고고학에서의 方法(method)은 주로 고고학적 자료의 수집과 분석단계에서 이용되고 있다. 즉 발굴방법, 형식분류의 방법, 연대측정법, 그리고 통계적 방법 등이 여기에 속한다.

　한편 理論(theory)은 고고학적 자료와 그 분석결과를 이용해 문화를 해석하는데 필요하다. 고고학적 이론에는 여러 단계가 있는데 가장 높은 단계의 이론을 一般理論(general theory), 그 아래의 이론을 中範圍理論(middle range theory)이라고 부르고 있다

(Binford 1978:6~7). 中範圍理論은 오늘날의 고고학적 자료와 과거에 일어났던 행위 사이의 간격을 메우는 여러 이론들이다. 中範圍理論은 민족지고고학이나 실험고고학 등을 이용하여 고고학적 자료로부터 과거 행위를 類推하는 과정인 推論(reasoning)과 遺蹟形成過程(site formation process) 등에 대한 이론을 포함하고 있다. 한편 一般理論은 문화를 해석하는 이론으로 다양하게 제시되고 있다. 즉 進化論(單純 進化論)과 傳播論에 뒤이어 新進化論, 文化唯物論, 文化生態學, 體系理論 등이 등장하면서 1960년대 新考古學을 형성하는데 유용한 이론이 되었다. 1970년대 이후 新考古學(혹은 過程考古學)에 대한 비판이 가해지면서 構造論, 맑시스트論 등이, 1980년대에 는 批判理論, 象徵論 등이 고고학계에 유입되면서 後期過程考古學의 이론적 근거가 되었다(Hodder 1986).

　이러한 고고학적 방법과 이론을 바탕으로 과거 문화를 연구하는 것이지 형식분류와 같이 한·두 방법으로 과거 문화를 복원하는 것은 아니다. 문화를 해석하는데 민족지고고학이나 실험고고학 등의 도움이 적은 한국고고학에서 역사적 기록과 관련하여 역사 적인 의미를 해석하는 것도 문화복원의 하나일 것이다. 다만 지금까지 치중된 傳播論的 解釋에서 벗어나야 하며 문화의 기원보다는 문화의 자체적인 변천과정이 좀 더 연구되어야 할 것이다.

　끝으로 한국고고학에서 歸納法的 方法論의 體系가 우선 정립되어야 한다는 필자의 견해에는 변함이 없다. 전교수가 우리의 사고과정이 歸納과 演繹의 상호밀접한 연계관계를 가지면서 실체에 대하여 접근하여야 한다는 주장은 당연하다. 그러나 한국고고학에서 문화를 복원하기 위한 演繹法的 方法論의 體系가 만들어지기에 앞서서 우선 歸納法的 方法論의 體系가 만들어져야 한다는 것이 필자의 견해이다. 이는 한국고고학에서 문화를 복원하기 위한 방법론의 체계가 아직 완성단계에 이르지 못하였다고 보기 때문이다. 미국고고학의 경우에 新考古學이 등장하면서 演繹的 假說檢證法이 주장되었는데 그 이전에 이미 文化歷史的 方法論의 體系가 단단하게 이루어졌다는 사실과 함께 演繹的 假說檢定法도 1970년대 이후 많은 비판을 받은 사실 등으로 본다면 이를 한국고고학에 쉽게 적용할 수 있는지는 의문이다.

# 3. 고고학의 용어 문제

전교수가 지적한 용어문제에 대하여 필자의 견해는 다음과 같다.

첫째, 文化接變 보다는 文化接觸이라는 용어가 적절하다고 본다. 이는 필자가 사용하였다라기 보다는 원전(이남규 1982)을 인용하면서 그 용어를 그대로 사용하였기 때문이다.

둘째, 송국리類型에서 송국리型 주거지와 검단리型 주거지 등의 분류도 역시 원전(안재호 1992)을 인용하여 그대로 사용한 것이다. 또한 지석묘의 분류에서 남방식과 개석식이 있다는 것도 원전(최몽룡 1978)을 인용하는 과정에서 나타나는 것이다. 形式 分類에 있어서 形式을 式, 型, 類 등으로 혼용하여 부르는 것은 한국고고학의 현실이다. 사실 본서에서 필자에 의한 유물의 형식분류는 거의 없다. 대부분 다른 연구자의 형식분류를 인용하는 과정에서 각기 다른 명칭을 인용할 수밖에 없고, 이것은 고고학에서 별 문제가 되지 않는다고 본다. 다만 類型이라는 용어는 형식분류보다는 문화와 관련이 있는 개념으로 최근 자주 사용되고 있어 검토되어야 할 개념일 것이다.

셋째, 벼농사와 밭농사는 전교수의 지적과 같이 논농사와 밭농사로 표현되는 것이 적절할 것이다.

넷째, 社會란 용어는 별다른 개념정의 없이 사용하였다. 아직 한국고고학에서 사회의 개념을 정의한 것이 없다고 생각되는데 일반적으로 동일한 문화를 소유하는 인간 집단을 의미하는 것이다.

한국고고학에서 유물이나 유구에 대한 용어는 어느 정도 정립되어 있어 부족하지 않게 사용되고 있으나 문화를 복원하기 위한 고고학 전문용어는 극히 부족하다. 최근 일부 서구의 이론을 소개하면서 서구의 용어를 그대로 사용하는 경우가 많으나 아직 한국고고학자들이 일반적으로 사용하기에는 개념 정의가 부족한 것이 사실이다. 각 학문에서는 나름대로의 전문적인 학술용어가 있어야 하며 이들 전문용어 없이 학문의 성장을 기대할 수 없다. 앞으로 필요한 용어의 확보는 관심을 가진 학자나 학회차원에서 정리하여야 할 문제로 생각된다.

끝으로 原三國時代의 명칭이 다른 시대에 비하여 일관성이 없음이 지적되었다. 필자도 역시 이 문제점을 인식하고 여러 곳에서 언급하였다. 우선 본서의 서론에서 언급하였고, 부록에서도 다루었다. 나아가 최근 이 문제를 종합하여 〈韓國考古學에 있어서 時代區分論〉에서도 다시 다루면서 '原三國時代'보다는 '鐵器時代'가 더 적절한 시대구분임을 언급하였다(최성락 1995a). 다만 원삼국문화라 쓴 것은 당시 한국 고고학에서 통용되고 있어 그대로 사용한 것이다.

# 4. 전교수가 고고학을 보는 시각에 대하여

전교수의 고고학에 대한 인식에 대하여 몇 가지 지적하고자 한다.

먼저 그는 "고고학이 주로 역사학과의 관련성 속에서 학문의 정체성을 확보하려는 노력을 해오고 있는 것 같은 인상이 짙다. …역사학의 하위 분야로 자리를 잡아가고 있는 현상도 있고, 약간 독립적인 용어의 모습으로…나타나고 있다"(고딕은 필자가 부가함)고 하였다. 여기에서 과연 전교수는 고고학이 학문으로서 正體性 조차도 확보하지 못하였다고 보는지 의문이다. 또한 역사학의 하위 분야로 자리잡는다는 표현도 필자의 생각과는 배치된다. 고고학의 연구 역사가 일천하였던 과거에는 역사학의 한 분야로 인식되는 경향이 있었으나 지금은 별도의 학문으로 자리잡고 있다. 이것은 대학에 고고학과가 만들어져 전공자를 배출하고 있으며, 한국고고학이 역사학의 선상에서 선사문화를 주로 연구한다고 하더라고 역사학과는 분명히 다른 방법으로 연구되기 때문이다. 한국의 인류학이 초기에 사회학과 깊은 관련이 있음은 주지의 사실이다. 일반인들 중에서 사회학과 인류학을 구분하는 이는 사실 많지 않을 것이다. 그러나 필자는 한국의 인류학이 방법론에서나 학문의 성격상 결코 사회학의 하위 분야라고 보지 않는다. 따라서 인류학이 사회학의 하위 분야가 아니듯이 고고학도 역사학의 하위 분야가 아닌 것이다.

다음은 필자가 고고학이 과거문화를 연구하는 학문으로 본다는 것을 기초로 하여 전교수는 "고고학이 과거문화를 연구하는 학문이라면 인류학적 과학이라고 말할 수 있다"고 하였다. 여기에서 추정되는 것은 전교수가 고고학이 역사학보다는 인류학과 관련이 깊다고 인식하는 것 같다. 필자의 고고학에 대한 정의는 아직 한국고고학의 일반적인 정의와는 차이가 있다. 즉 고고학이 "과거 문화를 연구하는 학문"이 아닌 "역사와 문화를 연구하는 학문"으로(김원용 1986:1)도 정의되고 있기 때문이다. 단지 필자의 주장을 근거로 고고학을 인류학적 과학이라고 본다면 전교수의 생각 속에는 미국의 고고학이 인류학에 속하는 것과 같이 한국의 고고학도 인류학의 한 분야여야 한다고 인식하고 있지 않는지 궁금하다.

이미 알려진 것과 같이 미국고고학은 인류학과 같은 뿌리를 가지고 있다. 초기에는 거의 인류학자와 고고학자가 구분이 없었다. 이는 두 분야가 공히 미국 원주민을 연구하였기 때문이다. 그러한 미국고고학의 분위기는 지금도 계속되고 있다고 본다. 미국에서는 고고학이 인류학의 한 분야로 인식되어 있어 두 분야가 분리되어 있는 곳이 거의 없다. 미국고고학에서 요즘 극히 강조되는 民族誌考古學도 실상 인류학자의 民族誌研究와 차등이 없기 때문에 美國考古學은 어디까지나 人類學的 科學으로 볼 수 있다.

韓國考古學은 분명히 미국고고학과 출발점이 다르다. 그 출발은 歷史學이나 美術史學과 관련을 맺었고 한국고고학 나름대로의 연구전통을 이루었다. 최근 미국이나 유럽에서 고고학 훈련을 받은 학자의 수가 늘어난 것은 사실이다. 이들의 활동으로 서구의 고고학이 한국에 소개되고 있고 서서히 고고학연구의 방향전환도 모색되고 있다. 필자도 어디까지나 과거의 고고학에 머물러서는 안된다는 생각을 가지고 있고 그와 관련된 논고도 쓴 바가 있다(최성락 1995b). 그런데 이러한 노력이 한국고고학을 미국고고학과 같이 人類學的 科學으로 만들기 위한 것이 아님은 말할 필요가 없다. 다만 한국고고학도 세계고고학의 조류에 따라갈 수 있도록 방법과 이론이 다양화되어야 하고,

무안 양장리유적 발굴모습

이를 기초로 과거 문화의 복원이 시도되어야 할 것이다.

끝으로 최근 전교수의 고고학에 대한 비판의 문제점이다. 전교수의 한국고고학에 대한 비판은 한국고고학의 발전에 하나의 채찍이 될 것으로 본다. 다만 그 표현이 다소 거칠다는 점이 염려된다(전경수 1984, 1988, 1990, 1993). 이는 당연히 고고학에서의 반론도 거칠 수밖에 없다(김장석 1995).

한국에서 고고학과 인류학의 연구역사는 거의 비슷하다. 즉 1961년 서울대학교에 考古人類學科가 설치된 것이 본격적인 시작이라고 볼 수 있다. 그 후 대학에 설치된 考古學과 관련된 학과는 考古學科, 考古美術史學科, 考古人類學科, 文化財學科 등이 있고, 人類學과 관련된 학과는 人類學科, 文化人類學科, 考古人類學科, 民俗學科

등이 있어 각기 비슷한 수가 있다. 그리고 박물관 등 연구기관을 비교해 볼 때 고고학과 관련된 기관이 인류학에 비해 좀 더 많을 것이다. 또한 현재의 조사활동을 비교한 다면 인류학에 비해 고고학적 조사활동이 활발한 편이다. 이는 비단 문화재보호법과 매스콤의 관심 때문이라기보다는 그 만큼 많은 수의 전공자가 활동하기 때문이다. 급격히 변화되는 한국사회에서 고고학적 조사와 함께 인류학적 조사도 많이 요구된다. 그러나 고고학적 조사에 비하면 인류학적 조사(민속학적 조사를 포함해도)가 절대적으로 적다고 본다. 이는 필자의 속단일지 모르나 인류학자들의 한국문화에 대한 문제의식 결여로 조사활동이 부족한 것이 아닌가 한다.

결론적으로 전교수가 고고학에 대한 비판이 많은 것은 그 만큼 고고학에 대한 관심이 남다르다고 볼 수 있다. 그렇다면 고고학을 하나의 학문으로 인식하여야 하고 연구방향을 문제점의 지적과 함께 고고학자들이 납득할 수 있도록 제시하여야 할 것이다. 그러한 노력도 없지 않으나(전경수 1993) 무작정 매를 휘두른 것은 고고학에 대하여 인류학자가 해야 할 역할이 결코 아니다. 어느 학문도 우위의 입장에서 다른 학문을 보아서는 안 될 것이다. 한국에서 고고학이나 인류학은 학문적으로 같은 위치에 있으며 어느 면에서는 상호보완적이라고 판단된다.

# 제2장
# 고대사연구와 고고학

# 1. 머리말

고대사[1]의 올바른 이해를 위해서는 문헌사 이외에도 고고학, 미술사, 인류학, 언어학, 민속학, 종교학, 지리학 등 다양한 분야의 접근이 필요하다. 고대사연구의 시작이 문헌사를 중심으로 이루어졌다면 최근에는 고고학 자료(考古學 資料)[2]의 중요성이 인식되면서 고고학은 큰 역할을 하고 있다. 특히 고대사의 앞부분인 고조선, 삼한, 삼국, 가야, 발해 등의 역사는 고고학 자료가 증가되면서 그 연구가 활발해지고 있다. 이것은 새로이 축적된 고고학 자료가 부족한 문헌적 자료를 보완해주기 때문이다. 따라서 문헌사와 고고학은 이 시기의 고대사를 연구하는 데 두 축을 이룬다. 그런데 고대사연구가 활발해진 반면에 연구방법상의 문제점이 나타나고 있다. 즉 문헌사학자[3]들은 고고학 자료의 인식이나 활용에서 약간의 문제점을 보여주고 있으며, 고고학자들 역시 고고학 자료를 해석하는 과정에서 문헌 자료의 취급이 부실한 경우가 있다.

최근에 단군논쟁을 중심으로 고대사연구에 대한 일반인들의 관심

---

1) 본고에서 언급하는 고대사의 범위를 기록이 나타나는 시기, 즉 고조선, 삼한단계로부터 통일신라시대까지로 잡는다.
2) 고고학 자료(archaeological material)를 종래 고고학적 자료나 고고자료 등으로도 불렀으나 본고에서는 이를 고고학 자료로 통일한다.
3) 필자는 고대사를 연구하는 학자를 총체적인 의미에서 ‘고대사학자’ 라고 하고, 문헌만을 주로 다루는 경우를 ‘문헌사학자’ 라고 부른다. 이는 고대사의 연구가 문헌사학자 이외에 다른 분야의 연구자도 할 수 있음을 의미하며, 문헌사학자도 문헌 이외의 자료를 다루어야만 진정한 의미에서 고대사학자로 볼 수 있을 것이다.

이 높아지고 있다. 역사학계와 소위 재야사학자들 사이에 특정 문헌의 위서여부 문제, 단군에 대한 인식문제 등에 대한 논의가 활발하다. 한편으로는 북한에서의 고대사연구가 1993년 단군릉의 발견이후 급변하고 있다. 이러한 부분은 문헌사에 대한 깊은 지식과 역사를 보는 시각에 대한 문제를 함축하고 있어 필자의 능력 밖의 문제이므로 제외한다.

본고에서는 지금까지의 고대사 연구동향을 살펴보고, 고대사연구에 있어서 문제점이 무엇이며, 고고학적 연구가 고대사연구에서 어떠한 역할을 하여야 하는지를 검토함과 동시에 고고학 측면에서 바람직한 고대사 연구방향을 알아보고자 한다.

# 2. 고대사의 연구동향

과거 선학들의 고대사연구는 문헌 중심이었음은 주지의 사실이다. 초기의 고대사연구는 거의 문헌 자료를 근거로 이루어졌다. 예를 들면, 진단학회편《한국사》(1959)를 보면 고고학 자료는 선사시대를 언급하는 데 그치고 있다. 이러한 이유는 물론 당시에 고고학 자료가 빈곤하였던 것에도 이유가 있으나 고대사를 연구하는 학자들이 고고학에 대한 인식이 전혀 없었기 때문일 것이다. 다만 예외적으로 김재원의 〈檀君神話에 대한 新研究〉(1947년에 처음 발표됨)에서 단군신화를 해석하면서 물질적인 자료인 中國 山東省의 武氏祠堂 畵像石을 이용한 예가 있고(김재원 1976), 인류학 등 다른 분야의 이론에 관심을 나타내기도 하였다(김철준 1952). 이에 반하여 이미 20세기 초부터 일본학자들은 한국에서 얻어진 고고학 자료를 근거로 소위 '任那日本府'의 존재나 한국문화의 停滯性을 주장하려 하였다.

그런데 1959년 웅천패총(김정학 1967)의 발굴을 시작으로 고분뿐만 아니라 선사유적에 대한 발굴조사도 이루어지면서 고고학적 연구성과가 축적되자 고대사연구에 고고학 자료가 이용되었다. 즉 김원용은 삼국시대의 개시문제를 다루면서 고고학 자료를 인용하여 삼국의 초기기록에 대한 신빙성을 주장하였다(김원용 1967).

한편 문헌사학자로서 고대사연구에 고고학 자료를 이용한 嚆矢는 김정배의 연구를 들 수 있다. 그는 삼한사회를 연구하면서 당시까지 알려진 고고학 자료를 인용하여 삼한사회를 설명하였다. 즉 삼한사회가 金石倂用期가 아니라 鐵器時代임을 주장하였다(김정배 1968a,1968b).

1970년대에는 좀더 많은 문헌사학자들이 고고학 자료를 인용하기 시작하였고 고고학자 역시 고대사연구에 한층 기여하게 되었다. 그 결과 한국사 개설서의 고대사 부분에서는 많은 고고학적 연구성과가 인용되고 있다(이기백 1987a). 또한 고대사에서 국가의 기원문제를 다루면서 인류학 이론의 도입도 적극적으로 이루어졌다(이기동 1987a).

1985년에는 전국역사학대회의 주제로 '고고학과 역사학'이 채택되었다. 여기에서 주제발표자인 신형식과 최몽룡은 각각 고대사연구에서 고고학 자료의 중요성을 강조하고 있다(신형식 1985; 최몽룡 1985).

현재는 고고학이 고대사연구에 확실히 자리매김하게 되었다. 왜냐하면 고대사를 연구하는 문헌사학자[4]들이 고고학 자료를 적극적으로 인용하거나 활용하고 있고, 나아가서 직접 유적조사에 참여하는 일까지 있기 때문이다. 문헌사학자가 유적조사에 직접 참여함으로써 야기되는 기술적인 문제(발굴방법에 대한 사전 훈련이 전혀 없는 경우)를 제외한다면 고고학 자료를 적극적으로 이해하기 위해서는 의미 있는 일로 생각된다.

그런데 아직도 일부 문헌사학자들 사이에는 고고학 자료에 대한 신뢰를 가지지 못한 경우가 있다. 물론 이는 고고학에서 연구의 미비, 즉 통일된 편년이나 대표적인 학설의 부재로 인하여 야기되는 문제이기도 하나 문헌사학자 스스로 고고학 자료의 중요성을 인식하지 못하고 불신하기도 한다. 그러나 문헌자료만으로 고대사를 연구할 수 있다는 생각은 이미 시대에 뒤떨어진 것이다.

결국 고고학이 고대사연구에 미친 영향이 적지 않음이 지적되고 있듯이(권오영 1996) 고대사연구는 문헌적 자료와 함께 고고학 자료의 사용이 적극적으로 이루어지고 있다. 특히 역사시대 초기의 경우, 이제 더 이상 문헌 자료만을 가지고 언급할 수 없게 되었다.

이같이 고고학 자료가 고대사연구에 중요한 역할을 하게 됨에 따라 문헌사학자들이 고고학 자료를 많이 취급하게 되고, 동시에 고고

---

4) 고대사를 연구하는 데 고고학자와 문헌사학자의 구분이 점차 없어져가는 것은 사실이다. 필자가 이를 구분하는 기준은 고고학과 문헌사학 중에서 어느 부분의 훈련을 먼저 받았는가 하는 것과 고대사를 보는 시각이 어느 관점에서 보고 있는가 하는 점이다. 문헌사학자의 경우 문헌에 중점을 두고 고대사를 바라볼 것이고, 고고학자는 고고학 자료에 중점을 두고 고대사를 보게 된다.

학자들의 고대사연구 또한 증가하면서 문헌 자료를 다루지 않을 수 없다.[5] 이러한 과정에서 다소의 문제들이 노출되기도 한다.


# 3. 고대사연구의 문제점


고대사연구에 있어서 고고학과 관련되어 문제가 노출되는 경우는 두 가지가 있다. 하나는 문헌사학자들에 의해 고고학 자료가 이용되는 경우이고, 다른 하나는 고고학자들이 고고학 자료의 해석과정에서 문헌 자료를 다루는 경우이다.

먼저 문헌사학자들이 고고학 자료를 다루는 과정에서 생기는 문제점들을 몇 가지 예를 들어보면 다음과 같다. 가장 범하기 쉬운 잘못은 문헌사가들이 고고학 자료의 성격을 잘 모르고 임의로 인용하는 경우나 일부의 주장을 통설로 이해하는 경우이다. 고고학 자료는 문헌자료와 다르게 유물 그 자체가 의미 있는 것이 아니라 일정한 분석을 거

---

5) 근래에 고대사를 연구하는 고고학자들은 선학들에 비해 문헌사에 대한 인식이 부족하다고 본다. 이는 젊은 고고학도들은 선학들과 달리 처음부터 고고학을 공부하면서 문헌에 대한 훈련을 받지 못했기 때문이다. 반면에 문헌사학자의 경우 과거 선학자들에 비해 고고학에 대한 인지도가 점차 높아가고 있다. 이는 고대사를 풀어 가는데 그들 스스로가 고고학 자료의 필요성을 절감하고 있기 때문이다.

쳐야 의미를 가지게 된다. 그리고 현재 한국고고학에서는 각 학자들의 주장이 다양하여 통설이 분명하지 않은 경우가 많다. 이 경우에 어떤 편협한 학설을 인용한다면 문제가 발생할 가능성이 높다. 이러한 문제는 역으로 고고학자들이 문헌 자료를 해석할 때에도 있을 수 있다.

다음은 문헌에 나타나는 것을 고고학 자료에서 직접적으로 찾으려 시도하는 경우이다. 예를 들면 有棺無槨을 土壙墓로 보는 견해이다(김정배 1978). 이것은《三國志》魏書東夷傳에 나타나는 기록을 고고학 자료에 연결하려는 의도일 것이다. 이 기록은 삼한단계의 무덤에 대한 것으로 삼한단계가 철기시대에 해당되고, 철기시대에는 새로운 묘제인 토광묘의 등장을 연결시킨다면 이러한 해석은 타당할 것으로 보인다. 그러나 이것은 마한의 기록으로 당시 마한 지역에서는 토광묘가 많이 발견되지 않았다. 오히려 마한지역에서의 무덤으로는 옹관묘가 더 많이 알려져 있었다(최성락 1990). 최근에는 마한지역 중 천안 청당동, 청주 송절동 등 충청지역에서 많은 토광묘(목관묘)가 발견되고 있으나 그 이남지역에서는 여전히 옹관묘가 우세한 편이다. 따라서 문헌에 나타나는 기록을 고고학 자료에서 직접 찾으려는 시도는 결코 쉽지 않다.

또 다른 경우로는 고고학 자료를 문헌자료의 설명에 단순히 이용하는 것이다. 예를 들면 이종욱의 '신라국가형성과정'에 대한 연구로, 그는 신라의 국가형성과정을 촌락사회 → 소국 → 소국연맹 → 소국병합 → 왕국단계 등으로 나누었는데 촌락사회를 지석묘와 연결시키면서 족장사회(chiefdom society)로, 소국단계를 초기국가로 보고 있다(이종욱 1982). 이 논고는 문헌적인 자료를 중심으로 고고학 자료와 인류학적 이론을 적용하여 신라의 국가형성 문제를 다룬 연구이다. 그러나 고고학 자료는 문헌을 설명하기 위한 편의적인 수단으로서 사용되고 있다. 고고학적으로 본다면 지석묘 단계 다음에 등장하는 세형동검 사용기를 초기 국가로 볼 수가 없고, 고총고분이 출현하는 4세기 대에 이르러서야 고대국가단계라 할 수 있을 것이다.

이러한 문제점은 지금도 계속되고 있다. 문헌에 중점을 둔 문헌사학자의 경우 당시의 역사를 해석하면서 고고학 자료를 적절히 인용하지 못하는 경우가 있기 때문이다. 이 같은 문제점의 출발은 고고학 자료가 결코 문헌적 자료와 같을 수 없다는 데 있다. 문헌 자료를 보는 시각에서 고고학 자료를 볼 수 없다. 고고학 자료는 행위의 반영물이기 때문에 문헌과 같은 기록이 아니며 동일한 방법으로 취급할 수 없는 것이다.

다음은 역사시대의 고고학 자료를 다루는 고고학자가 문헌 자료를 해석하면서 노출시키는 문제점들이 있다. 첫째, 일부 고고학자들이 문헌적 자료를 근거로 고고학 자료의 연대를 설정하는 경우가 있다. 예를 들면 秦開의 고조선 공격과 燕의 철기문화 파급을 연결시킨다거나 고구려의 南征과 신라의 적석목곽분의 등장을 연계(신경철 1985)시키는 경우 등이다. 秦開의 고조선 공격이 철제무기로 무장되었다고 가정하더라도 그러한 사건을 바로 고조선지역 철기문화의 시작과 연계시킬 수는 없다. 고조선지역에서 철기 사용의 시작은 당시의 유적으로부터 철기가 출토되어야 하며, 어떤 사건으로부터 고고학적 연대를 유추하여서는 안된다. 고고학적으로 연구된 철기문화의 상한연대가 기원전 3세기경이라면 이 시기가 秦開의 고조선 공격시기와 비슷하다고는 볼 수 있다. 다시 말하면 고고학은 물질적인 자료를 해석하는 귀납법적 학문이지, 유물의 발견 없이 역사적인 사건으로부터 유추할 수는 없는 것이다. 마찬가지로 고구려의 南征이 신라에게 어떠한 영향을 미칠 수 있음은 당연하다. 그러나 고구려의 南征이 바로 새로운 분묘로의 변화를 초래하였을 가능성은 적을 것이다.

이같이 문헌적인 자료를 기준으로 고고학적 연대를 설정하는 것은 잘못된 것이다. 고고학적 연대와 문헌적인 연대는 서로 성격이 다르며 역사적 사건이 바로 고고학 자료로 나타날 수는 없다. 고고학적 연대는 어디까지나 고고학적 방법으로 결정되어야 한다.

둘째, 문헌을 고고학 자료와 연결시켜 해석하는 경우이다. 예를 들면 일부 고고학자들에 의해 제기된 삼한시대(기원전 300년~기원후 300년)의 설정(신경철 1995)과 삼한의 상한연대를 기원전 300년경으로 보는 견해(박순발 1997, 1998) 등이 이에 해당한다. 이들의 주장은 어떠한 객관적인 근거에 의한 것이 아니다. 삼한의 상한에 대하여 분명한 기준이 없기 때문에 고고학적으로 문화적인 변화가 있었을 것으로 전제하고, 이를 점토대토기와 세형동검 등이 등장하는 것으로 보아 기원전 300년경을 삼한의 상한으로 잡은 것이다. 이것은 불분명한 문헌 기록을 고고학 자료에 맞추어 본 것에 지나지 않는다. 삼한에 대한 기록은 기원후 3세기 대의 중국 기록이고, 삼한의 명칭은 백제 혹은 신라와 같이 스스로 정한 것이 아니라 외부로부터 불려졌던 것이기 때문에 그 상한을 고고학 자료로써 결정할 수 없다. 따라서 삼한의 상한은 문헌적 연구의 결과로 제시될 수 있으나 이를 고고학 자료로 결정하는 것은 불합리한 것이다. 이러한 주장은 마치 고조선의 시작 연대를 요령지방의 청동기문화와 연결시켜 기원전 2400년까지 올려 보려는 주장(윤내현 1986)과 유사한 것으로 적절한 것이 아니다.

셋째, 고고학자가 위치를 비정하거나 정치체의 명칭을 정하는 문제이다. 마한 目支國의 위치를 나주로 비정(최몽룡 1987a, 1988)한 것이나 전남지방의 기원전 3세기에서 기원후 6세기 중반까지의 토착세력을 馬韓이라고 보는 주장(임영진 1995, 1997c) 등이 여기에 해당한다. 고고학자들에 의해 제기되고 있는 이러한 주장들은 문헌자료를 충분히 검토하지 않았기 때문에 문헌사학자로부터 비판을 받기도한다. 물론 이러한 작업을 고고학자가 할 수 없는 것은 아니나 고고학자는 고고학 자료를 정확히 해석하는 것이 주된 역할이지 문헌자료의 해석이 앞서는 일이 아니다. 그리고 문헌 자료에 대한 이해가 부족한 상태에서 자칫 성급한 주장을 제시할 수 있다.

넷째, 문헌의 자의적인 해석이다. 문헌의 단편적인 기록으로 고고학 자료를 해석하는 경우가 있다. 예를 들면 신경철은 남부지방 고분의 발생문제와 초기 마구의 검토를 통해 부여의 영향을 강조하고 있다. 즉 Ⅱ류 목곽묘로부터 토기의 다량부장이라는 厚葬이 인정되는 점, 人馬의 희생, 騎馬用甲胄, 陶質(회청색경질)토기의 출현, 오르도스형 銅鍑의 존재, 무기류를 일부러 구부려 무덤에 부장하는 습속, 4세기대 마구의 존재와 그 형식, 그리고 가야지역에서 마구류가 먼저 등장하는 현상 등으로 보아 고구려의 영향에 앞서 부여문화의 영향이 있었음을 상정하고 있다. 또한《通典》〈晋書〉의 夫餘條에 보이는 太康 6년(285) 부여의 주력이 沃沮로 도피하는 기사와 부합되는 것으로 보아 가야의 초기 고분문화가 부여로부터 沃沮로, 沃沮에서 다시 동해안을 따라 가야로 내려왔다는 해석을 하였다(신경철 1992,1994:31). 이러한 해석은 고고학에서 주로 쓰이고 있는 전파론적 해석으로 이를 뒷받침하기 위하여 문헌의 일부를 이용한 것이다. 전파론적 해석의 문제점은 차치하더라도 沃沮로의 도피기사가 남부지역의 고분문화를 설명하는데 적합한 근거가 될 수 없음은 자명하다.

이상과 같이 고대사를 연구하는 데에 있어서 고고학과 관련된 문제점들을 검토해 보았다. 이러한 문제점들이 나타나는 가장 큰 원인은 문헌 자료와 고고학 자료 사이의 상이한 성격 때문일 것이다. 그러한 상이한 성격을 제대로 파악하지 못한다면 고대사를 연구하는 데 큰 장애가 될 수밖에 없다.


# 4. 고대사연구의 방향


고대사의 올바른 연구를 위해서는 먼저 문헌사료와 고고학 자료의 성격 차이를 분명히 인식하여야 한다. 문헌사료는 문헌적인 기록이다. 그러나 그 양이 적다는 점과, 당시의 기록이 기록자의 인식을 바탕으로 하고 있어 문헌비판의 과정을 거쳐야 한다는 점에서 문제가 있다. 가장 문제가 되는 부분은 문헌기록이 극히 제한적이라는 것이다. 한정된 자료로서는 더 이상 새로운 해석을 불가능하게 만들고 있다. 또 다른 문제는 기록자에 따라 동일한 사건이 다소 다르게 기록될 수도 있다. 기록이 동일하지 못할 경우 연구자에 따라 서로 다른 기록을 취하기 쉽다. 예를 들면 辰國과 衆國의 경우가 있다. 이 경우에는 문헌사학자들은 문헌비판을 통해 그 중의 하나를 取信하게 되나 상반된 기록이 각각 다른 학자에 의해 다른 것이 취신될 때 문제의 여지가 남게 된다.

반면 고고학 자료는 당시 주민들이 남겨 놓은 물질적인 자료 중에서 현재까지 발굴을 통해 알려진 자료이다. 즉 발굴을 통해 얻어진 자료는 당시의 문화를 반영하는 물질적인 자료 중에서 극히 부분적인 것이다. 이러한 부분적인 자료로써 당시 문화를 복원한다는 것은 문헌과 다르게 확률적인 것이고, 불확실할 수 있다. 그러나 가장 큰 장점은 고고학 자료가 계속적으로 증가한다는 점이다.

고대사의 초기에는 문헌적인 자료와 고고학 자료 사이에 많은 괴리가 있음은 주지의 사실이다. 즉 문헌에 의하면 기원전에 백제나 신라가 국가로 탄생되었지만 고고학 자료로는 이를 뒷받침하지 못하고 있다는 것이다. 또한 문헌에 나타나는 어떠한 사건이 고고학 자료로 나타날 것을 기대하기란 매우 어렵다. 예를 들면 백제가 한강유역에서 초기 도읍지로 河北慰禮城, 河南慰禮城 및 漢城 등이 기록에 나타나지만 아직도 河北慰禮城과 漢城이 어디인지 모르고 있다. 더구나 사소한 기록이 물질적인 자료에 그대로 나타날 리가 없다. 이러한 두 자료의 성격적인 차이가 고대사를 연구하면서 큰 장애가 되고 있다.

그래서 문헌적인 자료에 치중하게 되면 문헌사학자의 입장이 되고, 고고학 자료에 치중하게 되면 고고학자의 입장이 된다. 필자는 고고학자와 문헌사학자 사이에는 자료의 선택이 다른 것과 같이 관점, 즉 문화 내지 역사를 보는 시각이 다를 수 있다고 본다. 즉 문헌사학자가 문헌 사료에 근거하여 역사 복원에 치중한다면 고고학자는 고고학 자료에 근거하여 문화 복원에 치중하고 있다. 따라서 고대사의 연구는 결코 한 사람의 힘으로는 불가능한 것이다.

고대사의 연구, 특히 초기 고대사의 연구는 문헌자료와 고고학 자료를 가지고 연구될 수밖에 없다. 그러기 위해서는 문헌사학자와 고고학자간의 역할분담이 필요하다고 생각된다. 문헌사학자가 고대 문헌에 대한 올바른 해석을 제공해 주어야 하고, 고고학자들은 당시의

문화적 성격을 고고학 자료에 의해
정확히 밝히는 일을 담당하여야 한
다. 그러나 고고학자가 고대 지명의
위치를 비정하거나 정치체의 명칭을
설정하는 것은 고고학자의 영역 밖이
라고 본다. 이는 오히려 문헌사학자
의 영역으로 생각한다. 결국 고대사
를 올바르게 연구하기 위하여 가장
이상적인 방법은 두 분야의 학자가
학제적 연구를 통해 고대사의 문제를
차근차근 풀어가야 할 것이다.

그런데 일부 문헌사학자들과 같이
고고학 자료를 무시하고 문헌적인 자
료만으로 고대사의 복원이 가능하다
고 본다면 결코 고대사의 연구는 진
전이 없을 것이다. 고고학 자료가 증
가하고 이를 체계적으로 정리 · 분석
한다면 고대사에 대한 막대한 정보가

백제 금동향로

유추될 수 있으며 문헌에서 찾아볼 수 없던 것도 알 수 있게 된다. 예
를 들면 扶餘의 한 寺址에서 백제의 金銅香爐가 발견되지 않았다면
당시의 기술 수준과 불교사상을 어떻게 알 수 있었을까? 나주 반남면
일대에서 거대한 고분과 함께 金銅冠이 발견되지 않았다면 영산강유
역은 일찍부터 백제의 한 지방으로만 인식되었을 것이다. 더구나 古
代韓日關係史의 경우 고고학 자료를 배제한다면 도저히 연구가 이루
어질 수 없다. 그저 일본학자들의 주장을 감정적으로 부정할 도리밖

에 없다. 고고학 자료를 충분히 이용하는 것만이 古代韓日關係史를 정확히 연구하는 것이다. 김정학의《任那와 日本》(1977)은 바로 문헌 자료와 고고학 자료의 연구를 결합한 좋은 예일 것이다.

고고학은 결코 고고학 자료를 생산하는 역할이 전부는 아니다. 이들 고고학 자료를 체계적이고, 정밀하게 분석하여 당시의 문화적인 성격을 밝히는 분야이다. 특히 역사시대에 접어든 시기를 연구하는 분야를 '歷史考古學'[6]이라고 한다. 역사고고학의 방법론은 외국에서 이미 많은 연구가 있다(坂詰秀一 1990; 坂詰秀一·森郁夫編 1983; Deagan 1982; Noel Hume 1975).

국내에서는 역사고고학에 대한 본격적인 논의는 없으나 역사시대의 고고학을 어떻게 연구할 것인가에 대한 논의가 일부 이루어지고 있다. 특히 고고학과 문헌사와의 관계가 주로 언급되고 있다. 먼저 권학수는 고고학 자료가 기본 성격상 문헌사료에서 논의되고 기대하는 것보다 시간적·공간적 단위가 크기 때문에 문헌사학과 완전히 동일한 주제를 논의하기가 어렵고, 정치적 의미의 해석에서도 문헌사학에 나타나는 특정 사건과 직접 연결되기 어렵다는 특성이 있다고 보았다.

---

6) 역사고고학이란 '문헌기록이 나타나는 역사시대의 고고학'이라고 볼 수 있다. 그러나 그 개념, 연구목적, 연구방법에 대한 논의는 분분하다. 역사고고학의 시간적인 범위는 미국의 경우 16세기 이후이고, 일본의 경우 고분시대를 지나 6세기 후반부터이다. 본고에서는 일단 역사고고학의 시작을 고대사의 시작과 같이 고조선과 삼한단계(최몽룡 1989)로 본다. 그러나 역사고고학의 범위를 엄격하게 적용하면 자체적인 기록이 나타나는 삼국시대부터 보는 편(이희준 1997)이 적절할 것이고, 그 하한은 고대를 벗어나 중세나 근대까지 계속될 수 있다. 한국고고학에서는 역사고고학의 개념이나 연구목적에 대한 논의가 아직도 본격적으로 이루어지지 않고 있으나 이를 구체적으로 논의하는 것은 본고의 범위 밖의 문제이다.

그리고 고고학과 역사학의 차이점을 올바로 인식할 때 두 학문간의 공조는 더욱 건실해지고 과거에 대한 우리의 지식의 폭을 넓힐 수 있다고 주장하였다(권학수 1993).

　반면 이희준은 고고학에서 귀납적인 방식에 의해 연구하고 최종적으로 그 결과를 문헌사학의 연구 성과와 접목하는 일반적인 연구방법을 비판하고, 일정한 해석의 틀, 즉 모델(model)을 통한 접근이 바람직하며 역사시대의 고고학 자료를 해석하는 모델을 구성하는데 문헌사에서 통설화되거나 유력한 歷史像을 주요한 바탕으로 삼자고 주장하였다. 즉 그림에 비유하면 밑그림의 많은 부분을 문헌사의 연구성과에서 취하고 나머지 부분을 고고학 자료와 지리적인 지식을 이용해 채색하자는 주장이다(이희준 1996). 또한 그는 '신라고고학 방법론 서설'에서 고고학 자료만으로 하는 귀납적인 연구로는 역사의 복원이 불가능하다고 전제하고, 문헌사와의 接木을 강조하고 있다. 즉 해석의 틀, 이른바 모델을 통한 접근을 시도하여야 하며, 문헌적인 자료에서 틀을 찾아야 한다고 보았다[7](이희준 1997). 그리고 이성주 역시 고고학 자료와 문헌 자료의 차이를 강조하면서도 고고학이 역사성을 가진 학문임을 외면할 수 없다고 보고 있다(이성주 1998b : 109~112).

---

7) 현재의 고고학연구가 대개 고고학 자료를 독자적으로 분석하고 종합하다 보면 언젠가는 그 성격이 드러날 것이니 그 때가서 문헌사 연구와 접목을 꾀하기로 하고 고분문화의 기술에 치중하고 있다고 비판하고 있다(이희준 1997:68). 이 비판은 현 시점에서 극히 필요한 것이다. 고고학연구가 고고학 자료만을 정리하고 분석하는 것에 만족해서는 안 될 것이다. 고고학에서도 과거의 문화를 복원하기 위해서는 방법론에 대한 관심을 가져야 하고, 당시의 문화, 즉 기술적 측면, 사회정치적 측면, 이념적 측면 등의 복원을 당연히 시도하여야 한다.

　　이상의 주장에서 과거 문화를 해석하는 데 귀납법에만 매달릴 것이 아니라 연역적인 방법 및 모델의 채용과 문헌사적 연구성과를 참조하자는 것은 받아들일 만한 주장이라고 생각된다. 그러나 그 모델이 반드시 문헌사에서 유추된다면 곤란하다. 모델은 고고학적 이론에서도 만들어질 수 있음을 유의하여야 한다. 역사고고학에서 문헌적인 지식을 강조한 점은 전적으로 동의하지만 자칫 문헌적인 시각에서 고고학 자료를 해석할 위험이 적지 않다. 이는 곧 고고학이라기 보다는 문헌사학의 입장이 될 가능성이 높기 때문이다.

　　역사고고학의 역할이 단순히 역사학의 보조학문에서 벗어나기 위해서는 나름대로의 연구목적과 방법이 있어야 할 것이다. 역사고고학은 고고학자의 입장에서 어디까지나 고고학 자료를 바탕으로 과거 문화를 복원하여야 한다. 역사고고학의 연구목적을 역사학의 보조, 과거 생활사의 복원, 문화변동의 연구 등과 유형화된 인간행위와 유형화된 고고학 자료 사이의 관계규명, 이들 관계를 설명하기 위한 전통적인 고고학적 원칙의 검증 등을 들고 있다(Deagan 1982). 또한 역사고고학은 문헌사와 같이 정치사나 경제사를 다루지 못하더라도 물질적인 자료를 근거로 주택과 취락, 미술공예, 복식, 무기, 분묘 등을 연구하여야 한다는 견해(坂詰秀一 1990)도 참고할 만하다.

　　따라서 선사시대뿐만 아니라 역사시대 초기 단계의 문화를 복원할 경우에도 고고학적 방법에 의해 시도되어야 한다. 즉 먼저 고고학 자료에 의거한 시간〔編年〕과 공간〔分布〕의 틀을 만들고 그 다음에 고고학 자료와 연결되는 문헌 자료나 민족지 자료 등을 이용하여 당시의 문화를 해석하여야 할 것이다(최성락 1997b). 고고학이 고대사연구에 기여할 수 있는 것은 고고학 자료를 바탕으로 당시의 문화상을 밝힐 수 있다는 점이다. 고대사와 관련된 고고학연구에서의 문화 복원에는 필연적으로 문헌적인 자료가 필요하다. 즉 문헌적인 자료를 적절히 이용하여 당시 문화를 복원하는 것은 고고학자의 당연한 의무일 것이다.

그리고 올바른 고대사연구를 위해서는 문헌사와 고고학 이외에도 다양한 학문분야의 연구가 뒷받침되어야 한다. 이는 인류학, 미술사, 언어학, 종교학, 지리학 등의 연구가 고대사연구에 도움을 주기 때문이다. 이러한 제 분야가 참여하는 학제적인 연구가 이루어져야 한다는 주장(이기동 1987a)은 지극히 당연하다. 오히려 고대사학자들이 이들 분야의 연구성과를 최대한 받아들일 때 진정한 의미의 古代學이 성립될 수 있다.


# 5. 맺음말


이상과 같이 고대사 연구상의 문제점, 특히 고고학적인 입장에서 문제점을 살펴보았다. 고고학 자료와 문헌 자료 사이에는 많은 차이가 있기 때문에 문헌사학자와 고고학자 사이에는 고대사를 보는 시각이 다를 수 있다.

문헌사가들이 고대사를 연구하면서 고고학 자료를 잘못 다루는 경우도 있으나 특히 고고학자들이 고대사를 연구하는데 몇 가지 문제점을 노출시키고 있다. 이것들은 우선 고고학자들이 문헌기록에 대한 치밀한 분석이 부족하기 때문이기도 하지만 고고학 자료와 문헌적인 자료 사이에는 서로 일치되지 않은 것이 많기 때문이기도 하다. 따라서 고고학자들, 특히 역사고고학을 전공하려는 경우에는 사전에 충분한 문헌연구가 뒤따라야 한다고 본다.

만약 고고학자들이 고고학 자료를 해석하면서 문헌을 임의로 인용한다면 독단에 빠지기 쉬운 것이고, 문헌사가들이 고고학 자료를 무시하거나 활용하지 않는다면 고대사연구는 정체될 수밖에 없는 것이다. 따라서 고대사를 바르게 이해하기 위해서는 두 분야의 학자가 학제적으로 연구하는 것이 가장 바람직할 것이나 우선적으로 각 분야의 연구가 충실히 이루어진 연후에 공동연구가 필요하다. 그리고 문헌사와 고고학 이외에도 다른 분야의 연구성과도 충분히 반영하는 것이 고대사를 바르게 이해하는 것이다.

* 추기 - 고고학 자료를 통한 고대사의 연구는 프랑스의 아날학파에 의해 주장된 역사연구와 일치함을 김권구 관장(국립대구박물관)의 가르침으로 알게 되었다. 아날학파는 개인사보다는 집단사, 사건사보다는 구조사, 정치사보다는 사회·경제사로 지향하는 경향이 강하였다. 아날학파의 역사연구는 J. Bintliff(1991)가 주도하고 있는데 국내에는 박성용(1993)에 의해 소개되었다.

# 제3장
# 고고학에 있어서 자연과학의 활용

# 1. 머리말

고고학은 학문으로서 형성되는 과정에서 자연과학과 밀접한 관계를 맺어왔다. 19세기 중반 다윈(C. Darwin)의 '진화론'과 지질학에서 확립된 '층의 개념'은 고고학이 자리잡는데 크게 기여하였다고 볼 수 있다. 다만 20세기 전반까지의 고고학연구는 형식학적 방법, 계기연대법 및 전파론 등이 중심이 되어 유물을 분류하고, 편년하면서 그 계통을 추구하는 단순한 수준에 머물렀다.

그러나 20세기 중엽에 들어서면서 고고학의 연대를 과학적으로 측정하는 방사성탄소연대결정법을 비롯하여 유물의 과학적 분석, 통계적 분석 등 자연과학적 방법이 고고학연구에 활용되기 시작하였다. 이러한 방법을 바탕으로 1960년대 미국의 빈포드(L. Binford)는 신고고학을 주창하게 된다. 신고고학(과정고고학)은 고고학연구에서 다양한 자연과학적 방법을 활용하였을 뿐만 아니라 자연과학적 연구의 철학적인 사조인 科學哲學을 받아들였다. 이후 현대고고학에서는 자연과학적 방법이 절대적인 위치를 차지하게 되었고, 고고학은 과거의 문화를 연구하는 科學이라고 정의하기에 이른다(MacNeish 1978: 서문). 다만 1980년대 이후 서양 고고학에서는 과학적인 방법만이 진실로 과거의 문화에 접근할 수 있는가 라는 본질적인 의문이 제기되면서 고고학의 과학화라는 열기는 다소 줄어들고 있다.

　　한국고고학에서 자연과학적 방법의 도입은 방사성탄소연대측정이 효시라고 볼 수 있다. 이 방법은 1961년에 처음 우리 학계에 소개되었으나(채병서 1961) 이보다 이전인 1951~52년 맥코드(MacCord)는 가평 마장리유적에서 목탄을 채집, 미시간대학에 의뢰하여 방사성탄소연대를 얻었다(김원용 1971). 이후 토기의 과학적 분석(Choi 1981)을 시작으로 철기, 청동기, 곡옥, 흑요석, 유리 등의 자연과학적 분석이 시도되고, 이를 통하여 제작기술의 확인과 산지추정이 이루어지고 있다.

　　그리고 고고학적 자료의 통계적 분석과 지질 및 토양, 동물뼈, 인골 등 자연유물의 분석 등이 소개되면서 자연과학적 방법은 고고학연구에 크게 기여하고 있다. 그밖에 유물과 유구의 영구적인 보존을 추구하는 保存科學의 발달은 고고학과 자연과학이 만나는 또 하나의 계기가 된다.

　　자연과학적 방법의 활용과 관련된 학술대회가 몇 차례 이루어졌다. 제12회 한국고고학회 전국대회(1988)는 '한국고고학에 있어서 과학적인 분석의 검토'라는 주제로 개최되었는데 유물의 분석이 주로 다루어졌다. 그리고 제12회 한국상고사학회 학술발표회(1994)에서는 '고고학과 자연과학'이라는 주제를 다루었는데 여기에서는 유물의 분석을 제외한 지질연구, 패턴인지법에 의한 유물의 분류법, 화분분석, 연체동물의 분석 등이 논의되었다.

　　이와 같이 한국고고학에서 자연과학적 분석이 일부 이루어지고 있는 것은 사실이나 아직까지도 고고학연구의 전반에 걸쳐 자연과학적 연구의 중요성이 강조되지 못하는 것이 현실이다. 이 장에서는 고고학과 자연과학과의 관계를 살펴보고, 고고학연구에 있어서 자연과학의 활용을 검토해 보고자 한다.

# 2. 고고학과 자연과학

고고학과 자연과학은 학문의 성격상 서로 차이가 있다. 고고학은 과거 인간들이 남긴 물질적인 자료를 통해 그들의 삶인 역사와 문화를 밝히는 학문으로 인문학 혹은 사회과학적 성격을 지니고 있다. 반면 자연과학은 자연(물질세계)을 관찰하고, 이를 과학적인 방법으로 정밀하게 분석한 후 그 현상을 해석하는 학문이다. 다만 물질적인 자료를 분석하여야 한다는 점에서 공통점을 가지고 있다.

고고학연구는 물질적인 자료(고고학적 자료)인 유물·유구 등을 찾아내어 이를 분석하고, 해석하는 과정을 거치게 된다. 고고학연구의 목적은 과거의 문화사와 생활사를 복원하고, 문화의 변천과정을 연구하는데 있다(Binford 1972:78~104). 이러한 연구목적을 위해서는 단순히 유물과 유구를 관찰하는 것으로 해결할 수 없으며 유물과 유구에 대한 체계적이고 다각적인 분석이 요구된다. 고고학적 자료는 사용 후 폐기된 이래 퇴적과정을 거쳐 고고학자에 의해 발굴되기까지 파괴되고 변형되는 과정을 지속적으로 거치게 된다. 이와 같이 변형된 자료를 통해 과거의 문화를 복원하기 위해서는 변형과정에 포함된 여러 가지 요인들을 찾아내어야 한다(최몽룡 1993b:8). 따라서 고고학에서는 연구대상인 물질적 자료들의 변형과정을 분석하여 그 원인을 밝히기 위해서는 자연과학적 방법의 도입이 반드시 필요한 작업이라고 볼 수 있다. 고고학연구에 있어서 자연과학의 활용을 "자연과학의 원리를 따라 과학기기와 방법을 이용하여 유물계(유물과 유물이 관련을 맺고 있는 지질, 물리, 화학, 생태학 등 제반 환경)를 정밀하게 관찰·측정·분석한 후 유물계의 본질을 파악함으로써 유물계에 대한 총괄적 정보에 의거하여 유물에 대한 고고학적 해석을 내려 선사문화를 연구하는 것"으로 정의하고 있다(이영남 1988).

일반적으로 고고학자는 자연과학적 방법을 이해하지 못하는 경우가 많으며, 자연과학자는 고고학에서 필요로 하는 요구를 이해하지 못할 수 있다. 이러한 문제를 극복하기 위해서는 고고학자가 전문적으로 자연과학의 교육을 받거나 자연과학자가 고고학을 전문적으로 연구하는 것이 이상적이다. 그러나 이것이 원활하지 못하다면 가장 바람직한 대안은 두 분야의 학자가 학제적인 연구를 할 수밖에 없다. 이 경우 자연과학적 방법에 의한 분석결과를 고고학에 그대로 이용할 수 없기 때문에 이를 고고학연구에 맞도록 해석하여야 하는데 이것은 고고학자의 몫일 것이다. 따라서 고고학자가 자연과학적 분석결과를 올바르게 해석하기 위해서는 그 방법의 특징과 제한점 등을 정확히 파악하여야 하고, 그 결과가 고고학에서 타당한지를 검토한 연후에 이를 활용하여야 할 것이다.

그런데 고고학에서 자연과학의 활용은 물질적 자료의 분석과정에서 이용되는 자연과학적 방법에만 한정되는 것이 아니라 고고학연구의 전과정에서 이루어지고 있다. 즉, 고고학연구에서 자연과학적 지식의 활용이나 문화를 해석하는 과정에서의 과학적 설명이나 과학철학의 적용까지도 포함될 수 있다.

# 3. 고고학연구와 자연과학적 방법

고고학의 연구과정은 다른 학문의 연구과정과 같이 고고학적 자료의 수집, 이들 자료의 분석, 그리고 이들 자료의 해석 등 3 단계를 거치게 된다(그림 1).

| 고고학적 자료의 수집 (지표조사, 발굴) | 고고학적 방법에 의한 분석 (형태분석, 재질분석, 편년, 공간분석, 통계적 분석, 고환경연구 등) | 고고학적 이론에 의한 해석(유추 및 모델의 활용, 논증 방법의 선택) |
| --- | --- | --- |

그림 1. 고고학의 연구과정

고고학적 자료의 수집단계에서는 유구의 존재유무를 찾아내는 과학적 탐사법이 중요한 역할을 하고 있다. 고고학적 자료의 분석단계에서는 여러 가지의 분석방법이 있다. 특히 재질의 분석, 연대측정법, 통계적 분석, 고환경의 연구 등에서 자연과학적 방법이 중요한 역할을 한다. 그리고 마지막으로 고고학적 자료의 해석단계에서는 과학적 설명이 요구되는데 여기에는 과학철학이 큰 역할을 하고 있다. 그밖에 유물과 유구의 영구적인 보존을 강구하는 보존과학이 있다. 이들각 단계별로 이루어지는 자연과학의 활용을 살펴보면 다음과 같다.

## 1) 과학적 탐사법

　　먼저 고고학적 자료의 수집단계이다. 고고학에서의 자료 수집은 지표조사와 발굴조사로 분류된다. 이 과정에서도 자연과학의 도움이 필요하다. 가장 먼저 알려진 유적의 탐사법에는 항공사진술이 있다. 항공사진술은 제1차 세계대전 후 영국의 크로포드(O.G.S. Crawford)에 의해 본격적으로 제기되었다(Daniel 1981 : 164~166). 이것은 지상조사로는 쉽게 발견할 수 없는 대규모의 유적을 항공사진에 의해 확인하는 방법으로 유럽의 거석유적, 남미의 유적 등이 이 같은 방법으로 확인되었다. 우리나라의 경우 이 방법은 유적의 확인보다는 발굴 전과 발굴 후의 유적 주변상태를 사진으로 촬영하여 유구의 위치와 주변환경을 보다 쉽게 볼 수 있도록 하는데 이용되고 있다(조영현 1992). 항공사진술은 기술이 더욱 진척되어 최근에는 인공위성에서 촬영한 사진을 판독하여 유적을 찾아내

시료채취과정

는 방법도 개발되고 있다.

유적의 탐사를 위한 과학적인 방법으로는 전자파를 이용하는 물리탐사법이 알려져 있다. 이러한 유적탐사법에는 전기탐사법, 자기탐사법, 지중레이더탐사법, 전자유도탐사법, 정상파탐사법 등이 있다(정계옥 1993). 이들 방법은 다양한 전자파를 지중에 발사하여 그 반사되는 파장을 통해 지하에 있는 유구의 존재유무와 규모를 파악한다. 실례로는 충북 진천 석장리유적에서 시도된 지하유구의 탐사가 있다(이상규 외 1997).

그밖에 유적의 지표조사나 발굴조사시에 결과의 신뢰도를 높이기 위하여 통계학에서 쓰이는 표본추출(sampling)의 개념이 활용된다(Muelle 1979).


## 2) 자연과학적 방법에 의한 분석법

다음은 자료의 분석단계로 자연과학적 도움이 가장 많은 부분이다. 여기에는 유물의 재질분석, 연대측정법, 통계학 및 컴퓨터를 이용한 분석, 자연유물을 통한 고환경연구 등이 있다.

고고학에서 형식분류가 주로 고고학자의 눈으로 유물의 속성을 추출하는 것이라면, 재질분석은 자연과학적 방법으로 분석하여 유물의 성분 및 구조를 확인하는 것을 말한다. 재질의 분석에는 成分分析과 組織檢査로 구분되며, 성분분석에는 다시 定性分析과 定量分析 등이 있다. 과학적 분석방법은 현미경 분석, 화학분석, 열분석 및 방사성사진술 등으로 나누어진다. 현미경분석에는 실물현미경 및 편광현미경에 의한 분석과 주사전자현미경 분석(scanning electron microscopy : SEM) 등이 있다. 화학분석에는 발광분석법(optical emission spectroscopy), X선회절분석(X-ray diffraction analysis : XRD), 전자탐사미량분석(electron probe micro analysis), 뫼스바우어 분광분석(Mossbauer spectroscopy), 중성자방사분석(neutron activation analysis), X선형광분석(X-ray florescence : XRF) 등이 있다. 그리고 열분석에는 시차열분석(differential thermal analysis) 등이 있다.

이러한 분석법을 활용하기 위하여 다음과 같은 점을 고려하여야 한다.

(1) 분석 대상과 목적에 맞는 적절한 방법을 알아본다. 특히, 유물이 손상되지 않는 방법을 선택하여야 하며 파괴 분석일 경우 학술적으로 가치가 적은 부분을 택하여야 한다.

(2) 분석결과를 검토하고, 그 의미를 찾아본다.

(3) 분석방법에 대한 제한점과 어려운 점 등을 검토하여 더 경제적이고, 편리한 방법을 찾는다.

그리고 분석 대상에는 석기를 비롯하여 토기, 흑요석, 곡옥, 청동기, 철기, 유리 등이 있다. 먼저 석기의 분석에는 사용흔의 분석과 재질의 분석이 있다. 사용흔의 분석은 주로 현미경 관찰을 통해 석기의 사용방법을 알아보고 사용자들의 행위를 추정하는 것이다(이기길 1988). 재질의 분석은 흑요석과 같은 경우 성분분석을 통하여 그 원산지를 추정하는 방법이다(東村武信 1984, 이 철 외 1991). 곡옥도 같은 방법으로 분석하여 원산지와 제작지의 문제, 제작기술의 문제, 교역의 문제 등을 다룬다(최은주 1988). 예를 들면 종래 한국의 硬玉이 일본에서 유입되었다는 주장이 있었으나 분석결과 일본산과는 차이가 있어 한국내의 硬玉鑛에서 채집되었을 가능성이 제기되었다(최은주 1986).

토기의 경우 태토의 성분, 소성 온도 및 조건, 화학적인 성분 파악을 통하여 태토의 원산지, 토기의 제작기술 및 고대의 교역관계를 추정할 수 있다(최몽룡 · 신숙정 1988). 토기에 대한 분석은 비교적 활발한 편이며, 이를 종합적으로 정리한 결과가 책으로 출판되었다(최몽룡 외 1997).

금속기에는 철기와 청동기의 분석이 있다. 먼저 철기의 자연과학적 분석은 1982년경부터 이루어졌다(이남규 1982; 윤동석 · 신경환 1982). 철기의 분석을 통하여 철의 종류, 제작기술 등을 파악하는 것이다. 이러한 일련의 작업결과가 단행본으로 출간되기도 하였다(윤동석 1984). 그밖에 유리(이호관 1988; 이인숙 1989)에 대한 분석도 일부 이루어졌다.

다음은 자연유물에 대한 과학적 연구이다. 여기에는 동물학 자료〔動物遺體〕, 식물학 자료〔植物遺體〕, 지질학 자료 등이 있다(박영철 1983). 자연유물에 대한 과학적 연구는 자연과학적 방법으로 분석하는 경우도 있으나 자연과학의 연구결과나 지식을 활용하는 경우도 있다.

유적 주변에서 발견되는 동물뼈를 비롯하여 어류, 조개류, 조류 등의 분석을 통해 당시의 동물상을 파악하고 당시 주민들의 生業도 살필 수 있다(제종길 1994; 김건수 1994a, 1994b). 또한 화석화된 식물유체의 검색, 화분의 검출 등으로 당시의 식물상을 파악한다. 특히 탄화된 벼의 분류와 계통에 대한 연구(허문회 1991), 탄화미가 야생벼인지 재배벼인지 구분하는 연구(안승모 1994) 등과 화분분석(최기룡 1994)이나 플랜트-오팔 분석(곽종철 외 1995) 등도 시도되고 있다. 동 · 식물유체의 분석을 통해 당시의 食生活을 알 수 있는 귀한 정보를 얻을 수 있다.

지질학 자료의 분석은 지질학에서 연구되는 지층에 대한 지식을 고고학 유적에 적용하는 것으로, 특히 제4기 지질의 연구가 고고학에 도움을 주고 있다. 즉 구석기시대의 지층을 지질학적으로 분석하여 층의 형성과정을 밝혀줌으로써 구석기연구에 큰 역할을 한다(이동영 1995). 세부적으로 지층을 형성하는 토양에 대한 분석(곽종철 1995) 도 이루어지고 있다. 그리고 해수면의 변동에 대한 연구나 지형에 대한 연구를 통해 유적 형성시기의 입지를 알 수 있고, 과거 인간들이 자연환경에 어떻게 적응하는지를 알 수 있게 된다(오건환 · 곽종철 1989).

이와 같이 자연유물에 대한 연구는 당시의 동물상 · 식물상 및 지질의 상태를 파악하고 당시의 자연환경을 복원하는 데 기본적인 것이며 고고학에서 과거 문화를 복원하는 데 필수적인 정보를 제공해 준다.

그밖에 주로 무덤에서 출토된 인골에 대한 분석적 연구는 화석인간의 연구, 인종의 분화, 생물학적 비교, 법의학, 매장양식, 고인구 등의 연구와 당시 죽은 원인, 즉 고생물병리학에 대한 연구가 가능하다(최몽룡 1993b). 인골의 조직단백질을 구성하는 주원소인 탄소와 질소동위원소량을 측정하여 그 값으로 피장자의 생전의 식생활을 복원하는 방법도 연구되고 있다(안덕임 외 1994). 그리고 천문학적 지식을 응용하여 신라고분의 頭向問題를 다룬 논고는 자연과학적 지식을 이용하여 분석한 좋은 예이다(황용훈 1988).

고고학에서 연대를 밝히는 작업을 年代決定法이라 부르는데 여기에는 상대연대결정법과 절대연대결정법으로 나누어진다. 상대연대결정법에는 層序法, 形式學的 方法, 順序配列法(seriation) 등이 있

다. 이 중에서 순서배열법은 통계적인 개념을 포함하고 있어, 일부 복
잡한 기법의 경우 컴퓨터를 이용하여 계산하여야 한다(이희준 1983).
절대연대결정법은 자연과학적인 방법에 의한다는 뜻에서 절대연대측
정법으로도 불려진다. 절대연대결정법의 효시는 리비(W.F. Libby)
에 의해 1949년에 처음 발표된 방사성탄소연대측정법으로 지금까지
고고학연구에 많은 기여를 하였다(최성락 1982b). 절대연대측정법은
다음과 같이 여러 종류로 분류될 수 있다. 첫째, 방사성원소를 이용한
물리학적 방법으로 C¹⁴연대측정법(radiocarbon dating), 포타시
움·아르곤측정법(K/Ar dating), 피션·트랙측정법(fission track
dating), 열발광측정법(thermoluminescencs dating) 등이 있다.
둘째, 지질학적 연대를 고고학에 이용하는 地質編年法이다. 특히, 빙
하점토층편년법(varve chronology)과 火山灰層에 의한 측정법이
대표적인 방법이다. 셋째, 동물상·식물상을 이용하는 방법으로 花粉
學, 年輪法(dendrochronology) 등이 있다. 넷째, 화학적 방법으로
아미노산측정법(amino acid racemization dating)과 흑요석수화
층측정법(obsidian hydration dating)이 있다. 그밖에 지구의 자
기장의 방향과 강도의 변화를 이용한 古地磁氣測定法이 있다. 이러
한 절대연대측정법의 등장은 고고학에서 불확실하였던 선사시대의 편
년을 결정해줌으로써 고고학연구에 크게 이바지하게 되었다(최성락
1989a).

　　우리나라에서는 과거 원자력연구소에서 방사성탄소연대측정을 시
행하다가 중단된 이래 지금은 국립문화재연구소에서 연대측정이 실시
되고 있고(강형태 외 1993), 열방광측정법도 일찍 알려졌으며 최근에
구체적으로 시도되고 있다(이기선 1976; 강형태·나경임 1995). 그
리고 고지자기측정법은 부산대 지질학연구실에서 일본측의 도움을 받

아 시험적으로 실시하고 있으며(윤 선외 1992) 화산회층에 의한 연대
측정의 가능성도 제기되었다(崔盛洛 · 板田邦洋 1995).

통계적 분석은 고고학적 자료의 분석단계에서 전반적으로 이루어
지고 있다. 기본적으로 고고학에서 자료의 증가는 통계적 분석을 필
요로 한다. 그리고 연대측정결과나 유물의 자연과학적 분석의 결과도
통계적인 수치로 표현되기 때문에 이를 이해하기 위해서도 통계적인
개념이 필요하다. 고고학에 쓰이는 통계적인 기법에는 相關分析이나
回歸分析과 같이 記述統計學에서 유입된 것과 t-검정, $x^2$-검정, 분산
분석과 같은 推測統計學에서 유입된 것, 그리고 因子分析, 주성분분
석과 같이 多變量分析法 등이 있다. 이같이 고고학연구에는 통계학
적 기법의 적용뿐만 아니라 통계적인 개념의 활용도 중시되고 있다
(최성락 1987a). 한국고고학에서는 자료의 정리에 기술통계학이 일
부 이용되고 있으며, 다변량분석법은 유물의 과학적 분석을 통한 시
료의 분류에 이용되고 있다(강형태 1990; 이철 1994).

나아가서 컴퓨터에 의한 분석도 시도되고 있다. 컴퓨터의 사용은
고고학적 자료의 정리(안춘배 1990)뿐만 아니라 분석과정에서 다양
하게 활용되고 있다. 예를 들면 복잡한 통계적 분석의 경우 컴퓨터의
사용이 필수적이고 그래픽 기술을 이용한 문화재 복원작업도 이루어
지고 있다(김동현 1991). 지리학분야에서 연구된 지리정보체계
(Geographical Information System, GIS)는 컴퓨터 데이터베이
스 프로그램을 이용하는 방법으로 취락고고학연구에 이용되고 있는데
서울지역 선사유적의 분포연구에 적용한 예(성효현 1992)가 있다. 한
편 최근 활발하게 이용되는 인터넷(Internet)에서는 컴퓨터를 통한
정보의 검색과 제공이 용이하기 때문에 고고학연구에 간접적으로 큰
도움을 주고 있다.

## 3) 과학적 설명과 과학철학

고고학연구의 마지막 단계가 고고학적 자료의 해석이다. 고고학에서 과거 문화를 복원하기 위해서는 유물과 유구의 관찰과 분석만으로 이루어지지 않으며 이론에 의한 해석이 이루어져야 한다. 해석단계에서는 우선 분석과정에서 나타난 결과를 종합하고 유추나 모델의 활용을 통해 과거 문화를 복원하게 된다. 이 과정에서 빠뜨릴 수 없는 부분이 논리의 객관성 유지일 것이다(최성락 1997b). 고고학연구에서 논리의 객관성을 유지하기 위해서는 과학적 설명이 요구된다. 과학적 설명을 시도하기 위하여 신고고학자들은 과학철학을 도입하였고, 확률적인 개념도 포함시켰다.

먼저 과학철학의 도입이다. 이는 1960년대 미국의 신고고학자들에 의해 이루어졌다. 그들은 과학철학자인 쿤(T. Kuhn)의 패러다임(paradigm)론을 받아들여 전통고고학의 패러다임에서 벗어나 뚜렷한 연구목적을 가지고 유적을 조사하여야 하고, 당시의 문화를 해석하여야 한다고 보았다. 그리고 헴펠(C.G. Hempel)의 논리 실증주의(logical positivism)를 받아들여 문제를 해결하기 위하여 演繹的 假說檢證法을 연구의 도구로 채택하였다(Watson et al. 1984; Dunnel 1989). 이것은 특정한 문제와 관련된 가설을 미리 세워 이를 고고학적 자료에 연역적으로 적용하여 자료의 의미를 해석하는 방법이다.

과학적 설명을 위해서는 연역적 가설검증법 이외에도 많은 이론과 개념이 연구되고 있다. 그 중에서의 하나가 확률적인 개념으로, 자연과학적 방법에 의해 분석한 결과를 정확하게 인식하는 데 필요한 개념이기도 하다. 영국의 고고학자 클라크(D. Clarke)는 고고학적 진술

(archaeological statement)에는 통계적 혹은 확률적인 성격이 내재해 있음을 지적하고 있다. 그는 고고학적 자료의 특성에 대하여 설명하면서 가장 과학적인 법칙(law)과 원리(principle)가 높은 가능성을 가진 통계적인 규칙(generalization)인 것과 같이 대부분의 고고학적 진술들이 그 나름대로 특별한 성격을 가진 통계적 혹은 확률적인 명제로 보았다(Clarke 1968:13~19).

이러한 자연과학적 방법에 의한 분석과 과학적 설명은 신고고학자들이 채택한 주요한 연구방법으로 한동안 서양고고학계의 주류를 이루었으나 1980년대 이후 후기과정고고학자(post-processual archaeologist)들에 의해 의문이 제기되었다. 과연 자연과학적 방법만이 과거 문화의 복원을 가능하게 할 것인가 하는 것이다. 이러한 회의에서 批判理論과 象徵論 등 社會理論(social theory)이 고고학연구에 등장하게 된다. 그러나 신고고학자들의 노력은 고고학연구의 과학화에 일조하였고, 고고학의 연구수준을 크게 높이는데 기여하였다.


4) 보존과학

고고학에 자연과학적 방법이 직접 활용되는 분야가 바로 保存科學이다. 보존과학이란 발굴된 유물이나 유구(문화재)의 보존과 복원을 위하여 과학지식과 기술을 응용하여 유물의 제작기술과 그 역사 등을 규명함으로써 그 원형을 보존함과 동시에 문화재의 보존을 위한 방법과 이론을 연구하는 분야이다(김유선 1971; 최광남 1991). 보존과학의 역할 그 자체가 유물을 오랫동안 보존시켜줌으로써 고고학연구에 도움을 준다. 땅속에서 발굴된 유물이 쉽게 원형을 잃고 사라진다면

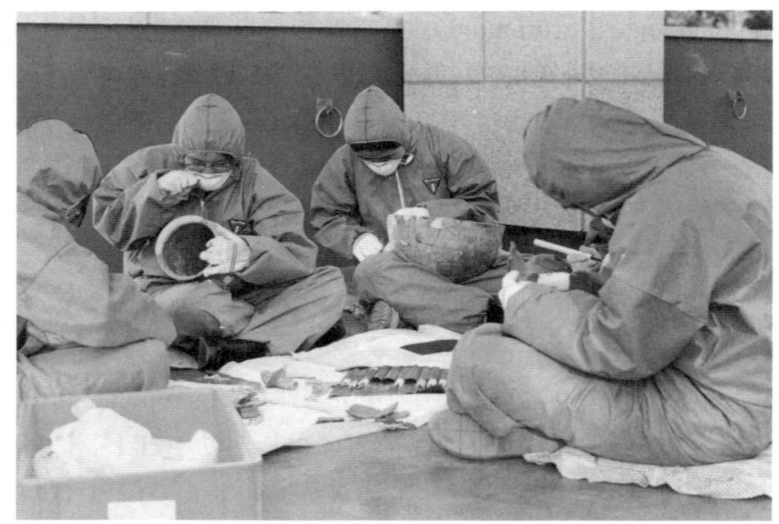

유물복원모습

고고학의 연구에 큰 장애가 될 것이다. 또한 보존처리를 하는 과정에서 유물에 대한 과학적 분석을 동반하여 유물의 재질이나 성격을 파악하게 됨으로써 고고학연구에도 기여하게 된다. 예를 들면 철제유물에 새겨진 象嵌技法과 재질의 과학적 연구가 있다(이오희 1996). 이와 같이 보존과학은 고고학과 자연과학이 직접 만나는 부분으로 고고학연구에 기여하는 면이 적지 않다.

우리나라에서는 1960년대 이래로 발굴되는 유물과 유구가 많아지면서 이들의 보존에 대한 관심이 높아지기 시작하였다. 현재는 국립박물관과 국립문화재연구소 등을 비롯하여 일부 공·사립박물관에 보존과학실이 설치되어 있어 실제로 유물의 보존처리를 실시하고 있다.

이상에서 고고학연구에 있어서 자연과학적 방법의 활용에 대하여 알아보았다. 고고학의 학문적 성격은 인문학 중에서도 자연과학적 성격을 가장 많이 지닌 학문이다. 그리고 고고학연구의 전과정에서 자연과학적 방법의 활용이 가능함을 알 수 있다.

그러나 우리나라의 경우, 일반적으로 고고학자들의 자연과학적 방법에 대한 이해도가 낮은 편이며 자연과학적 방법에 의한 분석도 극히 제한적으로만 행해지고 있다. 또한 고고학연구에 전적으로 기여하는 자연과학자의 수가 극히 적고, 고고학연구에 있어서 자연과학적 방법의 활용과 관련된 전문적인 학술지도《보존과학연구》(국립문화재연구소, 연1회)를 제외하면 전혀 없는 실정이다. 따라서 아직도 고고학연구에서 자연과학의 역할이 큰 비중을 차지하지 못하고 있다.


# 4. 맺음말


고고학과 자연과학과의 관계는 고고학이 학문적으로 형성되는 시기부터 시작되었다고 볼 수 있다. 이것은 고고학이 물질적 자료를 분석하여 과거의 역사와 문화를 해석하는 학문이라면 물질적 자료의 분석에서는 자연과학적 방법의 활용이 당연한 일이기 때문이다.

고고학연구에 있어서 자연과학의 활용은 비단 물질적 자료의 분석뿐만 아니라 유적의 조사방법에서부터 문화의 해석에 이르기까지 전과정에서 이루어진다. 즉 유적의 탐사방법, 자연과학적 방법에 의한 분석, 과학적 설명 및 과학철학의 적용 그리고 보존과학 등이 있다. 최근 후기과정고고학자들의 주장과 같이 자연과학적 방법이 결코 절대적인 것은 아니라 하더라도 고고학연구에서 자연과학적 방법은 필요한 것이다. 만약 이들 방법을 사용하지 않는다면 고고학은 과거의 고고학으로 돌아갈 수밖에 없다.

한국고고학에서 자연과학의 활용을 높여 나가기 위해서 다음과 같은 방안들을 제시해 본다. 먼저 자연과학자들이 고고학을 직접 연구할 수 있도록 하여야 한다. 현재 자연과학자가 직접 고고학을 연구하는 경우가 극히 적기 때문에 이들에게 문호를 개방하여 연구할 수 있는 기회를 만들어 주어야 한다. 더불어 고고학자는 유물의 자연과학적 분석, 연대결정법, 통계적 분석 등 자연과학적 방법에 많은 관심을 가져야 하고, 필요한 분석은 자연과학자의 도움을 적극적으로 받아야 할 것이다.

다음은 고고학자를 훈련하는 과정에서 기본적인 발굴법, 실측법, 형식분류, 편년법 등 고고학적 방법 이외에도 자연과학적 방법에 대한 교육도 이루어져야 한다. 현재 우리나라에서는 고고학자가 자연과학적 방법을 익힐 수 있는 교육기관이나 시설 등이 거의 없기 때문에 앞으로 고고학의 교육과정에 가능한 한 자연과학과 관련된 과목을 신설하거나 자연과학적 방법을 실습할 수 있는 방안을 강구하여야 한다.

마지막으로 자연과학적 방법에 의한 분석결과를 고고학자들이 이해하기 위해서는 적용된 방법을 정확히 이해하여야 하고, 고고학적으로 그 결과가 적합한 것인지 검토하여야 할 것이다. 그리고 한국고고학에서는 자연과학적 방법의 활용뿐만 아니라 분석과정에서 과학적 지식의 활용과 해석과정에서 과학적 설명이 절실히 요구된다. 특히 고고학을 과학적인 학문으로 정착시키기 위해서는 과학철학의 도입과

함께 학문적으로 정연한 이론적인 틀의 확립이 필요하다. 이같이 고
고학연구에 자연과학적 방법이나 지식을 적극적으로 활용할 때 한국
고고학의 연구 수준은 한층 높아질 것이다.

# 제4장
# 문화재관리의새로운 방향

1. 머리말
2. 문화재관리와 보존정책
3. 문화유산의 활용방안
4. 문화재관리의 새로운 방향

# 1. 머리말

문화유산이란 우리 선조들의 삶의 방식과 그 결과로 남겨져 있는 물질적인 잔존물들이다. 문화유산을 학술적으로는 '문화재'라고 부르기도 하는데 크게 유형문화재, 무형문화재, 기념물, 민속자료 등으로 나누어진다.

그런데 무형의 문화재뿐만 아니라 유형의 문화재들도 최근까지 여러가지 이유로 파괴되거나 훼손되고 있다. 특히 국토개발을 최우선 과제로 앞세웠던 1970년대 이후 오늘날까지 문화재에 대한 배려가 충분하지 못하였다. 한번 파괴되거나 훼손된 문화재는 영원히 복구될 수 없는 것이다. 머지않아 '문화의 시대'라는 21세기를 맞이하게 된다. 21세기를 앞 둔 현시점에서 우리들은 두 가지의 과제에 직면하고 있다. 하나는 세계화 혹은 국제화로 인하여 국경의 개념이 점차 희박해지고 있어 문화의 정체성을 어떻게 유지할 것인가 하는 것이고, 다른 하나는 분단국가로부터 통일국가에로의 전환을 앞두고 엄청난 사회적 비용의 지출이 예상된다는 것이다. 따라서 우리의 문화재는 철저하게 보존되어야 하고, 이를 효율적으로 지키기 위해서는 적절한 투자가 뒤따라야 할 것이다.

한편 문화유산은 현재 살고 있는 우리들에게도 영향을 미친다. 우선 문화유산은 이 땅에 살았던 선조들의 삶을 반영하는 것으로 그들의 역사를 한 눈에 보여주게 된다. 국토개발만이 삶의 질을 높여주는 것은 아니다. 어쩌면 문화유산을 철저히 보존하고, 이를 활용한다면 오히려 우리들의 생활을 풍성하게 할 수 있을 것이다. 이것은 우리들에게 자부심을 심어 주게 되고, 외국인들에게도 자랑스럽게 보여줄 수

있을 것이다. 따라서 문화유산을 어떻게 계승하고 보존하느냐 하는
문제는 현재를 살고 있는 우리들이 당면한 과제이므로 스스로 풀어가
야 한다.


# 2. 문화재관리와 보존정책


## 1) 문화재관리의 개념

우리나라 문화재관리의 기본 개념은 문화재의 보존이였음을 쉽게
알 수 있다. 처음 제정된 문화재보호법에서도 그 개념이 나타나지만
문화재관리국에서 사용한 교재에서도 '문화재보존'이 강조되는 것을
볼 수 있다(문화재관리국 1985).

문화재관리의 개념을 "부동산문화재의 경우에는 원위치에, 동산문
화재의 경우에는 완비된 시설에 원형 그대로 그 가치를 유지 보존하고
전통기·예능을 발굴보존 전승하는 일체의 행위"로 보고 있다. 그리
고 그 기본 방향을 문화재의 원형보존, 문화재보존사업의 신중, 무모
한 발굴의 지양, 주변경관과 조화 있는 문화재보존 등을 들고 있다(전
라남도 1997:45~46). 여기에서도 여전히 문화재보호법의 취지와 다
른 점을 발견할 수 없다.

다만 토지공사에서 발간된 책자(한국토지공사 1996)에서만 문화

유산의 활용에 대한 언급이 있었다. 또한 유네스코 중심의 문화유산 보존운동에서 이들 유산의 보존과 더불어 활용방안이 논의되었고(전남대 외 1995), 1997년 문화유산의 해를 맞이하여 문화유산의 활용방안에 대한 논의가 활발히 이루어졌다고 볼 수 있다(전국문화원연합회 전남지부 1997b). 대학박물관협회(1997)에서도 문화재관리에 대한 현황과 개념을 정리하고 있다.

이제 문화재관리의 개념은 재검토되어야 한다. 문화재관리란 문화재를 단순히 보존한다는 차원에서 벗어나 이를 적절히 활용하는 방안도 함께 고려되어야 한다. 미국에서는 '문화자원관리'(Cultural Resource Management: CRM)가 있어 고고학의 한 분야로 연구되고 있다(강봉원 1997). 문화자원관리(文化資源管理)는 1960~70년대 유적이 개발 등의 이유로 파괴가 심해지면서 미국에서 연구되기 시작하였다. 문화자원(cultural resources)이란 주어진 문화를 대표하는 문화체계의 물질적 혹은 비물질적 면을 말한다. 즉 사람들, 문화 그리고 사람들의 활동 등과 관련된 유적·유물·건축물 및 역사적인 자료 등을 포함하면 이들을 해석하는 데 필요한 기본적인 문헌과 구전(口傳)도 포함된다. 문화자원관리의 연구로는 유적의 조사 계획, 조직, 방향 설정, 용역에 의한 발굴, 여러 가지 파괴 원인으로부터 문화재를 보호하기 위한 목적으로 행해지는 다양한 활동, 즉 유적의 보호 운동, 문화재 관련법의 연구 등이 포함된다(Kerber 1994, Smith and Ehrenhard(ed.) 1991). 문화재를 학술적으로 조사·분석하여 과거의 문화를 밝히려는 고고학(考古學)과 달리, 문화자원관리(文化資源管理)는 문화재의 중요성을 평가하고 어떠한 방향으로 보존할 것인가 하는 문제와 이를 활용하는 방안을 연구하는 등 매우 현실적인 분야로 볼 수 있다. 한편 일본에서도 문화재관리가 체계적으로 이루어지고 있는데 특히 매장문화재의 경우 건설공사에 앞서 철저한 사전 검토가 뒤따르고 있다(이남규 1997).

　따라서 문화재관리는 문화재의 지표조사와 발굴, 문화재의 보호와 보존, 문화재 보존운동, 문화유산의 활용방안에 대한 방안 등 총체적인 관점에서 정의되어야 한다. 특히 지금까지 괌심 밖이었던 문화자원으로서 문화재가 활용되어야 한다는 개념을 포함하여야 한다.


## 2) 문화재의 보존정책

　각종 개발사업으로부터 문화재의 파괴와 훼손을 막기 위해서는 다음과 같은 두 가지 방향으로 대책을 세워야 한다. 먼저 제도적인 뒷받침에 의해 문화재관리를 체계화하는 것이고, 다음은 지속적으로 문화유산의 보호 캠페인을 벌려 주민들이 그 중요성을 깨닫게 하는 것이다.


### (1) 문화재관리의 체계화

　문화재의 적절한 관리를 위하여 다음과 같은 몇 가지 방안을 제시하고자 한다.

　먼저 각 지역에 분포하고 있는 문화재의 현황을 소상히 파악하는 것이 중요하다. 그러나 아직도 유적의 정밀조사가 완료된 것은 아니다. 일부 지역에서만 '문화유적지도'가 작성되었을 뿐이다. 그러나 더 중요한 것은 지금까지 조사된 문화재도 적절히 관리되지 못하고 있다는 사실이다. 특히 매장문화재나 비지정 문화재의 경우 개발로 인한 피해가 상당할 것으로 생각된다. 사실상 개발에 앞서서 문화유산의 중요성이 간과되고 있다. 냉정히 생각해 보면 무분별한 개발은 우리들이나 후손들에게 결코 이득을 주지 않는다. 긴 장래를 내다보는 장기적인 개발이 이루어져야 하고, 자연과 문화유산을 가능한 한 살리는 방향에서 개발되어야 한다. 더불어 문화재의 사전조사가 강화되어야 한다. 즉 중요한 유적의 경우 발굴 후에 판단하기보다는 발굴에 앞서서 판단되고 보존되어야 한다. 즉 사전 지표조사가 철저히 이루어져야 하고, 중요한 유적의 경우 개발로 인하여 파괴되지 않게 기본 및 실시설계에 반영되어야 한다.

다음은 지정문화재의 확대이다. 현재 국보, 보물, 사적, 기념물, 민속자료, 문화재자료 등 약 8100여 건이 지정되어 국가나 지방자치단체로부터 보호받고 있다. 앞으로 더 많은 문화재가 지정되어야 할 것이며 나아가 기초지자체인 군 · 읍 · 면 단위에서도 문화재를 지정하는 방안이 검토되어야 한다.

그 다음은 문화재의 효율적인 관리를 위해서는 문화재 관련법의 뒷받침이 있어야 한다. 과거의 문화재 보호법에는 매장문화재에 대한 보호대책이나 매장문화재 발견 시 발굴조사경비의 부담 문제 등 여러 가지 문제점이 있었다. 최근 개정된 문화재 보호법에 의하면 매장문화재에 대한 보호 차원에서 지표조사의 의무화나 위반사범에 대한 처벌조항의 강화 등이 보완되었으나 문화재를 적극적으로 보존하고 활용하겠다는 의지가 문화재 보호법에 반영되어야 할 것이다. 또한 유형의 문화재 이외에 무형의 문화재에 대한 조사 · 연구에도 관심을 가져야 한다.

그리고 문화재 관리 요원의 확보와 전문화가 시급하다. 문화유산이 확인되고, 법적인 뒷받침이 되어도 문화재를 적극적으로 관리하는 요원이 없으면 소용이 없다. 각 시 · 군마다 1~2명의 관련 공무원이 있지만 수많은 문화재를 관리하기에는 턱없이 부족하고, 전문직이 아니라 일시적으로 담당하는 업무이기 때문에 문화재 관리에 대한 의무감도 없을 것이다. 대학에서 관련 분야를 전공한 학예직을 각 시·군 단위로 확보하는 것이 이상적이나 기존 인력이라도 문화재에 대한 실무교육 후 배치하는 방안도 있을 수 있다.

끝으로 훼손되는 문화재를 발굴하기 위한 매장문화재 발굴전담기구의 창설이 요구된다. 각 지역의 개발에 따른 발굴조사의 수(매년 250~300건)는 날로 증가하여 대학 박물관이 담당하기에는 현실적으로 어려움이 많아 각 지역별로 매장문화재 발굴전담기구가 설립되어야 할 것이다. 그래서 국가적으로 중요한 문화재의 발굴은 국가기관인 국립문화재연구소가, 학술발굴은 대학박물관이, 그리고 긴급한 구제발굴은 전담기구가 각각 담당하는 역할분담이 바람직하다.


(2) 문화재보호 운동의 강화

문화재는 단순한 관리와 학술조사를 행하는 것만으로 보호되지 않는다. 오히려 지역 주민들이 그 가치와 중요성을 알게 될 때 문화재는 보호되는 것이다. 일본의 경우 유적의 학술적인 조사는 교육위원회나 매장문화재센타 등이 담당하지만 이를 알리는 것은 매스콤이나 관광회사가 담당하고 있어 발굴 조사중에도 지역주민을 포함한 대규모의 관광객이 발굴현장에 찾아온다. 또한 발굴된 유적도 중요한 경우에는 계획을 변경하여 관광자원화 하는데 지역주민들이 앞장서고 있다. 이것은 개발보다도 더 큰 이득을 그 지역주민들에게 주기 때문이다. 반면에 우리나라의 경우, 신라의 고도 경주에 고속전철이나 경마장의 건설 등이 학계의 반대에도 불구하고 지역주민들의 찬성 속에 추진되기도 하였다.

　이러한 예에서 볼 수 있듯이 문화재를 지키는 주체는 정부나 학자들이 아니라 지역주민임을 알 수 있다. 따라서 지역주민들이 자발적으로 참여하는 문화재보호 운동은 문화재의 보호에 가장 절실하게 필요한 것이다. 이러한 운동이 기존의 문화원 조직이나 향토연구회 등이 중심이 될 수도 있을 것이다. 한편으로는 학교 교육과도 연계되어야 한다. 학교 교육과 연계 방법으로는 주요 문화재(유적 혹은 무형문화재)와 각급 학교가 자매 결연하여 보호 및 관리하는 방안이다. 어릴 때부터 그 지역의 문화재를 안다는 것은 지역에 대한 애착심을 길러줌과 동시에 지역의 문화유산을 인식시키는 가장 바람직한 일일 것이다. 지역주민들이나 학생들에게 그 지역 문화재의 중요성을 알려주는 방법으로는 전문가에 의한 사회교육(강연, 학술심포지엄 등)과 매스컴에 의한 지속적인 계몽교육이 있다.

　그런데 자연과 마찬가지로 문화재도 한 번 파괴되면 더 이상 복구가 불가능하다. 문화재의 보존 운동은 자연보호 운동과 같은 차원에서 동시에 이루어져야 한다. 문화재를 지키는 것이 그 지역을 지키는 것이고, 그 지역의 삶을 풍요롭게 할 수 있기 때문이다. 그러기 위해서 이들 문화재들을 어떻게 활용할 것인가 연구되어야 할 것이다.

# 3. 문화유산의 활용방안

문화유산을 지켜나가는 것과 동시에, 이를 잘 활용하여 현재적인
의미를 살려나가야 한다. 문화유산의 활용에 대하여 두 가지 방향이
있을 것이다.

하나는 지역주민이나 학생들에게 교육자원으로 활용하여야 한다.
역사 교육은 결코 역사책만으로 가능한 것은 아니다. 역사책에는 주
로 중앙의 역사가 담겨져 있어 지역의 역사가 소홀하게 취급되고 있
다. 초등학교 교육에서부터 그 지역 문화유산의 가치를 가르친다면
학생과 지역주민 모두가 그 지역에 대한 자부심을 고조시킬 수 있다.
이것은 각 지역의 문화유산을 잘 보존하면서 그 중요성을 계속적으로

진시황릉 유적 전경

인식시킬 때 가능할 것이다. 이러한 목적을 달성하기 위해서는 각 지역의 사회 교육을 겸하는 향토 박물관(특수 목적의 박물관이나 시·군립 박물관)의 건립이 필요하다. 그 규모의 대소가 중요한 것이 아니라 각 지자체에 걸맞게 스스로 만들어 가는 것이 바람직할 것이다. 또한 유적이 불가피하게 발굴되어 파괴가 될 경우에는 박물관 주변으로 이전하여 교육용으로 사용되어야 할 것이다.

다른 방향은 유적의 관광자원화이다. 지역별로 중요한 유적을 묶어서 관광자원으로 활용한다면 지역주민뿐만 아니라 관광객의 관심도 이끌어 낼 수 있다고 본다. 유적을 관광자원화하는 예는 외국에서 얼마든지 찾아볼 수 있다. 예를 들면, 영국이나 프랑스의 거석유적지, 일본의 요시노가리(吉野ヶ里)유적, 중국의 진시황릉(秦始皇陵)유적 등이 있다.

그런데 문화유산을 교육자원이나 관광자원으로 활용하기 위해서는 몇 가지 주의할 점이 있다. 먼저 문화유산에 대한 학술조사와 연구의 뒷받침이 있어야 한다. 학술적인 뒷받침이 없는 복원계획이나 개발계획은 잘못될 수밖에 없다. 유적의 가치를 높이고 제대로 복원하기 위해서는 학술적인 발굴이 있어야 한다. 그리고 유적을 정비복원할 때에는 반드시 발굴을 담당한 책임자나 그 유적과 관련된 전문가들에게 자문을 받아야할 것이다. 또한 유적을 활용하는 프로그램의 개발도 적극적으로 이루어져야 한다.

다음은 문화유산을 관광개발계획과 연계시켜 복합적으로 개발되어야 한다. 관광개발이 성공하기 위해서는 관광과 관련된 여러 요소들, 즉 교통, 숙박 시설 등과 일련의 볼거리, 먹거리, 살거리 등이 복합적으로 제공되어야 한다. 특히 유적의 경우 볼거리를 제공하는 데 중요한 역할을 할 것이다.

그 다음은 문화유산에 대한 홍보도 적극적으로 이루어져야 한다. 중요한 유적의 위치는 반드시 관광지도(觀光地圖)에 표기와 함께 방문객이 찾기 쉽게 도로표지판에도 표시되어야 함은 물론이다. 나아가서 관광객의 유치에 효과를 얻기 위해서는 유적과 관련되는 모든 자료들을 전산화하여 인터넷(Internet)에 공개하는 방안도 연구되어야 할 것이다.

마지막으로 문화유산과 마찬가지로 자연유산도 오랫동안 간직하기 위해서는 아끼고 다듬어야 한다. 그래서 관광에 편리한 기반시설은 꾸준히 설치해 나가야 하나 무모한 개발계획은 지양되어야 하고, 어느 한 지역에 관광객이 몰린다고 시설의 과잉투자나 자연환경을 훼손하지 말아야 할 것이다.


# 4. 문화재관리의 새로운 방향


문화유산을 계승하고 발전시키기 위해서는 문화유산의 중요성을 인식하고, 좋은 점을 살리면서 새로운 문화유산을 만들어 가야 할 것이다. 특히 유형의 문화재는 파괴되거나 훼손되는 것을 막고, 가능한 한 보존될 수 있도록 노력해 나가야 한다. 문화재를 지키는 것은 행정당국과 학자들만의 힘으로 이루어질 수 없다. 지역 주민들이 나설 때 비로소 그 지역의 문화재를 지킬 수 있다. 이를 위해서는 문화재관리

고인돌공원

에 필요한 전문인력의 확보가 있어야 하고, 문화유산을 활용할 수 있는 방안을 지속적으로 연구하여야 한다.

그리고 문화재관리의 방향은 재검토되어야 한다. 즉 문화재는 역사교육장 등과 같은 사회교육을 위한 자원일 뿐만 아니라 관광자원으로도 활용되어야 한다. 다시 말하면 문화재관리는 문화재의 단순한 보존의 차원에서 벗어나 이를 어떻게 활용할 것인가를 연구하는 경영의 차원으로 변화되어야 한다. 과거 국제 수지의 적자의 한 요인으로서 관광부분의 적자도 한 몫을 하고 있다. 이를 극복하기 위해서는 문화재의 관광자원화도 현 수준에서 머물러서는 아니 될 것이다. 이제는 우리의 문화재를 지키고 가꾸는 것도 한 차원 끌어올려야 하고, 대외적으로 경쟁력을 강화하도록 노력하여야 할 것이다.

결론적으로 문화재관리는 우선 문화재를 문화자원으로 인식하고,

문화재의 지표조사와 발굴, 문화재의 보호와 보존, 문화재보존운동,
문화유산의 활용방안에 대한 방안 등을 총체적인 관점에서 정의되고,
연구되어야 한다. 그리고 문화재관리는 연구 목적에서 고고학과 차이
가 있으나 고고학의 한 분야로 인식되어야 할 것이다.

# II
# 전남지역 고대문화의 연구방향

제1장

# 전남지역 고대사회의 연구현황과 반성

1. 머리말
2. 전남지역 고대사회의 연구사
3. 1997년도 연구성과
4. 연구상의 문제점과 연구방향
5. 맺음말

# 1. 머리말

　　전남지역의 고고학 유적에 대한 조사는 일본학자에 의해 1917년에 시작되었으며, 우리나라 학자에 의한 조사는 1960년 이후에야 이루어졌다. 1970년대에는 전남대 박물관을 중심으로 유적 조사가 이루어졌으며, 1980년대에 들어서면서 국립광주박물관(1978년 개관)을 비롯하여 전남대 박물관, 목포대 박물관 등의 연구기관들이 조사활동에 참여하였다. 그리고 이 지역에서 처음으로 목포대학에 고고인류학과가 설치(1988년)되어 관련 전공자를 본격적으로 교육하기 시작하였다. 1990년대에는 조선대 박물관, 순천대 박물관, 광주시립박물관 등도 유적 조사에 참여하면서 유적 조사가 활발하게 이루어지고 있다. 특히 1993년에 전남지역, 전북지역 및 제주지역의 연구자들이 모여 湖南考古學會가 결성됨으로써 이 지역의 고고학에 대한 연구성과도 증가하고 있다(이영문 1993, 지건길 1994).

　　그러나 전남지역의 고고학 연구가 얼마나 이루어졌으며, 학문적으로 어느 정도 자리잡았나를 생각해 보면 아직 회의적이라고 말할 수밖에 없다. 왜냐하면 아직도 고고학 자료가 부족하거니와 이를 체계적으로 분석하고, 해석하는 작업은 초보적인 단계에 머물러 있기 때문이다.

　　본고에서는 최근 관심이 고조되고 있는 전남지역 고대사회의 연구사와 1997년도 연구성과를 살펴보면서 이에 대한 문제점들을 진단해 보고, 앞으로의 연구방향을 제시해 보고자 한다.

# 2. 전남지역 고대사회의 연구사

여기에서는 1996년까지의 연구사를 간략하게 정리해 보고자 한다. 전남지역의 고대사회에 대한 관심은 일찍이 일본인들에 의해 시작되었다. 이들은 나주 반남면 지역의 고분을 조사하면서 자신들의 견해를 제시하였다. 즉 1917년과 1918년에 반남면 고분을 조사한 谷井濟一은 나주 반남면 덕산리 3호분과 대안리 9호분의 墳形과 周溝의 존재와 유물을 통하여 이들 고분을 '倭人의 무덤'이라고 주장하였다(朝鮮總督府 1920). 그리고 1938년에 이 지역의 고분을 조사한 有光敎一은 신촌리 6호분과 덕산리 2호분의 墳形이 日本의 '前方後圓墳'과 유사점이 있고, 埴輪圓筒類品도 존재한다고 지적한 바 있다(有光敎一 1940).

우리나라에서는 일찍부터 《日本書紀》의 神功王后 49年條(369년)에 의거해 영산강유역이 近肖古王에 의해 백제로 편입되었고, 그 이전은 馬韓에 속한다고 인식되었다(이병도 1959). 고고학적으로는 영암 내동리고분이 처음 발굴조사된 후 이들 고분의 성격을 김해계문화로서 고립

신촌리 9호분 출토 금동관

된 문화라고 보았다(황용훈 1974).

이 지역의 고대사회에 대한 조사는 1970년대에 일부 이루어졌으나 1980년 이후에 본격화되었다. 먼저 영산강유역의 많은 옹관고분과 석실분이 조사되었다. 특히 영암 시종면 일대의 옹관고분이 조사되면서 초기 옹관집단의 중심지가 영암이었음이 주장되었다. 또한 특이한 형태인 前方後圓形 古墳(이를 長鼓墳, 長鼓形 古墳, 前方後圓形墳으로도 불림)은 1985년에 해남 북일면 방산리 장고산고분[1]이 알려진 이래 전남지역에서 10여기가 분포하고 있음이 알려졌고, 이중 일부 고분이 발굴되었다. 고분뿐만 아니라 패총, 주거지, 저습지 등도 조사되었다. 이러한 발굴성과는 전남지역 고대사회에 대한 연구를 보다 활성화하는데 기여하게 된다.

역시 고대사회에 대한 연구도 1980년대 이후 활발해진다. 먼저 옹관고분의 성격과 마한과의 관련성 문제이다. 성낙준은 영산강유역의 대형옹관묘를 3세기에서 5세기 후반까지 존속한 마한 잔존세력의 무덤으로 해석하였다(성낙준 1983). 이 연구는 당시에 영산강유역의 大形甕棺墓(甕棺古墳으로도 칭함)를 백제의 무덤으로만 보는데 대한 의문을 제기하는 계기가 되었다. 이와 더불어 전남지역 고고학자들은 대체로 이 지역의 독창적인 묘제인 옹관묘를 백제의 문화에 포함시킬

---

1) 해남 북일면 장고산고분은 1984년 가을 필자와 국립광주박물관팀에 의해 각각 발견되었다. 그러나 이 고분이 학계에 알려진 것은 당시 일본의 전방후원분의 기원이 한국에 있다고 주장한 강인구 교수와 일본학자들이 알게 된 1985년 가을부터이다. 이 고분은 강인구 교수에 의해 실측도가 작성되었다(강인구 1987b). 연이어서 해남 문화원장 황도훈씨의 제보로 필자에 의해 해남 용두리고분이 발견되었고, 함평, 광주, 영광 등지에서도 속속 전방후원형의 고분이 알려졌다. 전방후원형 고분의 성격에 대한 논쟁이 한·일학자 사이에 본격적으로 이루어졌다.

수 없다는 인식을 하게 되었다. 이러한 분위기에서 필자는 마한문화란 철기문화를 바탕으로 시작된 것으로 보아야 하고, 국사학계의 정설인 百濟 近肖古王의 영산강유역 정복설이 과연 타당한지에 대하여 처음으로 의문을 제기하였다(최성락 1990, 1993a). 그러나 당시까지 대부분의 고고학자는 전남지역이 4세기 후반에 백제로 편입되었음을 기정사실로 받아들이고 있었다. 특히 안승주는 옹관고분의 연대를 여기에 맞추어 3세기 후반에서 4세기 후반 사이의 것으로 보았다(안승주 1983).

반면 일부 문헌사학자들은 日本의 神功紀의 내용을 다르게 해석하면서 여기에 나오는 辟中 등 5믐(혹은 4믐)이 전북지역에 분포하는 것으로 보았고(천관우 1979), 점차 전남지역 고대사회의 특색을 인식하게 되자 백제가 이 지역을 4세기 후반에서 5세기 후반까지 직접지배가 아닌 간접지배의 형태로 지배하였다고 주장하게 되었다(권오영 1986). 이러한 견해는 일부 문헌사학자들에 의해 받아들여졌다.

또한 나주 반남지역의 대형옹관묘는 마한 目支國의 마지막 단계의 무덤이라는 주장도 제기되었다(최몽룡 1987a, 1988). 이것은 문헌사에서 목지국의 위치를 직산 등 충청지역으로 비정하고 있어 상반되나 이를 제외하고 보면 마한의 세력이 남하하여 영산강유역에 자리잡았다는 점은 고대사학자들의 연구성과(노중국 1987)와도 대체로 일치되는 주장이다. 나아가서 옹관고분 축조시기인 5세기 후반까지 전남지역에는 독자적인 정치체(마한)가 존속되었다는 주장도 제기되었다(임영진 1995).

그리고 고대사측의 연구로는 이도학의 마한제국의 성장과 백제로의 복속에 대한 연구가 있다. 그는 필자가 해남 군곡리유적을 발견한 이후 백포만일대의 중요성을 지적한 점(최성락 1987a)을 받아들여

이 지역은 3세기 후반 新彌國 혹은 忱彌多禮의 중심지로 369년 백제의 공격을 받고 백제로 편입되었으나 지역연맹체의 맹주권은 4세기 후반 이후 영암 및 나주지역으로 이동해 갔으며, 백제가 영산강유역을 직접 지배가 아닌 貢納的 支配에 머물렀다고 보았다(이도학 1995).

옹관고분에 대한 고고학적 연구로는 먼저 영암지역을 집중적으로 조사한 서성훈은 대형옹관묘가 3세기 중엽에서 5세기 후반까지의 변화 과정을 보여주는 편년안을 제시하였다(서성훈 1987). 그리고 이정호는 옹관고분에 대한 종합적인 검토를 통해 옹관고분사회의 계층화되는 과정을 살펴보았다(이정호 1996a).

다음은 전남지역 석실분의 성격과 수용과정이다. 이영문은 전남지역의 석실분이 다분히 옹관고분의 특징을 계승하였다는 점을 지적하면서 옹관묘 중심권의 석실분은 백제에 흡수된 토착세력의 것이며, 이외의 지역은 백제에서 파견한 관리의 무덤으로 보았다(이영문 1991). 그리고 성낙준은 한강유역에서 내려온 백제문화의 영향으로 4세기 후반 이후 크게 발전하였으나 5세기 후반에 이르러 남천한 백제가 지방통합체제를 강화하면서 묘제 자체가 변화를 일으켜 대형옹관묘는 석실분으로 변화되었다고 보았다(성낙준 1993). 나아가 대형옹관묘의 존재는 재지세력의 것으로 백제와의 관계 속에서 조영되었고, 석실분의 등장을 백제 지방통치의 한 형태로 파악하였다(성낙준 1996). 그리고 이 지역 토착사회가 옹관고분 후기부터 이미 백제왕실을 정점으로 하는 사회질서 속에 포함되었으며 이러한 과정에서 석실분이 채용되었다는 견해(이정호 1996b)도 있었다. 이와 같이 석실분의 등장을 백제의 영향에 의해 만들어진 것으로 보는 것이 일반적인 견해이었다.

그러나 임영진은 석실분의 수용을 옹관묘집단과 석실분집단 간에 무력적인 충돌 없이 평화적인 제휴 하에 이루어졌다고 보았고(임영진 1992), 조근우는 전남지역 석실분을 종합적으로 검토하면서 석실분의 등장을 옹관고분집단의 자발적인 수용으로 보아야 한다고 주장하였다(조근우 1996).

한편 전방후원형 고분에 대한 약간의 연구가 이루어졌다. 전남지역에서 전방후원형 고분의 발견은 당시 일본의 전방후원분의 기원이 한국에 있다는 강인구(1983b)의 주장에 대하여 한·일 학자간의 논란이 재개되는 계기가 되었다. 전남지역 연구자들은 옹관고분에서도 周溝가 발견되자 일본의 前方後圓墳의 기원이 전남지역에 있었을 가능성을 조심스럽게 제기하기도 하였으나 본격적인 연구는 이들 고분이 발굴된 이후에야 시작되었다. 함평 신덕고분을 조사한 성낙준(1993)은 長鼓形古墳의 축조기획을 중심으로 정리하였다. 즉 내부시설이 석실인 경우가 많고, 석실이 분구 중에 축조된 지상식을 나타내고 있으며, 원형부를 기준으로 전체길이가 동일한 비율을 가지며, 상용된 尺은 百濟尺이나 漢尺이었을 것으로 추정하였다. 영암 자라봉 고분을 발굴한 강인구는 이 고분의 연대를 4세기로 보아 일본 초기 고분과 연결되고 전방후원분의 한국기원설을 뒷받침한다고 주장하였다(강인구 1992). 광주 월계동 장고분을 발굴한 임영진은 전남지역에서 長鼓墳의 시작을 3세기대의 함평 萬家村 古墳으로 보았고, 장고분의 주인공들이 3세기 중엽경 일본으로 건너갔다가 되돌아와 장고분을 축조하였으므로 이 지역의 토착인과 동일계통임을 주장하였다(임영진 1994, 임영진·조진선 1995). 이후 만가촌 고분을 장고분과 다른 異形古墳으로 구분하였다(임영진 1996b). 박중환은 전방후원형 고분의 입지와 매장시설, 분구 등을 검토하여 방형부의 발달정도에 따라

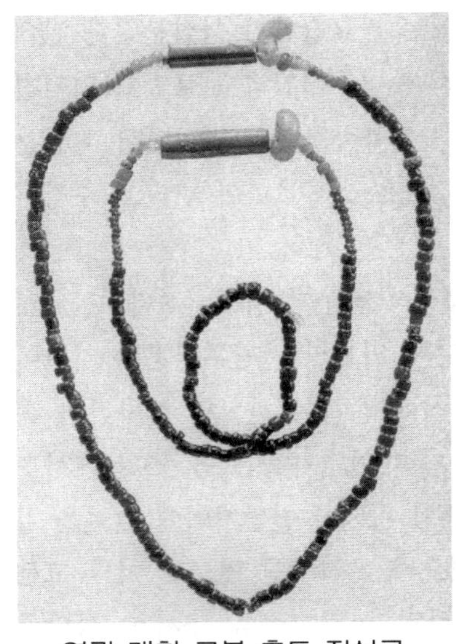

영광 대천 고분 출토 장신구

고분의 변천과정을 제시하였다(박중환 1996a). 그리고 전방후원형 고분과 日本 前方後圓墳의 연구사가 검토되기도 하였다(이정호 1996c).

한편 이 지역의 前方後圓形墳의 존재에 깊은 관심을 가진 일본학자들에 의해 전방후원형분에 대한 연구서가 발간되기도 하였다(岡內三眞編 1996). 여기에는 전남지역을 6세기 초까지 백제와 관련이 적은 지역으로 보고 倭와의 교류를 통해 전방후원형분이 축조되었다고 보고 있다. 그리고 東潮는 전남지역에서 발견되는 전방후원분은 일본에서 이주한 倭人 혹은 倭人集團과 동일집단의 마한인의 무덤으로 전제하면서 이러한 고분과 일부 倭系의 유물(埴輪, 珠文鏡, 南島産貝, 直弧文鹿角裝刀子 등)로 보아 전남지역과 倭를 밀접한 관계[2]로 규정하였다. 즉《宋書》에 나오는 慕韓이 馬韓의 후신이고,《日本書紀》에 보이는 任那四縣도 전남지역에 분포함으로써 모한 세력은 5세기말에 백제에 흡수되었어도 6세기 전반까지 倭와 교류

---

2) 여기에서 언급된 유물들은 모두 4세기 이후의 것으로 보인다. 기원후 1~3세기경 전남지역과 倭와의 교류관계를 보여주는 고고학적 자료는 극히 적다. 예를 들면 해남 군곡리패총에서 발견된 유물은 남해안을 거쳐 일본지역까지도 분포하고 있으나 倭系의 유물들은 이 패총에서 전혀 발견되지 않고 있다.

관계가 있었다고 보았다(東潮 1995, 1996). 田中俊明도 백제가 영산강유역을 장악하는 것을 4세기 후반으로 볼 것이 아니라 5세기 후반 내지 6세기 초로 보아야 하며 그 이전은 倭와의 관계가 깊다고 보았다(田中俊明 1996).

다른 시각에서의 연구로는 필자의 전남지역에서 복합사회의 출현에 관한 연구가 있다. 여기에서는 신진화론의 발전단계설에 의거하여 전남지역 고대사회가 점진적으로 계층화되었음을 주장되었다. 즉 전남지역은 청동기시대 이래로 사회가 점차 복합화 되어 갔으며 청동기시대 후반을 단순 족장사회로, 옹관고분사회를 복합 족장사회로, 5세기 후반 옹관고분사회를 최상 족장사회로 각각 비정하였다(최성락 1996c).

전남지역의 고고학 개설은 全羅南道誌를 편찬하는 과정에서 일차적으로 정리되었다. 즉 전남지역의 고고학자들이 참여하여 구석기시대, 신석기시대, 청동기시대, 원삼국시대, 백제시대 등으로 구분하여 서술되었다(전라남도 1993). 그러나 전체적으로 체계를 갖춘 '전남지역의 고고학 개설서'는 아직 출간되지 못하고 있다.

# 3. 1997년도 연구성과

    1997년에는 전남지역 고대사회에 관련된 비교적 중요한 유적이 조사되었고, 이에 대한 연구성과도 있었다고 생각된다. 먼저 각 연구기관에서 수행한 유적의 발굴조사 및 지표조사의 성과를 살펴보자.

    우선 구석기시대 유적의 발굴과 새로운 유적의 발견이 이루어진 점이다. 조선대 박물관에서 조사한 순천 죽내리유적은 1996년 1차 발굴에 이어 추가 발굴조사가 금년 2월까지 이루어졌으며 세 개의 문화층이 확인되었다. 제일 아래층의 경우 약 10만년 전의 중기 구석기로 해당되며, 그 위로 후기 구석기층 이외에도 중석기층과 청동기시대의 집터, 삼국시대의 석곽묘 등이 조사되었다(조선대 박물관 1997). 지금까지 전남지역에서는 몇몇 구석기시대의 유적이 조사되었으나 이 유적이 전남에서 가장 오래되었고 확실한 유적으로 평가된다. 그리고 목포대 박물관팀에 의해 영산강유역인 나주 동강면일대에서 구석기시대 유적이 집중 분포하고 있음도 확인된 바가 있고, 더불어 나주지역에서만 약 90개 군의 고분이 확인되었다(목포대 박물관 1997b).

    국립광주박물관에서 조사한 광주 신창동유적의 저습지에서는 기원전후 시기의 토기류와 함께, 목제류(농구류, 공구류, 용기류 등), 칠기류, 씨앗류, 민물어패류 등이 다량으로 출토되었다(국립광주박물관 1997). 이들 유물을 통해서 당시의 농경을 비롯하여 그들의 생업체계를 밝힐 수 있는 계기가 되었다.

    나주 복암리고분은 국립문화재연구소와 전남대 박물관에 의해 연차적으로 조사되고 있다. 금년에 제3호분이 정밀 조사되었는데 한 봉분 아래에서 옹관묘(14기), 수혈식 석곽(6기), 횡혈식 석실분(10기),

기타 2기 등 총 32기의 유구가 조사되었고, 金銅신발, 環頭大刀, 金冠帽, 銙帶鉸具 등 다량의 유물이 발견되었다(국립문화재연구소·전남대 박물관 1997). 이 고분은 전남지역의 무덤이 옹관묘에서 석실분으로의 변천과정을 밝히는데 귀중한 자료가 되었다.

광주시립민속박물관은 광주 용봉동 토지구획 정리사업지구에서 주거지 2기와 石列 및 도랑 유구를 발굴하였는데 주거지는 기원후 3~4세기경으로 추정하고 있다(광주시립민속박물관 1997).

목포대 박물관은 무안 인평고분과 구산리고분을 발굴하였는데, 인평고분에서는 전남지역에서 알려진 거의 모든 무덤들(토광묘, 옹관묘, 석곽분, 석실분)이 발견되었다. 그리고 구산리고분군에서는 전남에서 가장 규모가 큰 옹관과 복암리고분에서 보이는 하나의 옹관 입구를 돌로 막은 단옹식이 발견되었다(목포대 박물관 1997a). 이곳 발굴

복암리 고분

을 통해 역시 옹관고분에서 석실분으로의 변천을 알 수 있었다.

전남대 박물관에서 조사한 광주 상무대 2지구에서는 구릉 경사면에서 3세기에서 4세기에 걸치는 70여기의 주거지가 확인되었다(전남대 박물관 1997). 특히 이들 주거지에서는 대형옹관편이 출토되었고, 주거지 내의 항아리에서는 열매가 발견되어 주목되었다. 이러한 발굴성과는 전남지역 고대사회에 대한 연구를 보다 활발하게 할 것이다.

순천대 박물관에서 조사한 순천 금당 2지구에서는 기원전후 내지 기원후 1세기경의 수혈주거지, 토기요지, 석기작업장, 주공열, 장방형유구 등이 확인되었고, 출토유물에는 단면삼각형의 경질무문토기와 석촉편, 삼각형석도편, 숫돌, 방추차 등의 석기류가 있다. 이러한 시기의 유적으로는 보성 금평패총에 이어 두 번째로 조사되었다(순천대 박물관 1997).

그리고 전남지역에서 발간된 1997년도에 발간된 대표적인 보고서로는 《호남고속도로 확장구간 문화유적발굴조사보고서》 Ⅰ·Ⅱ(전남대 박물관), 《전남의 고대묘제》, 《영암 용암사지》(이상 목포대 박물관), 《광주 신창동 저습지유적》 1(국립광주박물관), 《순천 검단산성과 왜성》(순천대 박물관) 등이 있다. 특히 검단산성은 조선시대 산성이 아니라 축성기법과 출토유물로 보아 백제시대에 축성하였던 테뫼식 석축산성임이 밝혀져 주목을 받고 있다.

정기간행물로는 호남고고학회의 《호남고고학보》 4집(1996. 12)이 있는 데, 여기에서는 '전방후원형 고분의 연구사 검토'(이정호), '영산강유역의 대형옹관묘'(Laurence Denes) 등이 실려 있다. 그리고 목포대 박물관의 《박물관 연보》 5집이 출간되었다.

개별적인 연구논문은 다음과 같다. 먼저 김승옥은 鋸齒文의 상징적 의미를 추구하였다. 즉 그는 순천 대곡리 주거지와 출토유물을 공간적 분석 및 통계적 분석 등 다양한 방법으로 검토하였는데 여기에서 출토된 거치문이 있는 토기가 복합사회 형성초기의 정치적 권위를 상징하는 것으로 해석하고 있다(김승옥 1997a, 1997b). 김영심(1997)은 백제의 전남지역에 대한 직접적인 지배가 6세기 중반부터라고 주장하고 있다. 그리고 小田富士雄(1997)은 지금까지 韓·日학자들 사이에 논란되었던 전방후원형 고분의 연구사를 정리하고, 그 주인공을 일본으로 건너갔다가 되돌아온 마한인이라는 임영진의 견해를 비판하면서 전남지역의 전방후원형 고분이 日本의 前方後圓墳의 영향으로 축조되었음을 강조하고 있다.

1997년에는 '영산강유역의 고대사회의 성격'에 대한 연구발표와 토론이 활발하게 이루어졌다. 먼저 제5회 호남고고학회 학술대회 (97.4.12)에서는 제4회 호남고고학회 학술대회가 '호남지역 고분의 분구'라는 주제[3]에 이어서 '호남지역 고분의 내부구조'라는 주제로 국립전주박물관에서 개최되었는데 다섯 사람의 주제발표가 있었다. '전북지역의 석곽묘'(곽장근), '전남지방의 토광묘'(박중환), '전남지방의 옹관묘'(이정호), '전북지역 백제석실분의 전개과정'(최완규), '전남지역 석실분의 입지와 석실구조'(임영진) 등이다. 특히 논의가 된 점은 호남지역 석실분의 성격에 대한 것이다(호남고고학회 1997).

마한역사문화연구회(이후 삼한역사문화연구회로 개칭함)에서는 '마한의 역사와 문화'라는 주제로 발표회가 있었다. 여기에서는 마한

---

3) 주제발표의 내용은 '전북지역 고분의 분구'(최완규), '영산강유역의 이형 분구'(임영진), '영산강유역의 원·방형 분구'(성낙준), '영산강유역의 전방후원형 분구'(박중환) 등이다.

과 관련된 6가지의 주제발표, 즉 '마한 · 목지국연구의 제문제'(최몽룡), '마한 종교사회의 성격'(김두진), '성립단계의 마한 모습 -고고학적 측면-'(이청규), '마한 소멸시기 재고'(임영진), '마한의 국제관계'(東潮) 등이 있었다. 특히 임영진은 옹관고분 축조시기뿐만 아니라 초기의 석실분(전방후원형 고분도 포함)이 백제계 석실분과 다르게 옹관고분의 특징을 많이 계승하고 있는 점을 중시하여 6세기 전반까지 전남지역에 마한의 세력이 잔존하였다는 주장을 제기하였고, 東潮는 기왕의 주장인 '모한설'을 강조하였다(마한역사문화연구회 1997).

나주시에서 개최된 심포지엄(97.7.8)에서는 '나주 마한문화의 형성과 발전'이라는 주제로 '나주지역 고대문화의 특성'(최몽룡), '나주지역의 선사문화'(최성락), '나주 마한의 형성과 발전'(임영진), '고대의 나주'(권오영) 등의 주제발표와 토론이 있었다. 특히 임영진은 전남지역에서 마한의 시기를 기원전 2세기에서 기원후 6세기 전반까지로 본 기왕의 주장을 전제로 하여 단계적인 발전과정을 제시하면서 삼국시대가 아니라 고구려, 백제, 신라, 가야 및 마한 등 '五國時代'임을 선언하고 있다. 반면 권오영은 최근 전남지역에 백제와 다른 독자세력의 존재를 주장한 일부 학자와 일본학자들의 견해를 우려하면서 전남지역이 백제와의 관련성을 무시할 수 없음을 언급하였다(나주시 · 전남대 박물관 1997).

목포대 사학과의 제7회 심포지엄(97.9.4)에서 '영산강유역 고대사회의 흥망성쇠'라는 주제로 학부 학생들의 발표와 토론이 있었다. 여기에서는 영산강유역의 3세기 후반 이후의 고대사회를 마한으로 볼 수 없으며, 옹관묘를 주 묘제로 사용한 토착사회는 5세기 후반 백제계의 석실분과 왜계의 전방후원형 고분을 받아들여 6세기 전반까지 지속되다가 6세기 중엽 경에 백제의 지방으로 편입된다고 보았다. 이 심포지엄에서는 새로운 주장이 많이 포함되어 있는 데, 이는 지도교수인 강봉룡의 견해가 전반적으로 반영된 것이다(목포대 사학과 1997).

충남대 백제연구소의 가을 학술발표회(97.9.26)에서는 '마한문제의 새로운 인식'이라는 주제로 6명의 주제발표와 토론이 이루어졌다. 이 중에서 '전기 마한의 시·공간적 위치에 대하여'(박순발), '천안 청당동유적을 통해 본 마한의 대외교섭'(함순섭), '새로운 모색을 위한 점검, 목지국연구의 현단계'(이도학), '3세기 중·후반 백제의 발전과 마한'(김수태) 등의 발표와 토론이 있었다. 여기에서는 마한의 성장과 발전, 대외교섭 등 전반적인 문제가 집중적으로 논의되었다(충남대 백제연구소 1997).

제18회 한국상고사학회 학술발표회(97.10.11)에서는 '백제의 지방통치'라는 주제로 공주교육대학에서 개최되었는데, 그 중에서 강봉룡의 '5~6세기 영산강유역 옹관고분사회의 해체'에서 영산강유역의 고대사회는 백제와는 다른 토착사회가 6세기 초반까지 남아 있었으며 6세기 중반에 들어서 백제의 한 지방으로 편입되었음을 주장하고 있다(강봉룡 1998).

제21회 한국고고학 전국대회(97.11.7~8)는 '호남고고학의 제문제'라는 주제로 전남대에서 개최되었는데 여기에서는 '호남지방 주구묘의 제문제'(최완규), '호남지역 석실분과 백제의 관계'(임영진), '호남지역 도작농경연구의 현단계'(조현종), '한국 비파형동검문화의 제문제'(이영문) 등의 발표가 있었다. 이 중에서 周溝墓의 경우, 최근 충청지역과 전북지역에서 집중적으로 조사되었는데, 이는 마한단계(기원후 2~3세기)의 무덤이며 영산강유역의 옹관고분으로 계승되었다고 보았다. 그리고 임영진은 전남지역의 장고분(전방후원형 고분)이 일본으로 진출한 전남지역 사람들이 일본에서 거주하기 힘들자 전남지역 마한세력의 승인 아래 되돌아와 남긴 무덤으로 본 기왕의 견해(임영진 1994)를 재삼 강조하고 있다(한국고고학회 1997).

충남대 백제연구소의 월례발표회(97.12.23)에서는 금동관을 통해 본 나주 신촌리9호분 乙棺의 연대를 6세기 초로 본다는 발표가 있었다(박보현 1997).

끝으로 삼한역사문화연구회에서는《삼한의 역사와 문화》(1997)라는 단행본을 편집·출간하였다. 여기에서는 지금까지 발표된 마한과 관련된 논고나 삼한역사문화연구회에서 개최한 학술발표회의 발표문을 묶어서 발간하고 있다. 모두 24편의 글을 주제별로 모아 두었으나 발표연대가 각기 다른 논고를 원전의 출전표시도 없이 묶어두고 있어 독자로 하여금 다소 혼돈을 주는 점이 아쉽다.

이상과 같이 1997년도에는 고대사회의 연구에 필요한 자료를 제공한 유적의 발굴조사가 있었고, 다수의 학술대회가 개최되었다. 그런데 빈번한 학술대회에 비하면 새롭게 제시되는 연구 발표가 상대적으로 적은 편이다. 주목할 점은 학술대회 발표논문의 수에 비하면 연구논문의 수가 적은 편이고, 전남지역 연구자가 아닌 타 지역 연구자와 외국 연구자의 논문이 대부분이다.

# 4. 연구상의 문제점과 연구방향

앞장에서 볼 수 있듯이 '전남지역 고대사회의 성격'에 대한 견해는 크게 여섯 가지로 나누어 볼 수 있다.

첫째, 일반적인 정설로서 전남지역은 4세기 후반에 백제로의 편입이 이루어졌다는 것이다. 이는 대부분의 문헌사학자의 견해이고, 이를 일부 고고학자들도 따르고 있다.

둘째, 첫째의 견해에서 약간 진전된 것으로 이 지역이 4세기 후반 백제에 편입되나 일정기간을 간접 지배, 혹은 공납적 지배의 형태를 유지하였다는 견해이다. 이는 일부 문헌사학자들에 의해 주장되고 있다.

셋째, 둘째의 견해와 유사한 고고학자들의 견해이다. 즉 옹관고분이 마한 잔존세력의 지배층 무덤이라는 견해와 4세기 후반 이후 백제와 관계를 맺으면서 독자적으로 옹관고분이 발전되었다는 견해이다. 또한 여기에는 옹관고분사회가 아직 백제의 직접적인 통치하에 들지 않았다는 견해도 포함된다.

넷째, 옹관고분사회뿐만 아니라 석실분의 초기 단계에도 백제가 아닌 마한의 세력이 자리잡았다는 견해도 있다.

다섯째, 6세기 전반까지 전남지역에는 독자적인 세력이 자리잡았음은 인정하나 이를 마한으로는 볼 수 없으며, 6세기 중엽에 이르러 백제의 한 지방으로 편입되었다는 견해이다.

여섯째, 일본학자들의 견해는 이 지역과 일본과의 관계를 중요시하는 입장이다. 즉 백제가 전남지역을 복속한 것은 5세기 후반경이고, 5세기에서 6세기 전반까지 일본이 해상권을 장악하면서 백제뿐만 아니라 전남지역과도 밀접한 관계를 가졌음을 강조하고 있다.

이상과 같이 전남지역 고대 사회에 대한 연구는 언제까지 토착사회가 지속되었고, 이것이 마한인가 아닌가, 그리고 백제와의 관계가 어떠한가 하는 문제가 중심이 되어왔다. 따라서 아직까지도 전남지역 고대사회에 대한 연구는 매우 제한적이라고 볼 수밖에 없다.

그런데 고고학에서는 이러한 문제보다도 이 지역의 문화적인 성격이 무엇인지를 먼저 검토해야 할 것이다. 왜냐하면 고대사회의 성격에 대한 논의는 고고학적 연구를 바탕으로 문헌사의 연구성과를 포함하여야 하는 것이 바람직하기 때문이다. 이 지역의 고대사회에 대한 고고학적 연구는 고고학적 자료의 기본적인 연구, 즉 편년작업과 공간적인 분포 연구를 기초로 다음과 같은 주제가 연구되어야 할 것이다.

첫째, 철기문화의 형성 및 발전과정

둘째, 옹관고분의 발생문제와 옹관고분사회의 성격

셋째, 옹관고분에서 석실분으로의 변천과정

넷째, 전방후원형 고분 축조집단의 성격

다섯째, 이 지역과 백제를 비롯하여 중국, 일본 등과의 교류관계 등이다.

이러한 문제에 대한 논의가 전혀 없었던 것은 아니나 아직 고고학적으로 충분한 연구가 이루어지지 않고 있다. 이것은 연구자료의 부족이나 연구자의 부족 등도 이유 중의 하나이나 무엇보다도 중요한 것은 이러한 문제들이 고고학적 자료의 철저한 분석 위에 구명되어야 한다는 의식이다.

최근 전남지역 고대사회의 성격에 대한 활발한 연구발표는 긍정적이라고 평가할 수 있다고 하더라도 일부 지적되어야 할 면이 없지 않다.

　먼저 다양한 견해 중에는 다소 불합리한 주장이 있다. 과거 문화와 역사를 연구한다는 것은 고고학자나 문헌사학자들에게 결코 쉬운 일이 아니므로 고고학적 자료와 문헌적 자료를 신중하게 해석하여야 한다. 이 과정에서 즉흥적으로 떠오르는 주장을 아무런 여과없이 발표한다면 그 주장은 무너지기 쉬울 것이다. 이러한 주장들은 대부분 고고학적 자료의 분석과 이론에 근거한 해석과정이 미진한 채 논리적인 비약을 동반하는 경우가 많다. 고고학적 자료의 해석이나 문화의 복원은 일정한 과정을 거쳐 논리적으로 주장되어야 할 것이다(최성락 1997b). 그리고 학술지에 제출하는 논문뿐만 아니라 학술대회에서 발표하는 경우에도 연구자의 신중한 자세가 요구된다. 학술대회에서 발표하는 경우에는 간혹 발표자가 무엇인가 새로운 것을 언급하여야 하는 욕구를 가지기 쉽고, 검증 받지 못한 주장이나 획기적인 주장을 하는 예를 쉽게 찾아 볼 수 있다. 이와 같은 주장들을 일일이 지적하는 것은 본고의 범위 밖의 문제로 다른 기회로 미룬다. 다만 하나의 예를 들어보면 80년대 초에 발표된 '와질토기론'이 주장자들의 지나친 과신으로 본래의 의미를 상실하는 경우(최성락 1996d)에서 볼 수 있듯이 한번 주장한 것은 쉽게 철회하지 못하기 때문에 주장에 앞서 신중한 검토가 요구된다.

　다음은 지역 단체나 비전문가 집단의 도움으로 전남지역 고대사회에 대한 학술대회가 개최될 때 주최자의 의도에 따르는 일이 없는지 주의하여야 한다. 일반인들의 고대사회에 대한 관심은 전문 연구자들로 하여금 그 분야를 연구하는데 자극을 주어 연구의 활성화에 도움을 주는 것은 사실이다. 그러나 단기적인 연구성과는 극히 제한적인 것으로 일반인들이 만족할 만한 연구결과를 보여주지 못하는 경우가 대부분이다. 반면 언론이나 일반인들을 만족시킬만한 주장은 자칫 학문적으로 매우 불합리한 것일 수가 있다. 비슷한 예로는 발굴현장에서 발표되는 중간보고가 언론에 의해 보도되는 경우이다. 언론이나 일반인들은 일반적인 가치 기준(학문적인 가치 기준과는 다름)에서 발굴성과를 보기 때문에 간혹 최초, 최고, 최대의 것에 관심을 가지기 쉽다. 한편 발굴현장에서 발표되는 견해들은 발굴자가 충분한 분석과정을 거치지 못하였기 때문에 잘못된 것일 가능성도 있다. 따라서 고고학의 연구성과를 일반인들에게 설명하거나 언론에 발표할 때에는 지나치지 않도록 주의할 수밖에 없다.

그 다음은 전남지역 연구자들의 일부 견해가 최근 일본 연구자들의 의견과 근접하는 경우가 있어 이를 신중하게 고려하여야 한다. 전남지역 연구자의 주장 속에서 전남지역이 백제와는 다른 정치체가 존재하였다는 것이 있다. 이것은 기존의 백제 중심의 틀에서 벗어나는 것이며, 전남지역을 중시하는 것으로서 의미가 전혀 없는 것은 아니다. 그러나 전남지역의 독자적인 정치체를 주장하는 것과 고고학에서 전남지역의 문화를 주체적으로 파악하려는 것과는 큰 차이가 있다. 우리나라 고고학이 지금까지 전파론적 해석에 치중하였기 때문에 그러한 해석에서 벗어나 자체적인 변화 발전을 중시하는, 즉 이 지역의 문화를 주체적으로 보는 시각은 매우 중요하다. 그런데 독자적인 정치체의 존재에 대한 주장은 국내학자들보다도 일본학자들에 의해 지지받고 있는 점을 눈여겨보아야 한다. 기록에 의해 전남지역이 백제와 다른 독자적인 존재의 근거는 《日本書紀》에 나타난 慕韓이라는 기록뿐이다. 이 기록은 과거 任那日本府說이나 騎馬民族說에 언급되었던 근거로서 그 신빙성이 의심되었기 때문에 문헌사학자들에 의해 비판되어 왔다. 따라서 독자적인 정치체의 존재만을 강조하게 되면 일본학자들의 주장과 유사하게 되어 매우 심각한 결과를 초래할 것이다.

끝으로 고고학적 연구가 문헌사적 연구와의 사이에 협동적인 연구가 이루어지지 않고 있다. 전남지역의 경우에는 고대사회에 대한 연구가 주로 고고학자에 의해 주도되었던 경향이 없지 않아 고고학적 자료를 해석하는 과정에서 문헌적 자료의 뒷받침이 부족한 경우가 많았다. 비록 전남지역과 관련된 문헌적 자료가 부족한 것은 사실이나 전남지역의 고대사회를 밝히는 데에는 문헌적 자료가 절대적으로 필요하다. 더구나 고대사회의 대외적인 교류를 언급할 경우에는 당시의 국제적 관계를 문헌사적으로 파악하여야 한다.

따라서 전남지역 고대사회를 바르게 연구하기 위해서는 다음과 같은 과제들이 선결되어야 할 것이다.

우선 원활한 연구를 위해서는 전남지역 연구자들 간에 고고학 자료의 공유가 요구된다. 아직 전남지역의 고고학적 자료는 매우 제한적이다. 발굴된 고고학 자료를 연구자간에 공유하기 위해서는 발굴보고서의 신속한 발간이 필요하다. 그리고 보고서가 간행되지 않은 채 각 기관에 보관된 자료의 경우 이 지역의 연구자들이 보다 쉽게 활용할 수 있어야 한다.

더불어 연구자간에 격이 없는 토론이 요구된다. 호남고고학회를 중심으로 정기적으로 학술대회가 개최되고 있으나 각 주제별로 연구회나 토론 모임이 극히 적은 편이다. 비록 이 지역의 연구자 수가 적다고 하더라도 각 주제에 대한 진지한 토론 모임이야말로 이들 문제를 해결하는 첩경이라고 생각한다.

다음은 고분에만 한정되지 않게 다양한 고고학적 자료가 수집되어야 하고, 나아가서 이를 분석하고 해석하는 방법과 이론에 대한 연구

도 병행하여야 한다. 고고학적 자료가 고분에 한정됨으로써 고대사회
를 고고학적으로 접근하는데 한계가 있을 수밖에 없다. 또한 고고학
적 자료의 철저한 분석과정을 거치지 않고 성급하게 해석함으로써 해
석상의 잘못을 범하고 나아가서 고고학의 학문적인 정체성을 확보하
는 데에도 문제가 생길 수 있다. 고고학이라는 학문이 아직 인접 학문
이나 일반인들에게 학문으로서 대접을 잘 받지 못하는 것은 고고학 자
체가 부족한 학문이라기 보다는 고고학을 연구하는 사람들의 노력이
부족하다고 생각한다. 그 원인 중의 하나는 대부분의 고고학자가 발
굴에 매달리어 고고학을 학문답게 하지 못하는 데에도 있을 것이다.
고고학이 고대사회의 실상을 풀어나가는데 필요 불가결한 분야임은
누구나 인정하고 있지만 고고학자 스스로가 고고학의 학문적 위상을
높이지 않으면 아무도 높여주지 않을 것이다.

끝으로 고대사회의 성격을 파악하기 위해서는 문헌사학자와의 상
호 협조가 요구된다. 즉 고고학자와 문헌사학자 간의 역할분담이 필
요하다. 문헌사학자가 고대 문헌에 대한 올바른 해석을 제공해 주어
야 하고, 고고학자들은 당시의 문화적 성격을 고고학적 자료에 의해
정확히 밝히는 일을 담당하여야 한다. 가장 이상적인 것은 두 분야의
학자가 학제적인 공동연구를 통해 고대사회의 성격을 차분히 풀어가
는 것이다.

결국 전남지역 고대사회의 성격을 밝히는 것은 우선적으로 전남지
역에 있는 고고학자나 고대사학자의 몫이라고 볼 수 있다. 연구자의
수의 부족이나 연구여건의 미비 등 현실적으로 어려운 점이 많은 것은
사실이나 이를 다른 지역의 연구자나 외국학자들에게 맡길 수 없는 것
이다.

# 5. 맺음말

    지금까지 전남지역의 고대사회에 대한 연구성과와 문제점을 검토해 보았다. 최근 전남지역 고대사회에 대한 다양한 견해가 제기되고 있으나 이보다도 먼저 이에 대한 고고학적 연구가 선행되어야 하고, 나아가 문헌사학자의 협조를 받아 고대사회의 성격을 밝혀야 한다. 이 과정에서 연구자료의 공유와 전남지역 연구자들의 진지한 토론이 요구된다. 그런데 현실적인 요구에 너무 의지하다 보면 고대사회의 연구가 왜곡될 뿐만 아니라 고고학이라는 학문의 정체성도 확보하지 못할 수도 있다.

    전남지역의 고고학적 자료를 수집하는 것은 어느 정도 성과를 얻고 있으나 이를 분석하고, 해석하는 데에는 별다른 진전이 없다. 전남지역의 고고학이 좀 더 학문적으로 성숙하기 위해서는 고고학적 자료를 어떻게 분석하고 해석할 것인가에 대한 이론적인 검토가 요구된다. 이러한 노력 없이는 고고학적 자료를 직관적이고, 즉흥적인 해석에서 벗어날 수 없는 것이다.

    끝으로 IMF시대를 맞이하여 自省하는 의미에서 이 글을 작성해 보았다. 연구성과에서 언급되지 못하고 빠진 부분과 잘못 인용된 부분은 전적으로 필자에게 책임이 있음을 밝히며, 전남지역 연구자들의 많은 관심과 비판이 있기를 바란다.

제2장

# 호남지역 철기시대의 연구현황과 과제

# 1. 머리말

호남지역은 행정구역상 전라남·북도를 지칭한다. 동쪽으로는 소백산맥을 끼고, 서쪽으로는 바다를 접하고 있으며, 낮은 구릉과 넓은 평야를 이루고 있다. 이곳은 선사시대로부터 사람들의 삶의 터전이 되어 왔으며, 독특한 문화를 꽃피웠던 곳이다.

호남지역의 시대구분은 한국고고학의 시대구분과 같이 구석기시대, 신석기시대, 청동기시대, 철기시대(혹은 초기철기시대 및 원삼국시대), 삼국시대 등으로 나누어볼 수 있다. 이 중에서 철기시대에 대한 연구는 다른 시대에 대한 연구에 비하면 체계적으로 정리되어 있지 못하다. 이것은 이 시대의 유적이 충분히 조사되지 않았다는 것이 가장 큰 원인으로 생각되나 이 시대를 초기철기시대와 원삼국시대로 분리하여 인식하였다는 점과 이 시대가 선사시대로부터 역사시대로 전환되는 시기라는 점도 당시 문화에 대한 연구가 부진하였던 원인 중의 하나일 것이다.

호남지역 철기시대에 대한 연구는 1980년대 후반까지 극히 저조하였다. 전북지역은 남원 세전리 유적을 제외하면 발굴된 유적이 거의 없었고(윤덕향 1988), 전남지역은 광주 신창동 유적을 비롯하여 해남 군곡리, 순천 대곡리 등 몇몇 유적이 조사되면서 청동기시대와 고분 단계 사이의 공백을 겨우 메워 주었다(최성락 1988).

그런데 1990년대에 들어와서는 철기시대의 주거지, 패총, 무덤 등이 호남의 전 지역에서 조사되었다. 특히 최근에 발굴 완료된 서해안 고속도로 구간에서는 철기시대의 유구와 유물들이 집중적으로 발견되었다. 따라서 이들 고고학적 자료들을 정리하여 당시의 문화상을 밝히는 작업이 당면한 과제로 대두되고 있다.

　필자는 먼저 철기시대의 개념을 검토해 보고, 지금까지 연구된 호남지역 철기시대의 유적과 유물 및 문화상에 대한 연구성과를 정리해 보면서 앞으로의 연구과제를 언급하고자 한다.


# 2. 철기시대의 개념


　한국의 선사문화는 처음으로 일본학자들에 의해서 石器時代, 金石倂用期, 樂浪時代, 三國時代 등으로 구분되었다(藤田亮策 1948). 이것은 당시의 초보적인 유적조사를 근거로 이루어진 것이며 한국의 선사문화에 대한 일본학자의 입장을 보여준 것이다. 1945년 이후 선사문화에 대한 시대구분은 우리나라 학자들에 의해 이루어졌다. 이러한 시대구분에 대한 연구사와 문제점은 이미 여러 사람들에 의해 정리된 바가 있다(김정배 1979, 西谷正 1982, 노혁진 1987, 최몽룡 1987b, 1992, 최성락 1995a). 이를 간략하게 정리한다면 다음과 같다. 한국고고학에 있어서 시대구분은 몇 차례의 논쟁을 거쳤으나 대체로 구석기시대, 신석기시대, 청동기시대, 초기철기시대, 원삼국시대, 삼국시대 등으로 구분되어 통용되어 왔다(김원용 1986). 이들 각 시대의 개념을 둘러싸고 약간의 논의가 있었으나 특히 문제가 되는 것이 철기시대와 관련되는 초기철기시대와 원삼국시대이다.

초기철기시대는 철기시대의 초기라는 의미에서 붙여진 명칭인데 역사시대 이전의 철기시대로 한정한다는 뜻에서 기원전 300년에서 기원전후까지로 설정하게 된 것이다(김원용 1973). 여기에 대한 비판이 적지 않게 나타났다. 즉 남부지역에서 점토대토기 단계부터 초기 철기시대라고 하는 것은 잘못이며 삼각형 점토대토기가 출현하는 기원전 2세기경 이후에 접어들어야 초기철기시대로 볼 수 있고, 별도의 철기시대를 설정하지 않으면서 이를 초기철기시대로 명명하는 것이 어색하여 독립적인 시대명칭으로 부적절하다는 것이다(정징원 1989). 그리고 한국고고학에서는 초기철기시대가 제2차 청동기문화를 포함하고 있어 철기문화의 독자적인 의미가 희석된다는 점도 지적되었고(최몽룡 1992:50~51), 철기의 사용 이후로 한정한다면 특히 한반도 남부지역에서는 초기철기시대를 한 시대로 설정하기에는 시간의 폭이 너무 짧다고 보아 원삼국시대와 통합되어야 한다는 견해도 있었다(최성락 1993a). 이밖에 초기철기시대의 의미를 확대하여 철기가 유입되던 시기로부터 삼국시대의 고총고분이 발생하기 이전까지로 보아야 한다는 주장(이남규 1982, 한영희 1983)도 있었다.

그리고 원삼국시대는 1970년대 초에 처음 사용되었다. 김원용은 원삼국시대라는 용어를 제기하면서 "종래 고고학에서 김해시대라고 불러왔고, 역사학에서의 삼한시대가 이에 해당되지만 원초삼국시대 - 原史시대의 삼국시대라 해서 原(proto)삼국시대라고 명명해 본 것이다. … 이 시대의 실연대는 서력기원 직후 2세기 또는 2세기 반(A.D 1~250)에 해당한다"고 정의하였다(김원용 1973). 그 후 하한연대를 기원후 300년까지로 연장하였다(김원용 1986). 이후 한국고고학에서는 원삼국시대라는 용어가 일반적으로 사용되고 있다. 다만 원삼국시대를 대신하여 '삼국시대 전기'로 하자는 견해(최몽룡 1989, 1990)

가 제기되는 등 고고학계 내부에서도 약간의 비판이 없었던 것은 아니다.

그런데 원삼국시대라는 용어에 대한 문제점은 고대사학자들에 의해 본격적으로 제기되었다. 먼저 원삼국시대의 개념과 문제점을 자세히 검토한 이현혜는 이 용어가 원사단계의 삼국시대라는 의미보다는 원초단계의 삼국시대로 보는 것이 더 타당하다고 보면서, 문헌사에서 1~3세기를 원사단계가 아니라 역사시대로 보는 것이 일반적이며, 서로 발전과정이 다른 고구려, 백제, 신라를 이 개념 속에 포함시킬 수 없다고 보았다. 또한 문화적인 성격을 고고학 측면에서 살펴보더라도 1~3세기의 문화적인 특색이 없다는 점을 들어 이 시대를 문헌사의 시대구분인 三國時代 혹은 三韓時代로 하던지 아니면 고고학의 시대구분인 初期鐵器時代 혹은 鐵器時代로 하여야 한다고 주장하였다(이현혜 1993).

사실 역사학계에서도 이 시기를 部族國家, 部族聯盟 혹은 聯盟王國(이기백 1973, 1982) 등으로 구분하고 있으며, 삼국시대 초기 기록에 대한 신빙성에 여전히 의문을 제기하고 있어 이 시기를 완전한 역사단계로 인정하여 삼국시대로 편입시키지 못하고 있는 실정이다. 그리고 원삼국시대의 문화를 다루면서 실제로 취급되는 지역이 백제, 신라, 가야지역이므로 이를 한반도 중남부로 한정하자는 의견(한병삼 1989)이 제시되고 있어 이 용어의 모순점을 고고학계에서도 인정하고 있다. 또한 고고학자들 간에 1~3세기의 문화상에 대한 의견의 차이가 있는 것은 사실이다. 그 이유는 고고학적 자료에서 얻어지는 연대의 추정이 학자들 간에, 혹은 연구되는 시점에 따라 다를 수 있기 때문에 문화적인 변화가 어떠한 고정된 시점에서 반드시 이루어지지 않는다. 결국 원삼국시대라는 용어가 고고학의 시대구분에 부적절한 것

은 연대(A.D. 1~300년)를 한정시키고 있다는 점이다. 따라서 원삼
국시대라는 용어는 역사성이 함축된 것으로 고고학적 자료의 변화를
기준으로 하지 않았기 때문에 이 시대에 속하는 대표적인 유적(즉 패
총, 토광묘 등)을 무엇으로 볼 것인가에 대한 논의가 계속될 수밖에
없다(최성락 1989a).

김정배 역시 '原三國時代' 용어의 문제점을 검토하면서 우선 원
삼국시대라는 용어 자체가 잘못된 造語이고, 이 용어가 역사학의 내
용이 많이 담긴 술어로서 철기문화와 같이 고고학의 발전단계를 명료
하게 지칭하는 단어가 아니며, 이 시대(기원후 300년 간)를 대표하는
토기가 김해토기에서 소위 와질토기로 바뀌어진 상황에서 더 이상 이
용어의 존재의미가 없다고 보았다(김정배 1996).

이상과 같이 고대사학계의 비판과 더불어 고고학계의 내부에서도
새로운 주장이 대두되고 있는데 대체로 두 방향으로 정리될 수 있다.
하나는 三韓時代로 부르자는 것이고, 다른 하나는 鐵器時代로 부르
자는 견해이다.

먼저 삼한시대로 부르자는 견해이다. 일부 고고학자들은 1980년
대에 와질토기론을 제창하면서 '와질토기시대'를 일시 주장하였다가
이것에 대한 비판이 있자 이를 삼한시대로 바꾸어 부르기 시작하였고
그 의미도 확대하였다. 즉 처음에는 삼한시대가 원삼국시대를 대신하
는 개념(최종규 1991)으로 사용되었으나 최근 기원전 300년부터 기
원후 300년까지를 묶어 삼한시대로 설정하였고(안재호 1994, 신경철
1995), 일부 지역에서는 이것이 통용되고 있다.

한국고고학에서 이 시기를 삼한시대로 설정할 경우 역시 문제점이
있다. 먼저 삼한의 불확실성이다. 삼한은 중국 문헌에 나타나는 것으
로 구체적으로 언제부터 지칭하는지 분명하지 못하다. 학자에 따라서

그 시작을 기원전 1세기로부터 기원전 3세기까지 다양하게 주장되나 문헌사에서 보는 삼한은 대체로 기원전 2세기 혹은 1세기로부터 기원후 3세기에 걸쳐 한반도 남부지역에 존재하였던 것으로 보고 있다. 다음은 원삼국시대라는 명칭과 마찬가지로 지역적으로 한정될 위험이 있다. 한국고고학의 범위를 최소한 한반도지역으로 볼 때 북부지역은 삼한에서 벗어나기 때문이다. 다만 북한에서 구석기시대, 신석기시대, 청동기시대(이상 원시사회)에 뒤이어 고조선(노예사회), 고구려 이후(봉건사회)로 설정한 것(과학·백과사전출판사 1977)과 같이 한반도 남부지역의 시대구분으로 사용할 수 있다는 점에서는 의미가 있다. 즉 향토사와 같이 지역의 역사를 기술할 때에는 삼한시대와 같은 시대구분이 가능할 것이다. 그러나 삼국사기의 초기 기록을 인정하려고 하는 최근 학계의 분위기와는 상충된다. 결국 삼한시대라는 용어 역시 문헌사적인 시대구분이고, 지역적으로 한정되는 용어이기 때문에 한국고고학의 시대구분으로는 적절하지 않다. 설사 삼한시대라 설정하더라도 문헌적인 근거의 제시도 없이 고고학적 자료와 연결하여 임의로 상한연대를 기원전 3세기로 보는 것은 잘못된 것이다(최성락 1996d).

한편 철기시대는 원삼국시대가 통용되는 시기에도 일부에서 여전히 사용하여 왔다(국사편찬위원회 1973, 이종선 1989). 그런데 체계적으로 철기시대를 주장한 것은 역시 1990년대 이후이다. 지금까지 사용되어 온 초기철기시대의 잘못된 개념을 지적하는 등 철기시대의 시대구분에 대한 종합적인 검토와 최근의 연구성과도 정리되었다(최몽룡 1992, 1993a). 또한 철기시대의 개념설정과 더불어 이를 전기와 후기로 나누어 전기는 초기철기시대, 후기는 원삼국시대 혹은 삼국시대 전기에 해당한다는 견해가 제시되었다(최몽룡 1996, 1997a).

철기시대란 시대구분을 처음 사용한 유럽에서는 철제기술과 도구의 출현으로부터 로마시대 이전까지로 한정하고 있다. 즉 지역에 따라 다르지만 대체로 기원전 7~5세기경부터 기원전후까지를 철기시대로 설정하였다(田淵義三郎譯 1969, Milisauskas 1978, Graslund 1994:17~30). 필자는 한국고고학에 있어서 시대구분 문제를 다루면서 새로운 시대구분이 이루어지기 전에는 삼시대법을 충실히 따르는 철기시대를 사용하자고 주장하였다(최성락 1995a). 즉 철기시대의 시작을 연대로 설정할 것이 아니라 실제 문화양상을 기준으로 하여야 하는데 북부지역의 경우 기원전 4~3세기경이, 남부지역의 경우 기원전 2~1세기경이 될 것이다. 그리고 철기시대의 하한은 三國을 지칭할 수 있는 유구나 유물이 발견되는 시기 이전까지, 즉 삼국이 자리잡고 王權을 강화시킨 후 고총고분이 만들어진 시기 이전인 기원후 3세기 후반까지로 설정하고자 한다.

그리고 국사편찬위원회(1997)가 새로이 편찬한《한국사》3권에서는 청동기문화에 이어서 철기문화를 다루고 있고, 국립문화재연구소(1996, 1998)가 '동아시아 철기문화' 라는 주제로 개최한 국제학술대회에서는 철기시대의 문화 성격을 규정하려는 시도가 있었다. 즉 새로운 제작기술과 생산체계의 확산과 수용, 광범위한 영역에 걸친 뚜렷한 지역문화의 형성, 정치권력의 성장 등 여러 가지 면에서 변화되는 문화적 특징을 제시하였다(이성주 1998a).

이와 같이 철기시대를 설정한 경우에도 몇 가지 문제점을 내포하고 있다. 즉 첫 번째는 철기문화의 시작이 지역적으로 서로 다른 양상을 보여주고 있는데 이를 어떻게 정리할 것인가 하는 문제이다. 두 번째는 역사성의 부족, 즉 문헌에는 이미 고조선, 삼한, 삼국 등이 나타나는 시기를 어떻게 다루어야 할 것인가 문제이다. 그리고 세 번째는 당시 문화의 성격을 과연 도구에 의한 시대명칭으로 표현될 수 있을까라는 의문 등이 있다(최성락 1999).

그러나 철기시대는 고고학적 시대구분이므로 한국고고학에서 사용하는 것이 결코 어색한 일이 아니다. 앞으로 당시 문화에 대한 연구가 진전되어 새로운 시대구분이 통용될 때까지 철기시대로 사용하는 것이 혼란을 막을 수 있는 바람직한 방법일 것이다.

# 3. 유구 및 유물의 연구성과

호남지역에서 조사된 철기시대의 유구에는 주거지, 저습지, 토기요지, 패총, 무덤(토광묘와 옹관묘) 등이 있고, 유물에는 토기, 철기, 골각기, 목기 등이 있다. 이들 자료에 대한 연구성과를 정리하면 다음과 같다.

1) 유구

〈주거지, 저습지, 토기요지〉

철기시대에 해당하는 주거지가 김제 청하유적(이백규 1982)에서 처음으로 조사되었으나 본격적인 취락지가 조사된 것은 남원 세전리

유적(윤덕향 1986)이다. 이후 해남 군곡리(최성락 1987~89), 순천 대곡리·낙수리(최몽룡 외 1989a; 1989b, 서성훈·성낙준 1989), 보성 죽산리(이영문 1988), 전주 여의동(전주대 박물관 1990) 등에서 주거지가 확인되었다.

이후 90년대에 들어와서는 집단 취락유적이 곳곳에서 발견되었다. 전북지역으로는 전주 여의동(윤덕향 1992), 효자동(곽장근 1992), 완주 반교동(안승모 외 1996), 군산 여방리 남전 A, 여방리 남전 B 유적(서해안고속도로발굴조사단 1998) 등이 있고, 전남지역에는 영암 신연리(국립광주박물관 1993), 광주 신창동(조현종·장제근 1993), 명화동(박중환 1996b), 오룡동(최성락 외 1995), 일곡동(이영문 외 1996), 용봉동(정기진·장제근 1998), 치평동(임영진·서현주 1997), 쌍촌동(임영진·서현주 1999), 뚝뫼(이기길 1995), 무안 양장리(이영문 외 1997, 최성락 외 2000), 보성 척령리 금평 패총(임영진 외 1998a), 순천 조례동 신월(최인선 외 1997), 연향동 대석 및 용당동 망북(이상 순천대 박물관 1998), 여수 미평동 양지 유적(임영진 외 1998b) 등이 있다. 그밖에 서해안 고속도로구간인 함평 진양리 중랑, 죽암리 소명동, 함정리 무송, 영광 원홍리 마전 유적(이상 목포대 박물관 외 1999), 고창 신덕리Ⅱ·Ⅲ, 우평리, 부안 부곡 Ⅱ 유적(이상 원광대 마한백제문화연구소 외 1999)과 탐진댐 수몰지구인 장흥 지천동 유적(목포대 박물관 2000)에서도 집단 취락지가 발견되었다.

철기시대 초기의 주거지는 해남 군곡리, 광주 신창동, 순천 연향동 대석 유적 등지에서 몇 기씩 발견되고 있으나 본격적으로 취락을 형성한 것은 기원후 2세기경 이후이다. 장흥 지천리 유적에서는 20여기의 주거지가 취락을 형성하고 있다. 이보다 늦은 3세기경에는 더 많은 수의 주거지가 밀집되어 나타난다. 특히 함평 중랑 유적에서는 일시에 불탄 것으로 보이는 주거지 20여기가 집단적으로 발견되었다.

철기시대 주거지에 대한 연구는 그다지 많이 이루지지 못하고 있다. 이 시기의 주거지는 원형, 타원형, 방형, 말각방형, 장방형, 말각장방형 등 다양한 형태를 띠고 있으며 시기적으로 큰 변화를 찾아보기 힘들기 때문에 고분이 출현한 4세기 이후에도 거의 같은 형태가 지속되어 그 구분이 쉽지 않다. 주거지에 대한 연구는 발굴된 주거지와 유물을 분석하여 연대를 제시하는 것이 대부분이다. 그렇지만 주거지 내 벽구의 특징(이영철 1997)을 살핀다든지 영산강유역과 섬진강유역의 주거지 비교(김진영 1997)도 등이 있다.

이들 주거지와 함께 주변에서 溝狀遺構나 環濠가 발견되는 경우도 있으며, 광주 신창동 유적(조현종 외 1997)에서는 저습지가 조사되면서 목기류, 칠기류와 같이 쉽게 부식되는 유물들이 확인되었다.

또한 토기를 구웠던 토기요지가 몇 기 발견되었다. 즉 해남 군곡리 유적(최성락 1987~1989)을 시작으로 순천 대곡리(최몽룡 외 1989a), 연향동(순천대 박물관 1998), 광주 신창동(조현종 · 장제근 1993), 여수 미평동 양지 유적(임영진 외 1998b) 등지에서 발굴되었다. 그밖에 순천 연향동의 9호 주거지에서는 바닥에 숯이 섞여 있는 점토가 두껍게 깔려 있고, 토제용범이 출토된 것으로 보아 철기를 제작하였던 곳으로 추정되고, 보성 예당리 유적(전남대 박물관 조사)에서는 옥제품을 제작하였던 곳이 확인되었다.


〈패총〉

1993년까지 호남지역에서 알려진 패총은 모두 23개소(최성락 1993a)이였으나 이후 군산지역에서 많은 패총이 조사되었고(호남고고학회 1995, 한수영 1998), 나주시 동강면에서 수문 패총(조현종 외 1997)이 알려지는 등 40개소 이상의 패총이 발견되었다.

패총의 발굴조사는 해남 군곡리 패총(최성락 1987~1989)으로부터 시작되었다. 이 발굴을 시작으로 철기시대 패총이 남해안에 분포하고 있음이 점차 알려졌다. 이후 보성 벌교읍 금평 패총(임영진 외 1998a)이 발굴되었고, 군산지역의 비응도, 노래섬, 가도, 오식도 등지에서도 이 시대의 패총이 확인됨으로써 앞으로 패총에 대한 연구가 진전될 것으로 기대한다(윤덕향 1995).

패총에 대한 연구결과, 청동기문화로부터 철기문화가 형성되는 변천과정을 확인할 수 있었고, 또 그 과정에서 海路의 중요성을 강조하기도 하였고(최성락 1993a), 패총의 중심연대가 古墳時期로 내려갈 수 없음이 주장되었다(최성락 1993b). 한편 패총의 기원을 중국 遼寧地方의 夏家店上層文化와 관련된다고 보았다(서현주 1996).

패총은 당시의 생활도구가 패각과 함께 매몰되어 있어 패총 발굴을 통해 다양한 인공유물의 수습뿐만 아니라 다양한 자연유물의 수습도 가능하기 때문에 당시 생활상을 복원하는데 중요한 자료를 제공해주고 있다.

〈무덤 - 토광묘, 옹관묘〉

철기시대 무덤은 토광묘와 옹관묘로 대표된다. 토광묘는 일반적으로 토광직장묘, 토광목관묘, 토광목곽묘 등으로 분류되나 호남지역에서는 이러한 구분이 용이하지 못하다. 호남지역의 토광묘는 청동기시대의 석관묘계열인 積石土壙墓(혹은 積石木棺墓)와 무덤 주변에 간단히 돌을 두른 圍石土壙墓가 있고, 주구가 없이 발견된 단독 土壙墓와 주구를 가진 周溝土壙墓 등으로 나누어진다.

해남 군곡리 패총 발굴 전경

　철기시대의 초기 토광묘의 형태는 장수 남양리 유적(지건길 1990a, 서국향 1998, 윤덕향 2000)에서 볼 수 있듯이 토광묘에 일부 적석을 한 형태이다. 이를 적석토광묘 혹은 적석목관묘라고도 하는데 전북지역의 익산 평장동(전영래 1987), 전주 여의동 유적(전영래 1990)과 전남지역의 함평 초포리(이건무·서성훈 1988), 화순 대곡리 유적(조유전 1984)에서도 발견된 바가 있다. 그런데 남양리 유적에서는 청동기와 함께 철기가, 익산 평장동 유적에서는 前漢鏡이 발견되었으나 그밖에 무덤에서는 청동기만 출토되었다. 토광묘 주위에 돌을 두른 위석토광묘는 나주 마산리(최몽룡 1976)와 화순 용강리 유적(임영진·서현주 1996)에서 각각 발견되었다.

　단독 토광묘는 전주 효자동(곽장근 1992), 순천 요곡리(최성락 외

영광 군동 '라' 유적의 주구토광묘

1997), 군산 조촌동 고분군(곽장근 · 한수영 1997), 남원 행정리 유적(윤덕향 1994) 등이 있고, 무안 사창리 유적(서성훈 · 성낙준 1984)을 비롯하여 영산강유역의 옹관고분 내에서 옹관과 함께 발굴되었다. 이들 토광묘는 전북지역(유철 1996)과 전남지역(임영진 1989, 조현종 외 1996, 박중환 1997)에서 각각 그 성격이 정리된 바가 있다. 또한 호남지역 전체의 토광묘의 편년과 성격도 한 차례 정리되었다(한수영 1995). 대부분 연구자는 토광묘를 두 기로 나누면서 기원전 2~1세기경과 기원후 2~5세기경으로 편년함으로써 두 기 사이에 공백을 인정하고 있다.

주구를 가진 토광묘를 주구묘 혹은 주구토광묘라 부른다. 익산 영등동(최완규 1996a), 율촌리 유적(원광대 마한 · 백제연구소 1999)

에서 발견된 이래로 무안 인평(최성락 외 1999), 광주 쌍촌동(임영진 외 1999) 등지에서 한 두 기가 발견되었으나 서해안 고속도로구간인 부안 부곡 I, 신리 II · III, 대동리, 하립석, 고창 예지리, 성남리 III · IV(원광대 마한백제연구소 외 1999), 영광 원흥리 군동 '라', 원흥리 원당, 화평리 하화, 함평 중랑 유적(목포대박물관 외 1999) 등과 함평 월야 문화마을부지의 순촌 유적(목포대 박물관 2000)에서도 집중적으로 조사되었다. 주구토광묘는 다시 方形계 주구토광묘와 梯形계(사다리꼴)의 주구토광묘로 나누어지는데 사다리꼴의 주구토광묘가 늦은 시기에 등장하였고, 익산 율촌리 단계에 이르면 墳丘墓의 형태를 발전하였으며, 그 다음 단계는 옹관고분으로 발전되었다. 주구토광묘(주구묘)의 성격은 최완규에 의해 집중적으로 조명되었는데 마한의 무덤으로 파악되고 있다(1996b, 1997a, 1997b, 2000a).

옹관묘는 광주 신창동 옹관묘(김원용 1964)가 처음 알려졌다. 이후 전북지역에서는 부안 당하산(윤덕향 1984), 두락리 옹관(전영래 1973), 고창 송룡리 옹관(전영래 1975), 익산 율촌리 옹관 등이 알려졌다. 전남지역에서는 신창동식 옹관이 광주 운남동(조현종 외 1996), 무안 인평 고분군(최성락 외 1999), 서해안고속도로구간인 함평 장년리 당하산 유적(목포대학교 외 1999)에서 출토되었고, 이보다 늦은 옹관이 주구토광묘 주변에서 많이 확인되었다. 옹관은 철기시대 후기로 가면서 점차 대형화되어 가는데 대형옹관묘가 출현하기 직전의 것으로 영암 선황리(서성훈 · 성낙준 1986), 함평 만가촌(임영진 1996b), 월야 순촌 유적 등에서 발견되었다.

그밖에 지석묘 하부를 파괴하고 토광묘(목관묘)를 안치한 무덤이 무안 월암리 지석묘(최성락 외 1992)와 곡성 연화리 지석묘(국립전주박물관 1997) 등에서 발견되었다.

2) 유물

〈토기〉

토기에 대한 연구는 해남 군곡리 패총이 발굴된 이래로 시작되었
다. 우선 초기철기시대의 대표적인 토기는 점토대토기이고, 원삼국시
대의 대표적인 토기는 종래 김해식토기라 하였으나 일부에서는 회백
색연질토기(소위 와질토기)라고 주장하였다.

그런데 철기시대에 속하는 해남 군곡리패총에서 출토된 토기는 크
게 무문토기와 타날문토기로 구분된다. 무문토기계는 경질무문토기와
경질찰문토기로, 타날문토기는 적갈색연질토기, 회색연질토기, 흑색
연질토기 등과 회청색경질토기로 세분되는데 이들 토기가 호남지역에
널리 분포하고 있으며, 또한 점진적으로 변화·발전되었음이 주장되

함평 중랑유적 출토 각종 토기

었다(최성락 1993a). 그리고 실험적인 방법에 의해 이 시기에는 연질 토기와 경질토기가 같은 가마에서 생산될 수 있다는 견해가 제기되었다(김미란 1995). 그리고 兩耳附壺의 형태적 분류와 편년문제(김종만 1999), 주거지 출토 토기의 기능문제(김건수 1997) 등이 다루어졌다.

철기시대 토기에 대한 연구과제로는 기원후 1~2세기 토기의 실체에 대한 것이다. 이 시기의 유구가 많이 발견되지 않고 있어 뚜렷한 특징을 보여주는 토기가 제시되지 못하고 있다. 현재까지 일부 조사된 유구에서 출토된 유물을 보면 경질무문토기로부터 변화된 경질찰문토기나 타날문이 약하게 찍힌 적갈색연질토기가 주류를 이루고, 일부 회색연질토기도 사용되었을 것이다. 앞으로 토기의 세부적인 편년 수립, 주거지 출토 토기와 무덤 출토 토기의 관계 등이 검토되어야 한다. 또한 토기의 연구는 형태분석, 자연과학적 분석 등과 더불어 이들 토기를 구웠던 토기요지에 대한 연구도 이루어져야 한다.

〈철기 · 동경 · 중국 화폐〉

청동기와 철기가 함께 출토된 곳으로는 장수 남양리 유적이 있다. 여기에서는 세형동검, 검파두식, 동모, 동경 등의 청동기와 철부, 철착 등 철기가 발견되었다. 이와 같이 청동기유물과 더불어 철기가 발견되는 예는 익산 신동리 유적이 있고(최완규 1998), 나아가 충청지역인 부여 합송리(이건무 1990b)와 당진 소소리 유적(이건무 1990a) 등이 있다. 패총과 주거지에서는 철낚시, 철도자, 철부, 철촉, 철겸 등이 발견되고 있으며, 무덤에서도 철도끼, 철도자, 철겸 등이 주로 출토되었으며, 철촉을 제외하면 철검이나 철모 등의 무기류는 고분단계에서 출토되고 있다. 고대 철생산과 관련된 연구(윤종균 1998)가

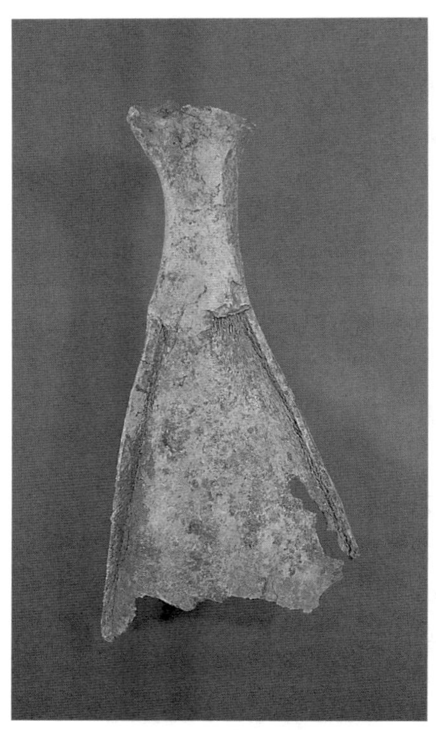

해남 군곡리 패총 출토 복골

발표되어 앞으로의 연구에 도움을 줄 것이다.

그리고 익산 평장동 유적에서도 청동유물과 함께 발견된 前漢鏡 또한 귀중한 자료로서 철기시대 초기의 유물이다. 이런 유물은 서해안고속도로구간이 영광군 대마면 화평리 수동 유적의 토광묘(조선대박물관 1999)에서 철도자, 새문양이 있는 이형청동기와 함께 倣製鏡이 출토되었다. 한편 중국 화폐인 貨泉이 해남 군곡리 패총에서 1점 발견되었고, 여수 거문도에서도 五銖錢 980점이 발견되었다(지건길 1990b).

〈자연유물 및 기타〉

패총에서 출토된 자연유물에 대한 연구는 김건수(1994a, 1994b)에 의해 이루어졌으며, 골각기(김건수 1999a), 목기(조현종 1997a), 卜骨(渡辺誠 1991, 은화수 1999)에 대한 연구가 있다. 그밖에 구슬류가 많이 발견되었다.

# 4. 문화상의 연구성과

## 1) 시기구분 및 문화적 특징

철기시대의 시기구분은 연구대상에 따라 다양하게 제시될 수 있다. 필자는 전남지역의 원삼국문화(철기문화)를 크게 3 시기로 구분해 본 바가 있다(최성락 1993a). 그러나 대상지역을 호남지역으로 넓히고, 최근 조사된 자료들을 추가한다면 철기시대를 4 시기로 구분할 수 있다.

1기(早期)는 청동기사회에 철기가 유입되는 단계로 기원전 2세기경이다. 이 시기의 묘제는 적석토광묘가 있다. 적석토광묘는 석관묘 계열로 철기시대 토광묘로 이행되는 과도기적인 형태로 추정되는데 이 시기에 속하는 유적으로는 장수 남양리유적, 익산 평장동 등이 있다. 그리고 주구토광묘와 주구가 없는 토광묘도 이미 등장하였다. 즉 서해안고속도로구간인 군동 '라' A지구에서는 흑색마연토기를 부장한 방형의 주구토광묘가 발견되었으며, 청동기와 철기가 함께 출토된 익산 신동리유적과 군동 '라' B지구에서는 주구가 없는 토광묘가 조사되었다.

2기(前期)는 철기문화가 시작되는 단계로 기원전 2세기 말 혹은 1세기 초에서 기원후 1세기 전반까지이다. 이 시기에는 합구식 옹관이 나타나고, 토기는 경질무문토기가 주로 사용된 시기이다. 대표적인 유적에는 광주 신창동유적, 해남 군곡리 패총 Ⅱ · Ⅲ기층이 있다.

3기(中期)는 철기문화가 성장하는 단계로 기원후 1세기 중반에서 2세기 중반까지이다. 주구토광묘가 중심이며 주변에 옹관묘가 일부 나타난다. 토기는 경질찰문토기와 함께 타날문이 약하게 찍힌 연질토기가 사용되었다. 대표적인 유적으로는 해남 군곡리 4기층과 최근 조사된 영광 군동 '라' 유적 등이 있다.

4기(後期)는 철기문화가 발전되는 단계로 기원후 2세기 후반에서 3세기 후반까지이다. 이 시기에는 주구토광묘가 많아지고, 주구의 형태도 다양해진다. 그리고 옹관도 점차 커지면서 단독묘로 발전되었으며 옹관고분으로 발전되기 직전단계이다. 대부분의 유적이 여기에 해당한다.

이상의 시기구분에서 중기(기원후 1~2세기경)의 주거지나 무덤 유적이 매우 적은 편이다. 이 시기의 유적이 적은 이유는 아직도 발견되지 않았다고 볼 수 있으나 철기시대의 유적을 대부분 발굴자가 3세기 이후로 보고하고 있어 우리들의 인식체계(편년체계)가 잘못되었을 수도 있다.

호남지역 철기문화의 특징은 청동기문화를 바탕으로 새로운 철기와 철제기술이 전달되면서 철기문화가 서서히 변천되었음을 볼 수 있다. 이를 낙동강유역과 비교하면 잘 알 수 있다. 철기시대의 조기와 전기에는 두 지역이 거의 같은 양상을 보여주고 있으나 점차 차이를 나타내고 있다. 즉 호남지역에서는 영남지역의 토광묘가 기원후 2세기 후반경에 목관에서 목곽으로 변화되는 현상을 찾아볼 수 없으며, 철기에서는 무기류가 적고, 토기에서는 회백색연질토기(소위 와질토기)가 나타나지 않는다. 그 대신 주구토광묘가 유행하였고, 그 주변에 옹관이나 토광이 매장되었고, 다음 시기에 대형옹관묘(혹은 옹관고분)로 발전되었다. 토기는 적갈색의 연질토기가 많이 사용되었다. 다만 남해안에 분포하는 철기시대 패총의 양상은 두 지역 사이에 차이가 적은 편이다.

## 2) 철기문화의 유입과정과 대외교류

호남지역에서는 기원전 2세기경 처음으로 철기유물이 나타났는데 여기에는 두 가지 의미를 가진다. 하나는 종래 낙랑설치 이후에 철기가 파급되었다는 설명에서 벗어나 그 이전인 위만조선 시기에 이미 철기가 남부지역까지 파급되었음을 보여 주는 것이다. 다음은 이 시기의 유적들이 서해안에 가까운 지역에 위치하는 것으로 보아 철기유물의 유입이나 철제기술의 유입과정에서 서해안을 따라 海路가 역할을 하였을 것이다. 철기시대에 들어와 서해안과 남해안을 거쳐 일본에 이르는 해로가 형성되었음을 고고학적 자료나 문헌기록에서 찾아볼 수 있다.

그리고 이들 철기의 제작이 현지에서 이루어진 것인지 아니면 외부로부터 유입된 것인지 과학적으로 밝혀지지 않았으나 대체로 이들 철기는 북부지역에서 유입되었을 것으로 짐작한다. 그것은 북부지역의 철기와 같은 형태이나 철기의 종류가 극히 한정되고, 그 수가 적으며 발달된 청동기들과 함께 출토되었기 때문이다.


## 3) 생활 및 사회상

〈주거생활〉

철기시대 주거지의 특색은 평면형태가 다양하지만 원형 내지 타원형계의 주거지가 줄어들고, 방형 내지 장방형의 주거지가 늘어난다. 화덕시설은 무시설형이나 圍石形 이외에도 敷石形이나 아궁이형이 나타난다. 청동기시대에 이미 나타난 壁溝시설도 철기시대에 계속되

《三國志》倭人傳에 의한 해로와 남해에서 출토되는 중국계 유물

며, 주거지 벽선에 따라 나타나는 기둥구멍이 철기시대 후기에 가면 네 개의 큰 기둥구멍이 있는 四柱式이 많아지고 일부에서는 地上家屋의 출현도 이루어진다(최성락 1998c).

철기시대 취락은 구릉에 위치하는 경우가 많으나 강가나 평지에도 자리잡았다. 그리고 철기시대 초기에는 작은 규모의 취락이 형성되었으나 점차 큰 규모의 취락이 형성되었다. 그리고 취락의 주변에는 環濠가 발견되기도 한다. 대표적인 것으로는 장흥 지천리 유적이 있고, 고분단계의 것으로는 무안 양장리 유적과 함평 중랑 유적이 있다.

〈생 업〉

철기시대의 생업은 청동기시대와 같이 수렵과 어로(김건수 1999b)가 지속되었고, 이 외에도 농경이 발달되었을 것이다. 발달된 철기도구를 기초로 농업생산성이 높아졌을 것으로 생각된다. 현재 호남지역에서는 농경과 관련된 목제농기구가 다수 발견되었으나 水田址는 발견되지 못하고 있다(조현종 1997b). 앞으로 저습지의 발굴에서

무안 양장리유적의 사주식 주거지

水田址가 확인될 것으로 기대한다.


〈신앙과 사회발전단계〉

철기시대의 신앙으로는 자연물 숭배사상 등 전통적인 원시종교가 지속되었을 것이고, 중국으로부터 들어온 卜骨의 존재로 보아 개인적인 흉복을 점쳤을 것으로 여겨진다(은화수 1999). 당시의 사회는 점차적 계층화되면서 복합사회로 진입하였을 것이다. 필자는 신진화론의 발전단계설에 의거하여 전남지역 고대사회가 점진적으로 계층화되었음을 주장하였다. 즉 전남지역은 청동기시대 이래로 사회가 점차 복합화 되어갔으며 청동기시대 후반을 단순 족장사회로, 옹관고분 사회를 복합 족장사회로, 5세기 후반 옹관고분 사회를 최상 족장사회로

각각 비정하였다(최성락 1996c). 김승옥은 鋸齒文의 상징적 의미를
고찰하였다. 즉 그는 순천 대곡리 주거지와 출토유물을 공간적 분석
및 통계적 분석 등 다양한 방법으로 검토하였는데 여기에서 출토된 鋸
齒文이 있는 토기가 복합사회 형성초기의 정치적 권위를 상징하는 것
으로 해석하고 있다(김승옥 1997a, 1997b).


### 4) 역사적 배경

이 시기의 역사적 배경은 삼한 중 마한에 해당한다. 마한의 성립과
성장과정에 대하여 여러 가지 견해가 있으나 대체로 마한은 기원전 2
세기부터 백제에 병합되는 4세기 후반까지 경기, 충청, 전라지역에 자
리잡았다고 보는 것이 일반적이다(이기백 1982).

고대사에서는 중부지역에 자리잡았던 마한의 세력이 점차 남하하
여 영산강유역에 자리잡았다는 견해가 있으며(노중국 1987), 영산강
유역이 4세기 후반 백제로 편입된 이후 한동안 백제의 간접지배 형태
로 지배되었다고 보는 견해도 있다(권오영 1986).

고고학에서는 마한의 고고학적 배경으로 청동기문화가 관련된다
는 견해(전영래 1983)와 철기문화와 관련된다는 주장(최성락 1990)
이 있으며, 마한의 시간적인 축을 전기(기원전 200~기원후 200년)
와 후기(기원후 200~369년)로 나눌 것을 제안하기도 하였다(김원용
1989). 또한 나주 반남지역의 대형옹관묘가 마한 目支國의 마지막 단
계의 무덤이라는 견해(최몽룡 1986)와 옹관고분 축조시기인 5세기
후반 내지는 백제석실분이 등장하는 6세기 중엽까지 전남지역에는 독
자적인 정치체(마한)가 존속되었다는 주장(임영진 1995 · 1997c)도

제시되었다.

그리고 마한의 여러 문제를 다루기 위해 고고학자와 문헌사학자들이 함께 토론한 학술대회(충남대 백제연구소 1997)도 개최되었으나 마한의 실체에 대한 여러 논의만 이루어졌을 뿐 뚜렷한 결론에 도달하지 못하였다. 이와 같이 고대사의 문제는 고고학자에 의해 연구될 수 있으나 문헌사학자들과 함께 논의하는 것이 바람직하다.


# 5. 앞으로의 연구과제


최근 철기시대의 유적이 활발하게 조사되었으나 이들 자료의 체계적인 연구가 미비하여 당시의 문화상을 이해하는데 한계가 있다. 이를 극복하기 위하여 앞으로 연구되어야할 과제를 정리해 보면 다음과 같다.

첫째, 철기시대에 해당하는 유구와 유물에 대한 연구가 선행되어야 한다. 지금까지 주거지와 무덤을 중심으로 연구되고 있어 철기시대의 문화상을 파악하는데 한계가 있다. 발굴된 모든 고고학적 자료가 심도 있게 연구되어야 하며, 특히 고고학적 자료의 과학적 분석과 환경을 복원하기 위한 자연유물의 분석에 대한 관심도 높아져야 한다.

둘째, 철기문화의 발전과정과 고분의 발생과정에 대한 연구가 이루어져야 한다. 기원전 2세기경 처음 철기문화가 유입되면서 이것이 어떻게 토착화되고 발전되었는지 연구되어야 한다. 현재는 출토되는 일부 유물 이외에 철광산이나 야철지 등이 확인되지 못하고 있다. 기록에서 나타나는 것과 같이 변한지역에서 철 재료를 수입한 것인지 아니면 자체적으로 생산하였는지 알 수 없다. 그리고 고분의 발생과정에 대하여 최근 주구토광묘에서 옹관고분으로 발전되었다는 주장이 일부에서 제시되고 있으나 그 구체적인 변천과정과 원인을 구명하여야 할 것이다.

셋째, 이 시대의 문화·사회적인 성격을 연구하여야 한다. 일반적으로 고고학은 물질적인 자료에 의해 과거의 문화를 연구하는 학문이다. 유구와 유물의 개별적인 연구는 결코 당시의 문화를 복원할 수 없으며, 단지 문화 복원을 위한 준비작업에 지나지 않는다. 문화의 복원은 우선 고고학적 자료를 분석하고, 종합하면서 고고학적 이론을 바탕으로 시도되어야 한다. 호남지역도 한국고고학의 현실과 마찬가지로 고고학자들이 발굴에 치중하고 있기 때문에 고고학적 자료는 증가되지만 이를 바탕으로 문화의 복원을 시도하는 연구가 절대적으로 부족한 실정이다.

넷째, 역사적인 배경인 三韓(馬韓)이나 三國(百濟)과의 관계를 살펴보아야 한다. 고고학의 연구목적 중에 하나가 역사의 복원이기도 한다. 철기시대가 역사적으로 어떠한 의미를 지니는 것인지 연구되어야 한다. 물론 당시는 마한의 시기로 파악되고 있으나 마한의 성립 시기나 변천에 대한 학설이 다양하여 이를 고고학적 자료와 연결하는 것은 결코 쉬운 일이 아니다. 그럼에도 불구하고 당시의 역사적인 성격을 밝히는 작업을 문헌사학자들에게만 의지할 수 없는 것이며 고고학자들도 참여하여야 한다.

이상과 같은 연구과제는 어느 한 사람의 노력에 의해 풀릴 수 없다. 관련연구자들이 선입견을 버리고 공동으로 노력할 때 해결될 수 있을 것이다. 그리고 고고학연구는 발굴을 통해 고고학적 자료의 확보를 바탕으로 하나 구제발굴에 의존하는 고고학적 자료는 한계를 지닐 수밖에 없다. 현실적으로 구제발굴이라고 하더라도 발굴목적을 충실히 하여 학술발굴이 되도록 노력하여야 한다. 끝으로 1990년대 이후 발굴조사가 증가되고 있으나 대부분의 유적은 학술조사 후 파괴되었다. 고고학적 자료는 문화자원으로서의 가치도 지니고 있다. 중요한 유적의 경우 이를 보존하는 데에도 고고학자들이 관심을 가져야 할 것이다.

# 제3장
# 전방후원형 고분의 연구현황과 과제

# 1. 머리말

전방후원형 고분이 발견되기 전까지 전남지역에서 고고학적으로 중요한 연구의 대상은 支石墓와 大形甕棺墓(甕棺古墳)이었으나 국내·외 학계의 관심 대상은 되지 못하였다. 그러나 1980년 중반 처음으로 前方後圓形 古墳이 확인되자 국내학자뿐만 아니라 일본학자들로부터 관심이 집중되었고, 그 성격에 대한 논란이 시작되었다.

이와 같이 전방후원형 고분의 존재는 전남지역에 대한 국내·외 고고학계의 관심을 촉발시켰을 뿐만 아니라 전남지역 고고학자들에게 안겨준 가장 큰 연구과제이기도 하였다. 아직까지도 전방후원형 고분에 대한 연구는 뚜렷한 결론에 도달한 것은 아나나 여러 연구자들이 고분의 발견 경위, 조사 현황, 그리고 이들 고분에 대한 견해를 나름대로 제시하고 있다. 한가지 주목할 점은 전남지역의 연구자들보다는 외부의 연구자들이 더 적극적으로 관심을 표명하고 있다는 사실이다. 즉 이와 관련된 학술대회를 개최하였거나 연구서를 발간한 일이 모두 전남지역 밖에서 이루어지고 있다. 또한 일부 고분에 대한 발견 경위가 잘못 제시된 부분도 있고, 전방후원형 고분에 대한 해석이 다소 지나친 경우도 있어 이를 정리해 볼 필요성이 있다.

따라서 본고에서는 필자와 관련된 몇몇 고분의 발견 과정을 정리하고, 그간의 연구성과를 검토해 보면서 전방후원형 고분의 성격과 앞으로의 연구과제를 검토해 보고자 한다.

# 2. 조사현황

　지금까지 전남지역에서 공인된 전방후원형 고분은 모두 10기이며, 이 중 발굴조사가 이루어진 것은 5기이다〈표 1〉. 그러나 지표조사를 통해 전방후원형 고분으로 추정되는 고분도 있어 앞으로 정밀조사가 이루어진다면 그 수가 더 많아질 가능성이 있다. 이들 중에서 필자와 관련된 고분의 발견 경위는 다음과 같다.

## 1) 해남 방산리 장고산 고분

　이 고분이 발견된 것은 1984년의 일이다. 당시 북일면 신월리에서 내동리로 가는 지방도로 확장 공사 중 용일리에서 소형의 석실분이 파괴된 채 발견되자 해남군은 이를 목포대 박물관에 알려왔고, 필자는 학생들과 더불어 현지를 답사하였다. 그러나 여기에서 출토된 유물이 국립광주박물관에 신고됨에 따라 파괴분에 대한 조사를 더 이상 진행할 수 없었고, 다만 용일리 주변의 고분들을 답사하게 되었다. 우연히 현지 주민들의 안내로 황도훈(현 해남문화원장)과 함께 장고산 고분에 올라가게 되었고, 이 고분의 형태가 전방후원형임을 알게 되었다. 곧 이 고분의 형태가 일본의 전방후원분과 유사함을 동행한 여러 사람들에게 이야기하였다. 한편 국립광주박물관에서도 이와 비슷한 시기에 현지를 답사하고, 장고산 고분을 확인하였다.

　그러나 양측은 모두 본격적인 조사를 하지 않는 채 1년을 보냈다. 1985년 우연히 영암에 내려온 강인구(한국정신문화연구원 교수)에게

<표 1> 전남지역 전방후원형 고분의 조사 현황

| 고 분 명 | 조사형태 | 관 련 문 헌 |
|---|---|---|
| 해남 방산리 장고산고분 | 지표조사<br>실측조사 | 최성락 1986, 〈선사유적 · 고분〉, 《해남군의 문화유적》, 목포대 박물관<br>강인구 1987, 《무기산과 장고산-측량조사보고서-》, 한국정신문화연구원 |
| 해남 용두리고분 | 지표조사<br>실측조사 | 최성락 1986, 〈선사유적 · 고분〉, 《해남군의 문화유적》, 목포대 박물관<br>강인구 1987, 〈해남 말무덤 유적조사 개보〉, 《삼불김원용교수정년퇴임기념논총1》, 일지사 |
| 영암 태간리 자라봉고분 | 지표조사<br>발굴조사 | 서성훈 · 성낙준 1986, 〈영암지방의 고분〉, 《영암군의 문화유적》, 목포대 박물관.<br>강인구 1992, 《자라봉고분》, 한국정신문화연구원 |
| 영광 월산리 월계고분 | 지표조사 | 국립광주박물관 1989, 〈영광지방의 고분〉, 《영암와우리옹관묘》<br>임영진 1993, 〈영광군의 고고학유적2〉, 《영광군문화유적학술조사》, 전남대 박물관 |
| 함평 예덕리 신덕고분 | 발굴조사 | 국립광주박물관 1992, 〈함평 예덕리 신덕고분 발굴조사보고〉(유인물) |
| 함평 죽암리 장고산고분 | 지표조사<br>실측조사 | 최성락 · 이정호 1993, 〈선사유적 · 고분〉, 《함평군의 문화유적》, 목포대 박물관<br>성낙준 1993, 〈전남지방 장고형고분의 축조기획에 대하여〉, 《역사학연구》12, 전남대사학회 |
| 광주 요기동 조산고분 | 지표조사 | 임영진 1992, 〈광주 평동 풍암지역의 고고학유적〉, 《광주 평동 풍암공단지역의 문화유적지표조사》, 전남대 박물관 |
| 광주 월계동 1 · 2호분 | 발굴조사 | 임영진 1994, 〈광주 월계동의 장고분 2기〉, 《한국고고학보》31.<br>임영진 · 조진선 1995, 《광주 월계동장고분 · 쌍암동고분》, 전남대 박물관 |
| 광주 명화동고분 | 발굴조사 | 박중환 1996, 《광주 명화동고분》, 국립광주박물관 |

국립광주박물관 측이 이 고분의 존재를 알려주게 되었다. 그러자 강인구는 즉시 고분을 실측하였고(강인구 1985, 1987b), 국내·외 학계에 알려지기 시작한 계기가 되었다. 이에 많은 일본학자들이 현지를 방문하였고, 전방후원분의 진위여부가 논란의 대상이 되었다.

그리고 이 일대의 고분에 대한 조사는 목포대 박물관(최성락 1986)에 의해 이루어졌다. 최근 이 고분에서 도굴된 흔적이 발견되어 이 고분에 대한 시굴 계획이 수립되고 있다. 앞으로 정확한 조사가 이루어진다면 그 성격이 밝혀질 것이다.


### 2) 해남 용두리 고분

이 고분은 1986년 여름에 황도훈의 제보에 의해 필자가 발견한 고분이다. 필자가 현지 답사한지 불과 일주일만에 강인구에게도 연락이 갔고, 곧 필자에게 공동으로 실측하자는 제의가 있었다. 그러나 강인구는 단독으로 고분을 실측하고 이를 발표하였다(강인구 1987a). 단지 필자는 이 고분을 발견한 사실만《해남군의 문화유적》에 기록해 두었다(최성락 1986).


### 3) 영암 태간리 자라봉 고분

이 고분은 목포대 박물관이 1983년에 문화재연구소의 지원을 받아 실시한 영암군 지표조사에서 처음 확인한 것이다. 이후 1985년도에 실시된 영암지역의 문화유적 지표조사 시에 고분 조사를 맡은 국립광

주박물관 측에 제보하였고, 정식으로 지표조사 보고서에 기록되었다
(서성훈 · 성낙준 1986a). 이 고분뿐만 아니라 대표적인 초기 옹관인
영암 선황리옹관도 필자가 발견하여 함께 알려주었다. 선황리옹관은
두 기로 알려져 있으나(서성훈 · 성낙준 1986a) 실제로는 동일한 것
이다. 즉 목포대팀이 발견한 옹관은 수습하지 않았고, 이를 국립광주
박물관이 수습하면서 다른 것으로 인식한 것이다.

이후 자라봉 고분은 한국정신문화연구원팀에 의해 발굴되었다(강
인구 1992). 이 고분의 연대를 발굴자는 4세기대로 발표하였으나 출
토된 유물에 의거한 전남지역 고분의 편년에 따르면 5세기 중반 이후
의 것으로 추정되는 등 논란의 여지가 있다.

광주 월계동 1호 고분

## 4) 함평 죽암리 장고산고분

이 고분은 함평 신덕고분이 발굴조사 될 당시인 1990년 함평문화
연구회(이현석 회장)에 의해 발견된 것이다. 이미 많은 사람들이 그
존재를 알고 있었으나 목포대 박물관이 함평지역의 문화유적에 대한
종합적인 지표조사를 실시하면서 처음으로 보고하였고(최성락·이정
호 1993), 실측조사는 국립광주박물관에 의해 이루어졌다(성낙준
1993).


## 5) 기타

전남지역 내에서 지표조사를 통해 전방후원형 고분일 가능성이 있
는 것은 다음과 같다.

(1) 구례 이평리고분 : 구례군 산동리 이평리 평산마을 소재 고분
으로 1993년 목포대 박물관팀에 의해 조사되었다(최성락·박철원
1994). 이 고분의 크기는 장축 40m, 단축 20m, 높이 7m로 북동편
이 원형이고, 남서편이 방형의 형태를 가지고 있다.
(2) 나주 상방리 석해고분 : 나주군 공산면 상방리 석해마을 소재
고분으로 1997년 국립광주박물관에 의해 발견되었고(조현종 외
1997), 이를 나주시의 지표조사에서 재차 확인하였다(최성락 외
1999). 이 고분의 크기는 총길이 40m이고, 너비는 20m, 높이는
4~10m이다.
(3) 장성 행정리 검정고분 : 장성군 남면 행정리 검정마을 소재 고

분으로 1987년 목포대 박물관 팀에 의해 처음으로 확인되었고, 최근 조선대 박물관에서 조사 보고하였다(이기길 · 김은정 1999). 고분은 동-서 방향이 장축이며, 그 크기는 총길이 15m이고, 높이 2.5m이다.

그리고 전남지역 이외에서 알려진 전방후원형 고분으로는 경남 고성군 송학동 고분이 가장 유력시되고 있는데 이것은 강인구(1983a)에 의해 확인되었으며, 이 고분에 대한 시굴조사가 최근 이루어지고 있어 앞으로 그 결과가 기대된다.

또한 전북 고창군 아산면 봉덕리의 낮은 구릉에서 남북 길이 70.5m, 봉분 높이 9.35m인 고분이 발견되었다는 일부 언론(99년 11월 9일 연합뉴스)의 보도가 있었으나 아직 정식으로 조사되지 않았다.


# 3. 연구현황


1938년에 나주 반남지역의 고분을 조사한 有光教一은 신촌리 6호분과 덕산리 2호분의 墳形이 日本의 '前方後圓墳'과 유사점이 있고, 埴輪圓筒類品도 존재한다고 지적한 바 있다(有光教一 1940).

이후 전남지역에서 전방후원분의 존재가 재차 주장되었다. 즉 中國 양자강유역의 土墩墓가 유입되어 한국에서 前方後圓墳이 만들어진 다음 日本으로 건너갔다는 강인구(1983a, 1983b)의 주장에는 영산강유역에도 전방후원분이 있다는 것이다. 즉 기존에 알려진 신촌리 6호분과 덕산리 2호분 이외에도, 영암 내동리 쌍무덤, 무안 사창리 2구, 나주 복암리 조산고분 4호분, 함평 월야 예덕리 만가촌고분 등을 포함하고 있다. 이후 전방후원분에 대한 한·일학자 사이에 논란이 분분하였고, 일본학자에 의해 《韓國의 前方後圓墳》이라는 책(森浩 一 1984)이 출간되기도 하였다. 그러나 당시 한국에 전방후원형 고분이 존재한다는 주장은 설득력이 매우 약하였다. 이는 뚜렷한 유적을 제시할 수 없었기 때문이다. 얼마 후 북한에서도 이러한 형태의 基壇 積石塚이 존재한다는 주장(이정남 1990)이 제기되면서 이 논쟁에 뛰 어들었다.

1980년 중반 전남지역에서 전형적인 전방후원형 고분이 발견되면 서 이에 대한 논란이 재개되었다. 전방후원형 고분에 대한 실측도가 알려지고(강인구 1985, 1987a), 옹관고분인 영암 초분골고분에서 周 溝(서성훈·성낙준 1986b)가 발견되면서 전남지역 연구자들에 의해 日本 前方後圓墳의 기원이 전남지역에 있었을 가능성이 조심스럽게 제기되기도 하였다.

이들 고분에 대한 본격적인 연구는 발굴조사가 이루어진 이후에야 시작되었다. 영암 자라봉고분을 발굴한 강인구는 이 고분의 연대를 4 세기로 보아 日本 초기 고분과 연결되며 자신의 전방후원분 한국기원 설을 뒷받침한다고 주장하였다(강인구 1992). 함평 신덕고분을 발굴 조사한 성낙준은 長鼓形 古墳(전방후원형 고분)의 築造企劃을 중심 으로 정리하였다. 즉 내부시설이 석실인 경우가 많고, 석실이 분구 중 에 축조된 지상식을 나타내고 있으며, 원형부를 기준으로 전체길이가 동일한 비율을 가지며, 상용된 尺은 百濟尺이나 漢尺이었을 것으로 추정하면서 日本의 고분과 차이가 있음을 강조하였다(성낙준 1993).

광주 월계동 장고분(전방후원형 고분)을 발굴한 임영진은 전남지역에서 長鼓墳의 시작을 3세기대의 함평 萬家村 고분으로 보았고, 장고분의 주인공들이 3세기 중엽경 일본으로 건너갔다가 되돌아와 장고분을 축조함으로써 이 지역의 토착인과 동일계통임을 주장하였다(임영진 1994, 임영진·조진선 1995). 이후 그는 만가촌 고분을 장고분과 다른 異形古墳으로 구분하였으나(임영진 1996a) 앞서 발표한 견해를 계속적으로 유지하고 있다(임영진 1997a). 반면 박중환은 전방후원형 고분의 입지와 매장시설, 분구 등을 검토하여 방형부의 발달정도에 따라 고분의 변천과정을 제시하였다(박중환 1996). 그리고 한국의 前方後圓形 古墳과 日本의 前方後圓墳에 대한 연구사가 검토되었다(이정호 1996c).

이 지역의 前方後圓形 古墳의 존재에 깊은 관심을 가진 일본학자들에 의해 전방후원형 고분에 대한 답사보고서가 발간되기도 하였다(岡內三眞編 1996). 여기에서는 전남지역을 6세기 초까지 백제와 관련이 적은 지역으로 보면서 倭와의 교류를 통해 전방후원형 고분이 축조되었다고 하였다. 그리고 東潮(1995, 1996)는 전남지역에서 발견되는 전방후원분은 日本에서 이주한 倭人 혹은 倭人集團과 동일집단의 마한인의 무덤으로 전제하면서 이러한 고분과 일부 倭系의 遺物(埴輪, 珠文鏡, 南島産貝, 直弧文鹿角裝刀子 등)로 보아 전남지역과 倭를 밀접한 관계로 규정하였다. 즉《宋書》에 나오는 慕韓이 馬韓의 후신이고,《日本書紀》에 보이는 任那四縣도 전남지역에 분포함으로써 慕韓 세력은 5세기말에 백제에 흡수되었어도 6세기 전반까지 倭와 교류하였다고 보았다. 田中俊明(1996)도 백제가 영산강유역을 장악하는 것을 4세기 후반으로 볼 것이 아니라 5세기 후반 내지 6세기 초로 보아야 하며 그 이전은 倭와의 관계가 깊다고 보았다.

　　그리고 小田富士雄(1997)은 지금까지 韓·日학자들 사이에 논란 되었던 전방후원형 고분의 연구사를 정리하고, 그 주인공을 일본으로 건너갔다가 되돌아온 마한인이라는 임영진의 견해를 비판하면서 전남 지역의 전방후원형 고분이 日本의 前方後圓墳의 영향으로 축조되었 음을 강조하고 있다. 다만 西谷正(1999)은 한국 전방후원분의 被葬 者가 在地의 豪族 또는 有力者라고 생각되나 일본의 고분과 관련성 을 부정할 수 없으므로 만약 피장자를 '일본으로 건너갔다가 되돌아 온 마한인' 이라는 임영진의 견해를 받아들인다면 왜인계 백제관료의 존재에 주목하여야 한다고 하였다. 이상과 같이 대부분의 일본학자들 은 이 지역에서 발견된 전방후원형 고분이 日本의 前方後圓墳과 관 계가 있으며, 倭人(日本人)에 의해 축조되었을 가능성을 주장하고 있 다.

　　그밖에 '韓國의 前方後圓墳'을 주제로 하는 학술대회가 충남대 백제연구소에서 개최되었다(충남대 백제연구소 1999). 여기에서는 '전방후원분의 전개와 그 다양성'(北條芳隆), '고대의 낙동강과 영 산강'(신경철), '한일 전방후원분 비교검토-석실구조와 장송의례를 중심으로-'(土生田純之), '백제의 영산강유역 지배방식과 전방후원 분 피장자의 성격'(주보돈), '백제의 남천과 영산강유역 정치체의 재 편'(박순발) 등의 주제발표가 있었다. 이 학술대회는 처음으로 전방 후원형 고분을 주제로 하였다는 점에서 의의가 적지 않다. 그러나 발 표자들이 전방후원형 고분에 대한 다양한 견해를 제시하였으나 아직 깊이 있는 연구가 이루어지지 못한 채 개인적인 의견을 표명한 것이 대부분이다. 또한 이 학술대회에서 고분의 명칭을 충분한 검토 없이 '前方後圓墳' 이라고 지칭한 점과 실제로 발굴에 참여한 전남지역의 연구자들을 발표자에서 배제하였다는 점도 문제점으로 지적된다.

다음은 전방후원형 고분의 내부시설인 石室墳의 문제이다. 전남지역 석실분의 등장을 백제의 영향에 의해 만들어진 것으로 보는 것이 일반적인 견해였으나 전남지역의 석실분이 백제의 석실분과 다소 차이가 있다는 점이 확인되면서 이들 석실분에 대한 다양한 의견들이 제시되었다. 즉 이영문은 전남지역의 석실분이 다분히 옹관고분의 특징을 계승하였다는 점을 지적하면서 옹관묘 중심권의 석실분은 백제에 흡수된 토착세력의 것이며, 이외의 지역은 백제에서 파견한 관리의 무덤으로 보았다(이영문 1991). 이후 임영진은 영산강유역의 석실분을 비백제계와 백제계로 분류하고, 비백제계를 다시 영산강식과 남해안식으로, 백제계를 맞조임천정, 평사천정, 평천정 등으로 세분하면서 영산강식과 남해안식 석실분은 백제와 무관하다고 보았다(임영진 1997b).

한편 일본학자들은 전남지역의 석실분이 일본지역과 유사하다는 점을 강조하고 있다. 즉 吉井秀夫(1996)는 영산강유역이 가야나 왜와 교류할 수 있는 독자적인 힘을 가지면서 석실분을 받아들였다고 보는 견해를 제시하였다. 土生田純之(1996)도 전남지역 전방후원형 고분에서의 석실분은 北九州地域의 횡혈식 석실분과 유사함을 강조하였다.

그리고 최근 관심의 대상이 되는 유물로 圓筒形土器가 있다. 원통형토기는 매장 주체가 석실분으로 확인된 기원 후 6세기 대를 전후해서 축조된 광주 명화동 고분(박중환 1996b)이나 월계동 1호분(임영진 · 조진선 1995) 등 전방후원형 고분에서 수습된 바 있다. 특히 월계동고분에서는 소위 '石見型' 목제품도 출토되었다. 또한 금년에 발굴조사가 이루어진 나주 신촌리 9호분에서도 출토되고 있다. 신촌리 9호분의 경우는 옹관묘를 축조한 후 그 주변부에 圓筒形土器를 배열

함평 중랑유적 원통형토기 출토장면

한 것으로 확인되고 있어, 옹관고분 후기 단계로부터 원통형토기의 매납행위가 이루어졌음이 밝혀졌다(국립문화재연구소 1999; 김낙중 1999). 서해안고속도로구간인 함평 중랑유적에서는 이미 주체부가 파괴된 方形 古墳의 周溝에서 다량의 원통형토기가 출토되었는데 기존에 조사된 원통형토기와는 다른 새로운 형태이다. 이들 토기들은 저부가 막히거나 중앙에 원형의 구멍이 뚫린 채 기형이 절구형태를 띠고 있다. 이들 토기와 공반된 壺形土器와 變形鳥足文의 타날흔적 등을 통해서 볼 때 6세기 전반에 해당하는 것으로서 나주 신촌리 9호분과 광주 명화동·월계동 1호분 등에 뒤이어 등장하였을 것으로 보고 있다(목포대 박물관 외 1999).

이들 원통형토기는 외형상 일본지역과 유사하다는 점이 강조되고 있다. 소위 倒立技法은 日本 東海지방의 尾張(愛知縣 주변)系가 北陸지방(石川縣 주변)을 거쳐 영산강유역에 유입되었으며, 石見型 목제품은 畿內系와 관련된다는 주장(小栗明彦 1997)이 있는 반면에 구체적으로 성형, 기면조정 등 제작기법은 일본지역과 다르다는 견해(岡內三眞編 1996)도 제기되었다. 한편 이를 倭系 집단의 진출로 해석할 수 없으며, 영산강유역과 倭 사이에 葬送儀禮를 통한 상호방문 교류의 가능성을 제기한 견해도 있다(우재병 1999).

원통형토기는 전방후원형 고분과 함께 한일관계를 보여주는 대표적인 유물이다. 이외에도 고분 주변의 周溝, 金銅製신발, 圭頭大刀 등 한·일관계를 말해주는 것들이 있다. 그런데 이들 유물을 어떻게 해석하는가 하는 것은 보는 입장에 따라 상당히 차이가 난다. 더구나 문헌적인 기록이 미비한 영산강유역의 고대문화에 대하여 한·일 학자들 사이에 심한 견해 차이를 보이는 것은 당연한 일이다.


# 4. 성격 및 연구과제


전남지역 전방후원형 고분의 명칭과 성격에 대한 필자의 견해(최성락 2000a)를 정리하면 다음과 같다.

먼저, 전남지역에 나타나는 전방후원형 고분의 명칭 문제이다. 전방후원형 고분의 명칭은 長鼓墳, 長鼓形古墳, 前方後圓墳, 前方後

圓形墳 등으로 불리어지고 있다. 전남지역의 이와 같은 고분을 日本의 前方後圓墳과는 구분하여야 한다. 고분의 명칭은 그것의 의미를 포함하고 있어 신중하게 사용하여야 한다. 즉 前方後圓墳이라는 용어는 日本에서 만들어진 것이고, 그 의미도 日本의 입장에서 해석될 수밖에 없다. 日本에서의 前方後圓墳이란 일본열도의 정치적 통합을 상징하는 의미가 포함되어 있다. 일부에서 부르는 것과 같이 ‘韓國의 前方後圓墳’이라고 한다면 한국에 있는 前方後圓墳, 즉 한국에 있는 ‘日本의 古墳’으로 해석될 여지가 있다. 따라서 이러한 해석상의 오류를 피하기 위해서는 前方後圓墳으로 부르지 말아야 할 것이다. 반면 長鼓形 古墳 혹은 長鼓墳 등으로 부르는 것이 마땅하나 이 명칭 속에는 자생적인 의미를 포함하고 있다. 따라서 필자는 전남지역의 고분과 일본의 고분 사이에는 어느 정도 관련성이 있다고 보아 일단 前方後圓形 古墳이라고 부르고 있다.

다음은 이러한 고분의 주인공이 누구인가 하는 문제이다. 일부에서는 이 지역에서 자생적으로 발생한 전방후원형 고분이 일본으로 파급되었다고 주장하고 있다. 그러한 근거로 호남지역에서는 周溝墓가 많이 분포하고 있고, 이것이 萬家村유적과 같은 사다리꼴의 異形古墳으로 발달되었으며, 영암 초분골고분에서는 전방후원형에 가까운 周溝가 발견되었다는 점을 들고 있다. 이러한 주장과 같이 자체적으로 발생되었을 가능성도 전혀 배제할 수는 없기 때문에 앞으로 이를 증명할 수 있는 고고학적 자료를 계속 찾아보아야 할 것이다. 그러나 아직 옹관고분에서 전형적인 전방후원형 고분이 발견되지 않고 있고, 가장 연대가 이르다는 영암 자라봉 고분도 발굴자는 4세기경으로 주장하고 있으나 대부분 학자들이 5세기 중엽 이후의 것으로 추정하고 있다. 따라서 일본의 전방후원분보다 이른 시기의 고분이 발견되지 않아 이 지역에서 발생하였다는 주장은 아직 시기상조라 생각한다.

　반면에 倭人들의 진출이라는 일본학자들의 주장에도 문제가 있다. 이러한 주장을 확대하면 이 지역도 任那日本府와 같이 일본이 지배하였다는 결과가 된다. 여기에서 발견되는 유물 중에는 일본과 관련된 유물이 있긴 하나 대부분 이 지역에서 만들어진 것이다. 또한 고분의 형태가 유사하다고 하더라도 日本의 전형적인 前方後圓墳에서 보이는 봉분에 段築이나 葺石이 없는 점 등의 차이가 있기 때문에 倭人들의 무덤으로 볼 수 없다. 그밖에 日本 九州지역에 건너갔다가 되돌아온 이 지역 출신자들의 무덤으로 보는 주장이 있으나 역시 문제가 있다. 일본지역에서 귀국한 사람들이 과연 거대한 고분을 축조할 수 있는 기반을 가지고 있었을까 하는 의문이 든다. 이러한 주장을 뒷받침하는 고고학적 자료나 문헌적 자료의 제시가 필요할 것이다.

　따라서 전방후원형 고분은 이 지역 사람들이 만든 것으로 보아야 한다. 고분의 축조방법에서 세부적으로 다르고, 출토된 圓筒形土器도 이 지역에서 제작되었으며, 기타 유물도 대부분 앞 시기의 옹관고분에서 계승된 것이다. 이러한 형태의 고분이 들어오게 된 배경은 당시 海路를 통해 일본지역과 교류가 있었고, 그 과정에서 일본적인 요소들이 일부 유입되었을 것이다. 倭人들의 진출이 아니라 외형, 즉 아이디어(idea)만의 유입에 의해서 만들어졌을 것이다. 그러한 이유를 고고학적 자료에서 찾아볼 수 있다. 즉 왜인의 진출에 의해 전방후원형 고분이 만들어졌다면 처음 나타나는 전방후원형 고분에서 원통형토기가 출현하여야 할 것이다. 일본학자들은 전방후원형 고분, 원통형토기, 석실분의 구조 등과 같이 일본지역과 관련된 요소들을 나열하고, 이들 요소가 동시에 등장한 것과 같이 언급하고 있다. 그러나 원통형토기의 예를 들어보면 토착적인 옹관고분인 나주 신촌리 9호분에서 가장 일찍 출현하였고, 전방후원형 고분이 아닌 함평 중랑 방형 고분의 주구에서도 다량으로 나오고 있다. 그리고 전방후원형 고분 중에도 원통형토기가 발견되지 않은 고분(함평 신덕고분, 영암 자라 봉고분)도 있다. 이러한 증거를 통해 전방후원형 고분이나 원통형토 기 등이 왜인의 이동에 의해 유입된 것이 아니라 교류에 의해 선택적 이고, 점진적으로 수용되었음을 알 수 있다.

다시 말하면 전남지역은 백제의 직접적인 영향력 하에 놓이기 전 인 5세기 후반에서 6세기 전반에 걸친 시기에 매우 개방적인 상태에 서 외부와의 교류가 이루어졌으며, 독자적 노선을 가려는 노력의 일 환으로 백제와 다른 문화적인 요소의 수용이 가능하였을 것이다. 또 한 이 지역 사람들이 그러한 형태의 고분을 받아드릴 수 있는 바탕이 있었다. 이미 이 지역에서는 다양한 형태의 고분이 축조되었기 때문 이다. 옹관고분에서 원형, 방형, 방대형, 절두원형, 세장형 등이 있어 전방후원형에 대한 이질감을 느끼지 못하였을 것으로 추정한다. 물론 이형고분에 대한 동경에서 모방하였다고도 가정해 볼 수 있다. 마치 무령왕릉을 中國 南朝系의 塼築墳으로 만들어졌듯이 영산강유역의 지배층들도 외부와의 교류를 통해 새로운 묘제를 받아들일 수 있다고 본다. 그러나 그러한 묘제의 지속기간이 길지 못하였던 것은 곧 이어 백제의 지방으로 편입되었기 때문일 것이다. 5세기말에서 6세기 전반 에 걸쳐 나타났던 문화의 다양성은 6세기 중엽 이후 백제계 석실분이 만들어지면서 줄어들었고, 동시에 고분의 규모도 백제의 왕릉(부여 능산리고분)을 능가하는 것은 찾아보기 힘들게 된다.

이와 같이 전방후원형 고분에 대한 필자의 해석은 하나의 가설일 것이다. 전방후원형 고분을 본격적으로 연구하기 위해서는 앞으로 관 련 연구자의 많은 연구가 이루어져야 한다. 우선적으로 해결하여야 할 시급한 과제는 다음과 같다.

첫째, 정밀한 학술조사가 우선되어야 한다. 전남지역에 분포한 전방후원형 고분의 수는 극히 적다. 이 중에서도 조사된 것은 5기이지만 그나마 발굴보고서가 모두 출간되지 못하고 있어 가장 큰 장애요소이다. 이를 극복하기 위해서는 한 기의 고분이라도 제대로 조사되어야 하고, 그 결과가 공개되어야 한다. 더구나 전남지방에서 전방후원형 고분의 기원을 찾아보아야 한다는 입장에서는 옹관고분이나 석실분 등 모든 고분들을 더욱 신중하게 조사하여야 할 것이다. 이러한 면에서 더 이상 정비 복원을 위한 학술조사는 지양되어야 한다. 왜냐하면 고분에 대한 정확한 지식을 얻기 힘들기 때문이다.

둘째, 발굴된 자료의 분석적 연구가 요구된다. 고분 자체에 대한 연구와 더불어 출토된 유물에 대한 체계적인 연구가 필요하다. 특히 초기 석실분에 대한 면밀한 연구나 원통형 토기와 같이 일본과 관련된 유물에 대한 자세한 검토가 있어야 한다.

셋째, 일본 자료에 대한 우리측의 연구가 필요하다. 전방후원형 고분의 성격을 제대로 파악하기 위해서는 일본의 고고학적 자료를 우리 스스로가 분석할 능력이 필요하고, 나아가서 고대 한·일 관계를 우리의 입장에서 살펴볼 필요가 있다.

넷째, 신중한 해석이 필요하다. 이들 고분을 해석하면서 즉흥적이고, 개인적인 의견을 피하여야 한다. 여러 사람들의 衆智를 모아야 하고, 합리적인 해석을 낼 수 있도록 노력하여야 할 것이다. 또한 당시의 문화를 해석하기 위해서는 고분 이외의 자료들을 종합하여야 하고, 문헌적 자료나 민족지적 자료 등의 도움도 필요하다.

# 5. 맺음말

이상 살펴본 바와 같이 전방후원형 고분에 대한 연구는 아직 시작 단계에 불과하다. 이들 고분의 성격을 밝히는 작업은 전남지역의 과제일 뿐만 아니라 한국고고학에서도 중요한 일일 것이다. 앞으로 전방후원형 고분에 대한 연구가 본격적으로 이루어지기 위해서 다음과 같은 기본적인 실천과제들을 제시해 본다.

첫째, 資料의 共有化가 필요하다. 아직 발굴된 자료가 연구자에게 공유되지 못하고 있다. 또한 전방후원형 고분 이외에도 이와 관련된 자료들은 조사 후 신속하게 보고되어야 하고, 연구자들이 손쉽게 이용할 수 있어야 한다.

둘째, 관련연구자의 共同研究가 요구된다. 전방후원형 고분은 한·두 사람에 의해 해결될 문제는 아니다. 이미 일본에서는 관련 연구자들에 의해 연구서가 발간되었지만 아직까지 우리는 발굴보고서 이외의 연구서는 발간된 바가 없다. 이를 대비하기 위해서는 관심이 있는 연구자들이 서로 정보를 교환할 수 있어야 하고, 수시로 모여 토론함으로써 공동의 견해를 가지도록 노력하여야 한다.

셋째, 문헌 자료와 당시의 국제정세를 이해하기 위해서는 古代史, 특히 文獻史와의 共同研究가 필요하다. 고고학적 자료만으로 당시의 사회복원은 불가능하다. 국내·외의 문헌자료를 바르게 해석하고, 당시의 국제정세를 파악하는 것은 고고학적 자료를 해석하는데 필수적인 것이다.

이상과 같은 실천과제를 수행한다면 전남지역 연구자들에게 주어진 연구과제인 전방후원형 고분의 문제뿐만 아니라 전남지역의 고대문화를 우리 스스로가 해석해 나갈 수 있을 것이다.

  * 추기 – 경남 고성군 송학동 고분은 동아대학교 박물관에서 시굴한 결과 전방후원형 고분이 아닌 것으로 밝혀졌다. 다만 벽실 내분에 朱漆한 점은 영산강유역의 고분과 공통점이 있다. 그리고 해남 북일면 장고산고분은 최근 국립광주박물관에 의해 시굴된 결과 오래 전에 도굴되었음이 확인되었다. 그밖에 함평 학교면 마산리 표산 1호분이 전방후원형 고분이라는 것을 전남대 박물관팀에 의해 확인되었다.

제4장

# 마한론의 실체와 문제점

# 1. 머리말

   최근 삼한, 특히 마한에 대한 관심이 고조되고 있는데 삼한은 고고학적으로 철기시대에 해당한다. 필자의 연구대상인 영산강유역의 철기문화는 마한과 관련된다고 볼 수 있는데 이 시기의 역사와 문화를 연구하기 위해서는 문헌사와 더불어 고고학이 함께 참여하여야 할 것이다.

   그 동안 문헌사에서는 많은 연구가 이루어졌으며 어느 정도 정돈된 학설로 나타나고 있다. 즉 마한은 기원전 2세기경부터 한반도 중서부지역에 자리잡았고, 백제가 고대국가를 형성하는 과정에서 점차적으로 흡수되었으며, 4세기 후반에는 영산강유역에 남아있던 잔여세력까지도 백제에 통합되었다는 것이다. 반면 고고학자들의 마한에 대한 연구는 다소 혼란스럽다고 판단된다. 종래 원삼국시대로 지칭되던 시기를 일부에서는 삼한시대로 부르고 있고, 삼한의 상한을 기원전 300년까지 소급시키는가 하면 마한이 기원후 5세기말 내지는 6세기 중반까지 약 800년 간에 존속하였던 정치체라는 주장도 제기되었다.

   그 동안 마한에 대한 관심사는 개별적인 연구를 통해 주로 이루어졌으며, 마한을 주제로 하는 학술대회로는 1989년에 원광대 마한 · 백제문화연구소(1989)에서 열린 '마한문화연구의 제문제'와 1997년에 충남대학교 백제연구소(1997)에서 열린 '마한사의 새로운 인식'(충남대 출판부 1998) 등 두 차례 이루어졌다.

   본고에서는 지금까지 마한에 대한 문헌사와 고고학의 연구성과를 살펴보고, 이들의 문제점을 정리하면서 앞으로 어떠한 방향으로 연구하여야 할 것이지 검토해 보기로 한다.

# 2. 마한에 대한 문헌사의 연구성과

우선 마한을 비롯한 삼한에 대한 기록을 살펴보자. 주로 중국 기록에 나타난다. 즉《三國志》魏書 東夷傳,《後漢書》東夷傳,《晋書》東夷傳 등에 나타나고, 우리나라 문헌인《三國史記》百濟本紀를 비롯하여 新羅本紀와 高句麗本紀에도 마한 관련 기사가 일부 나타나지만 일본 기록에는 전혀 보이지 않는다.

먼저 삼한의 위치에 대한 역사 인식은 좀 복잡하다. 역사적으로 신라의 崔致遠, 조선의 權近, 韓百謙 등 여러 사람들이 견해를 밝혔는데 그 중에서 마한은 경기 · 충청 · 전라지방에, 진한과 변한은 경상지방에 위치한다는 한백겸의 설이 가장 타당한 것으로 받아들여지고 있다(김정배 1968a, 노태돈 1982). 다만 이병도는 이러한 설과 달리 辰韓을 경기와 강원지방에, 馬韓을 충청 · 전라지방에, 弁韓을 경상지방에 위치하였다고 주장하였다(이병도 1976). 그러나 김정배는 이 주장을 일축하고 종래의 학설(한백겸의 설)에 따라 삼한의 위치를 비정하였다(김정배 1968a). 한편 三韓移動說(신채호 1929)에 뒤이어 천관우는 삼한을 箕子族의 구성요소로 파악하고, 각기 한반도 북부와 요동지방에 자리잡았다가 이동해 왔으며, 辰韓의 경우, 한강유역을 거쳐서 낙동강유역에 자리잡았다고 보았고(천관우 1975), 한강유역에서 밀려난 것은 伯濟國의 등장에 의한 것으로 보았다(천관우 1976a).

이와 같이 삼한의 형성과정과 위치에 대하여 여러 학설이 존재하는 것은 사실이나 마한은 三韓 중의 하나로 辰國에 뒤이어 한반도 남부지역에 자리잡았으며, 삼한이 형성되기 시작한 시기는 기원전 2세기경으로 보는 것이 일반적이다. 삼한의 위치에 대해서는 마한은 경기 · 충청 · 전라지방, 辰韓은 낙동강의 동쪽, 弁韓은 낙동강의 서쪽으로 비정하고 있다. 그리고 馬韓은 얼마동안 삼한의 주도권을 행사하였던 것으로 보고 있다(이기백 1982).

한편《三國史記》百濟本紀에 의하면 기원전 18년에 건국한 백제는 溫祚王 26년(기원후 8)에 馬韓의 國邑을 습격하여 병합하였고, 온조왕 27년(기원후 9)에 드디어 馬韓이 멸망하였다고 한다. 그러나 新羅本紀에는 赫居世居西干 39년(기원전 18)에 馬韓王이 죽었다는 기사와 脫解尼師今 5년(기원후 61)에 馬韓 장수 孟召가 覆巖城을 들어 항복하였다는 기사 등이 있다. 高句麗本紀 太祖王 69년(기원후 121)에 馬韓 · 濊貊과 더불어 玄菟郡을 공격하였다는 기사가 있으나 편찬자인 김부식은 이를 의심하고 있다.

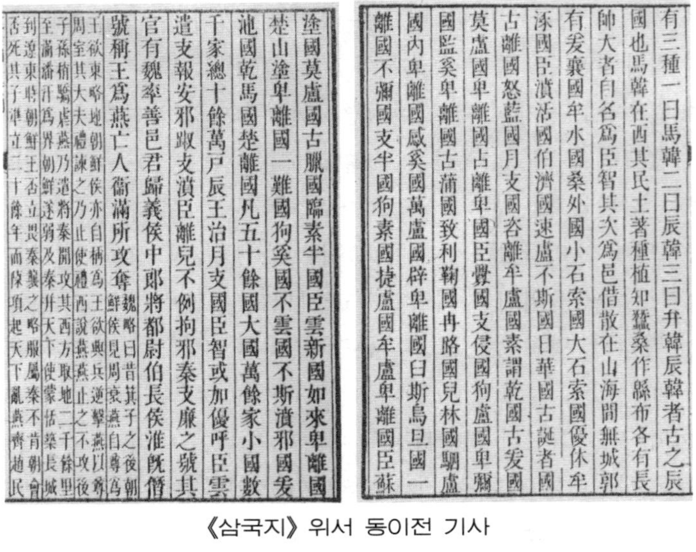
有三種一曰馬韓二曰辰韓三曰弁韓辰韓者古之辰
國也馬韓在西其民土著種植知蠶桑作緜布各有長
帥大者自名爲臣智其次爲邑借散在山海間無城郭
有爰襄國牟水國桑外國小石索國大石索國優休牟
涿國臣濆沽國伯濟國速盧不斯國日華國古誕者國
古離國怒藍國月支國咨離牟盧國素謂乾國古爰國
莫盧國卑離國古離卑國臣釁國支侵國狗盧國卑彌
國監奚卑離國古蒲國致利鞠國冉路國兒林國駟盧
國內卑離國感奚國萬盧國辟卑離國臼斯烏旦國一
離國不彌國支半國狗素國捷盧國牟盧卑離國臣蘇
塗國莫盧國古臘國臨素半國臣雲新國如來卑離國
楚山塗卑離國一難國狗奚國不雲國不斯濆邪國爰
池國乾馬國楚離國凡五十餘國大國萬餘家小國數
千家總十餘萬戶辰王治月支國臣智或加優呼臣雲
遣支報安邪踧支濆臣離兒不例拘邪秦支廉之號其
官有魏率善邑君歸義侯中郎將都尉伯長侯準既僭
號稱王爲燕亡人衛滿所攻奪 魏略曰昔箕子之後朝鮮侯見周衰燕自尊爲王欲東略地朝鮮侯亦自稱爲王欲興兵逆擊燕以尊周室其大夫禮諫之乃止使禮西說燕燕止之不攻後子孫稍驕虐燕乃遣將秦開攻其西方取地二千餘里至滿番汗爲界朝鮮遂弱及秦并天下使蒙恬築長城到遼東時朝鮮王否立畏秦襲之略服屬秦不肯朝會否死其子準立二十餘年而陳項起天下亂燕齊趙民

《삼국지》 위서 동이전 기사

그런데 역사학계에서는 대체로《삼국사기》백제본기에 나타나는 마한과 관련된 기록들을 후대에 의도적으로 온조왕대로 올려놓은 것으로 해석하고 있고, 마한이 멸망했다는 것은 중부지역의 目支國이 해체되어 남쪽으로 이동되어 갔으며 그 시기는 3세기 중엽 경으로 보고 있다(노중국 1987).

이러한 주장의 근거는 중국의 기록인《三國志》東夷傳 韓條에 馬韓의 기록이 자세히 남아 있기 때문이고, 또한《晋書》東夷傳 馬韓條에 咸寧 3년(277)으로부터 太熙 元年(290)까지 마한이 晉國에 사신을 보냈다는 기록이 있어 그 세력이 건재하였음을 알 수 있다는 것이다. 반면《晋書》卷36 張華傳에도 마한이 나타난다.

東夷馬韓 新彌諸國은 산에 의지하고 바다를 끼고 있었으며 幽州와 4천여 리였는데, 역대로 來附하지 않던 20여 국이 함께 사신을 보내 조공을 바쳐왔다(《晋書》卷36 張華傳).

여기에 나오는 新彌國은《三國志》에 나오는 마한의 54국에는 없는 이름으로 이병도는 서해안지역에 분포한 馬韓 諸國믐의 하나로 보았다(이병도 1959). 대체로 이를 중부지방에서 서남부지역으로 이동된 마한의 잔존세력으로 보고 있으나 강봉룡은 新彌諸國이란 '新彌의 여러 나라'라는 의미로《三國志》의 마한과는 별개이며 '東夷 馬韓지역의 新彌國'으로 보아 영산강유역에 성립한 '옹관고분사회'를 지칭하는 것으로 파악하였다(강봉룡 1999a).

한편 백제의 국력이 신장되자 마한의 영토를 계속 잠식해 갔는데 近肖古王 24년(369)에 전남지역이 완전히 장악되었을 것으로 보고 있다. 근초고왕이 마한을 경략하였다는 기록은《三國史記》에는 나타나지 않으나 《日本書紀》에 반설화적으로 남아있다.


> 이에 병사를 서쪽으로 이동시켜 古奚津에 이르렀다. 南蠻 枕
> 彌多禮를 없애고 백제에 주었다. 이때 왕 肖古와 왕자 貴須가
> 역시 군사를 이끌고 나아가 맞으니 比利辟中布彌支半古四邑
> 이 스스로 항복하여 왔다. 백제왕 부자와 黃田別 木羅斤資 등
> 이 모두 意流村(州流須祗)에서 서로 즐겁게 만났다(《日本書
> 紀》神功紀 49년).

이병도는 위의 내용을 통해 일본의 응원군이 와서 더불어 경략하
였다는 것은 의문의 여지가 있으나 近肖古王의 父子가 369년 전남지
역에 원정하여 마한의 잔존세력을 토벌한 것은 사실로 보았다(이병도
1959). 이 학설은 그 후 정설로 받아들여져 학계에서 통용되고 있다.
나아가서 노중국(1987)은 '枕(忱)彌多禮'를 《晋書》에 나오는 '新彌
國'으로 연결지어 근초고왕의 마한 정벌설에 동조하고 있다.

그런데 종래 比利·辟中·布彌支·半古 등 四邑으로 보았던 것
을 천관우(1979)는 比利·辟中·布彌·支半·古四邑 등 5읍으로
보고, 그 위치를 전북지역으로 비정한 이후에 많은 연구자들이 이들
위치에 대한 여러 가지 학설을 제기한 바가 있다. 한편 이도학(1995)
과 강봉룡(1999b)은 枕彌多禮를 해남 현산면 일대로 비정하면서 4세
기 후반에 백제가 해상루트를 확보하기 위하여 이 지역으로 진출하였
음을 반영한 것이고, 마한의 잔존세력 혹은 마한과는 별개의 세력이
영산강유역에 건재하였다고 보았다.

그러나 대부분의 연구자들은 4세기 후반에는 백제로 편입되었고
간접 지배방식으로 남아있었을 것으로 보는 견해(권오영 1986)에 동

의하고 있다. 다만 백제의 장군 木羅斤資가 나오는 것으로 보아 369년의 일이 아니라 1주기를 더 내려서 429년의 일로 해석하여야 한다는 주장(田中俊明 1996)이 있으나 국내학계에서는 이를 받아들일 수 없다는 입장이다.

따라서 역사학계에서는 마한이 기원전 2세기에서 기원후 4세기 후반까지 한반도 중부 및 서남부지역에 자리잡았던 것으로 보고 있으며, 한강유역의 백제가 세력을 강화함에 따라 점차 마한의 세력은 남쪽으로 밀려났고, 급기야 전남지역의 마한의 잔존세력도 4세기 후반에는 백제에 병합되었다는 것이다.

그런데 위와 같은 마한에 대한 통설에는 몇 가지 문제가 제기되고 있다.

첫째, 마한과 백제에 대한 인식의 문제이다. 즉《晉書》東夷傳 馬韓條에 咸寧 3년(277)으로부터 太熙 元年(290)까지 마한이 晉國에 사신을 보냈다는 기록이 있는데, 이들 기사가 실제로는 백제와 관련되는 것으로 보는 학자들도 있다. 더구나 하나의 사건이《삼국사기》와 《삼국지》에 비슷하게 기술된 것이 있다.

① 魏의 幽州刺史 毌丘儉이 樂浪太守 劉茂와 帶方太守 弓遵과
함께 고구려를 치므로 고이왕은 그 틈을 타서 左將 眞忠을 보
내어 낙랑을 쳐서 邊民을 빼앗았다. 劉茂가 듣고 노하매 왕이
侵討를 받을까 두려워하여 民口를 돌려주었다(《三國史記》卷
24 古爾王 13年條).
② 2월에 幽州刺史 毌丘儉이 고구려를 쳤다. 5월에 濊貊을 쳐
서 깨뜨리니 韓那濊 등 수십 國이 각각 種落을 거느리고 투항
하였다(《三國志》卷4 齊王芳紀 正始 7年條).

③ 部從事 吳林은 낙랑이 본래 韓國을 통치했다는 이유로 辰
韓 8국을 분할하여 낙랑에 주려하였다. 그 때 통역하는 관리
가 말을 옮기면서 틀리게 설명한 부분이 있어, 臣智가 韓을 격
분시켜 帶方郡의 崎離營을 공격하였다. 이 때(대방)태수 弓遵
과 낙랑태수 劉茂가 군사를 일으켜 그를 쳤는데, 弓遵은 전사
하였지만 2郡이 결국 韓을 멸하였다(《三國志》 卷30 魏書東夷
傳 韓條).


이상의 기사는 韓 혹은 百濟가 246년에 대방군을 공격한 사건을
기록한 것으로 이 사건의 주체를 ①의 사료에 의거해 백제의 古爾王
으로 보는 설과 ②와 ③의 사료에 의거해 마한의 辰王으로 보는 설이
있고, 그밖에 마한의 臣濆沽國으로 보는 설이 있다.

우선 마한의 辰王설이다. 이것은 중국의 기록을 신뢰하여 마한의
진왕이 중심이 되어 대방군을 공격하였다는 것이다. 이러한 견해는
대체로 중국 기록을 그대로 받아들여 3세기말까지 마한의 존재를 적
극적으로 인정하고 있다(三上次男 1966, 유원재 1994).

이와 더불어 대방군 공격의 주도권은 마한의 진왕이나 백제도 가
담하였다는 해석도 있다(노중국 1990, 강봉룡 1997). 이 경우 중부지
역의 주도권이 3세기 중엽 마한에서 백제로 전환되었다는 것이다. 그
런데 마한이 자리잡았다고 보는 충청지역에서는 천안 청담동 유적 등
1~3세기의 문화양상이 최근 밝혀지고 있어 그 실체의 일부를 보여주
고 있다.

다음은 마한의 臣濆沽國설로 사료 ②에서 '臣智激韓忿'은 通行
本 魏志에 나오는 것으로 百納本(南宋 紹興本)에는 '臣濆沽韓忿'
이라고 표기되어 차이를 보이는 데 通志(南宋 紹興 31년)에는 '臣濆

沽韓忿'으로 기록되어 있어 이를 마한의 臣濆沽國으로 보는 것이다. 이 설은 대방군을 공격한 것이 伯濟國이 아니라 경기도 북부지역에 자리잡은 臣濆沽國으로 보고 있다(윤용구 1999). 이 설은 중국 문헌을 철저하게 분석하였다는 점은 평가되나 역시 중국 문헌에 치중한 해석이고 아직까지 경기도 북부지역에서 1~3세기경에 하나의 세력을 나타낼 수 있는 고고학 자료가 없다는 것이 문제점으로 남는다.

마지막으로 古爾王설이다. 많은 역사학자들이 이를 지지하고 있다(천관우 1976a, 이기동 1987b, 권오영 1995, 이현혜 1997, 김영심 1997). 즉《삼국지》의 마한 기사가 실제로는 백제일 것으로 보고 있다. 특히 천관우는 辰王을 곧 古爾王으로 보고 있다. 최근 한강유역의 백제국이 일찍 고대국가로 발전되었음은 고고학 자료에서도 뒷받침되고 있다. 즉 최근 조사되고 있는 풍납동 토성(윤근일 2000a, 2000b)이 바로 1~3세기에 백제국의 도성으로 확인된다면《삼국지》 마한의 54개국 중 伯濟國은 바로《삼국사기》에서의 百濟國인 것이다. 백제국은 일찍 한강유역에 자리잡았고, 그 세력을 넓혀갔으며 3세기 중엽에는 대방군을 공격하는 주체가 되었을 것이다.

그렇다면 대방국을 공격하는 주체를 중국 사료에서는 마한의 臣智(辰王)로, 한국 사료에는 백제의 古爾王으로 다르게 표기하게 된다. 그 이유는 무엇일까. 이것은 이 사건에 대한 중국 사료와 한국 사료 사이에 존재하는 인식의 차이로 생각한다. 중국 사료에서는 1~3세기를 백제가 국가로 성장하기 이전인 삼한 단계로 인식하는 것이고, 한국 사료에서는 이미 백제가 국가를 형성하였다고 보는 것이다. 이러한 차이는 결국《삼국지》의 편찬자와《삼국사기》의 편찬자 사이에 존재한 인식의 차이로 볼 수 있다. 따라서《삼국사기》의 기사를 사실대로 믿지 않는다고 하더라도《삼국사기》를 편찬한 김부식의 인식을 어느 정도 받아들인다면 1~3세기는 '마한'이 대표한다고 볼 것이 아니라 당연히 '백제'가 대표하는 시기로 보아야 하고, 일찍 김원용(1967)에 의해 처음 제기되었고, 최근 재차 재기되고 있는《삼국사기》초기 기록에 대한 신뢰문제(이종욱 2000, 최몽룡 2000)도 세밀하게 검토해 보아야 한다(최성락 2000c). 설사 1~3세기에 마한과 백제가 공존하였다고 하더라도 어디까지나 백제를 중심으로 인식하는 것이 바람직할 것이다.

둘째, 마한의 성격에 대한 것이다. 일부에서는 마한을 종족 혹은 문화계통적 의미로 보고 있으며, 다른 한편으로는 지역적, 사회적 의미로서 통합체로 보는 입장이다. 마한을 종족 또는 문화계통적으로 보는 입장은 신채호, 이병도, 천관우 등인데 이들은 주로 삼한의 형성 과정에 대한 견해를 밝히고 있다. 반면 지역적, 사회적 통합체로 보는 입장은 김정배, 이현혜, 노중국 등인데 이들은 대체로 삼한사회를 小國 또는 君長社會로 지칭하는 사회로 보고 있다. 그밖에 마한사회를 하나의 정치체로 보는 견해가 있는가 하면, 지역의 개념을 포함하는 것으로도 해석하고 있다. 즉 중부지역에 자리잡은 目支國을 중심으로 하는 마한은 정치연맹체이나《晋書》의 新彌國은 마한지역에 자리잡은 연맹체로 보는 것이다(강봉룡 1999a). 사실 마한에서는 辰王 혹은 馬韓王이라는 명칭이 사용되고 있으나 구체적으로 국가의 단계로 볼 수 있는 문헌기록이나 고고학 자료가 발견되지 않고 있다. 이와 같이 마한이라는 개념이 종족, 지역적 혹은 사회적 통합체, 정치체, 지역의 개념 등 여러 가지로 해석되고 있어 세밀한 검토가 요구된다.

셋째, 일본학자들이 주장하는 慕韓說의 문제이다.《宋書》에 倭 5 王에 대한 기록이 있다. 즉 438년 倭王 珍은 '使持節 都督倭百濟新羅任那秦韓慕韓六國諸軍事 安東大將軍 倭國王'이라는 작호를 자칭하게 된다. 즉 왜·백제·신라·임나·진한·모한 등 6국에 대한 통솔권을 자임한 것을 의미한다. 그 후 계속 대송외교를 집요하게 하여 倭王 濟는 451년에 百濟가 빠지고 加羅가 첨가된 6국의 安東大將軍으로 가호를 받게 된다.

또한 478년 倭王 武는 '使持節 都督倭百濟新羅任那加羅秦韓慕韓七國諸軍事 安東大將軍 開府儀同三司倭國王'이라 자칭하였으나 '使持節 都督倭新羅任那加羅秦韓慕韓六國諸軍事 安東大將軍 倭王'이라고 책봉을 받았다. 즉 백제가 고구려의 공격을 받아 漢城이 함락되자 倭王이 백제를 임의로 포함시켰으나 中國이 이를 제외하고 책봉한 것이다.

일부 일본학자들은 여기에서 나타나는 慕韓을 근거로 영산강유역의 독자적인 세력을 지칭하는 것으로 보고 이것이 倭와 관련된다고 해석하기도 한다(東潮 1995, 1996). 그러나 당시 宋과 외교관계가 없었던 新羅·任那·加羅와 같은 실존의 국가나 秦韓·慕韓과 같은 가공의 국가 이름을 나열한 작호의 사용을 허용한 것이고, 백제에 대해서는 현실적인 세력관계를 분명히 따져서 단호하게 제외시켰던 것으로 모한의 존재를 부정하는 견해(강봉룡 1998)가 일반적이다.

넷째, 백제로 편입되기 전의 전남지역은 마한이었을 것인가 하는 문제이다. 이병도는 《일본서기》 神功紀 49년(369)의 기사를 해석하면서 이것이 영산강유역에 남아 있는 마한의 세력이 최종적으로 없어진 것으로 보았다. 이러한 인식은 점차 발전하여 전남지역이 백제에 편입되기 이전은 마한이라는 등식이 생겼다. 즉 백제가 영산강유역을 장악하는 시기가 5세기 말이나 6세기 중엽이면 그 이전은 마한이라는 논리이다.

그러나 《일본서기》 신공기 49년에는 南蠻 忱彌多禮라고 표시되어 있을 뿐 마한과 관련된 기록은 전혀 없다. 역사학계에서는 南蠻을 馬韓으로 해석하고 있으나 이것이 타당한지 검토되어야 한다. 왜냐하면 300년 이후에는 한국 문헌이나 일본 문헌에 馬韓에 대한 기록이 전혀 나오지 않을 뿐만 아니라 중국 기록에도《宋書》의 倭 5 王 관련 기사에 나오는 慕韓을 제외한다면 마한에 대한 언급은 없다. 따라서 어느 나라 기록에도 300년 이후에는 마한의 기록이 없기 때문에 과연 369년까지 마한이 잔존하였다는 것이 가능한지 검토되어야 한다.

　이상과 같이 기존의 마한에 대한 연구에도 몇 가지 문제점이 존재하는 것은 사실이다. 이것은 마한에 대한 인식이 아직까지 중국 문헌에 의존하고 있고, 마한에 대한 사료가 매우 한정적이고 불확실한 면이 많기 때문이다.


# 3. 마한연구와 고고학


　마한과 관련된 고고학 연구를 정리하면 다음과 같다. 우선 마한과 고고학 자료를 연결하는 설명이 대부분이다. 즉 마한 54국의 위치를 支石墓의 밀집정도로 추정하는 시도(최몽룡 1978; 이영문 1989)가 있었고, 옹관묘를 마한의 잔존세력으로 보는 견해(성낙준 1983)와 지석묘와 옹관묘를 통해 마한을 설명하려는 견해(김학휘 1988, 1989), 靑銅器를 통해 馬韓의 形成過程을 설명하려는 견해(이현혜 1984;

전영래 1987) 등이 있다.

　마한을 본격적으로 다룬 김원용은 마한의 영역을 한강유역을 제외한 안산만 이남에서 영산강유역에 이르는 지역으로 보면서 마한을 전기(기원전 200~기원후 200년경)과 후기(기원후 200~369년)으로 나누어 보았다(김원용 1990). 그리고 馬韓의 目支國을 나주 반남면 일대로 비정하려는 주장(최몽룡 1986, 1988)이 있는데 이는 중부지역의 마한이 백제세력이 성장함에 따라 영산강유역으로 이동되었다는 것으로 최근까지도 꾸준히 주장되고 있다(최몽룡 1997b).

　필자는 삼한을 청동기문화와 연결지어 설명할 것이 아니라 準王의 南遷을 기준으로 기원전 2세기 이후로 보는 것이 합당하고, 이는 철기문화로 설명되어야 한다는 점을 밝힌바 있다. 그리고 전남지역의 옹관고분이 3세기 후반에서 5세기 후반까지 지속되므로 369년에 백제로 편입되었다는 설은 재고하여야 한다는 의견을 제시한 바 있다(최성락 1990).

　최근의 마한에 대한 고고학 연구는 한층 발전된 양상을 보여주는 몇 가지 견해가 발표되어 주목되고 있다. 먼저 전남지역에 마한이 기원전 3세기로부터 기원후 6세기 중반까지 자리잡았다는 견해이다. 옹관고분 축조시기인 5세기 후반까지 전남지역에는 독자적인 정치체(마한)가 존속되었다는 주장이 제기되었다(임영진 1995). 나아가서 초기 석실분의 단계인 6세기 전반까지도 마한에 속한다고 주장하였다(임영진 1997a, 1997b, 1997c). 이 중 특히 문제가 되는 것은 마한의 소멸시기 문제로 전남지역에 백제계 석실분이 나타나고, 백제의 한 지방으로 편입된 6세기 중엽 이전까지 마한이라는 정치체가 자리잡았다는 것이다.

　다음은 前期 馬韓을 기원전 300년부터 기원후 250년까지 설정한 견해이다. 즉 박순발은 馬韓에 대한 고대사학자들의 인식을 정리하고, 이를 그 시기의 고고학적 배경으로 검토하면서 전기 마한의 시·공간적 위치를 밝히려고 한다. 특히 그는 전기 마한의 시간적인 범위를 기원전 200년~기원후 200년으로 본 김원용(1990)의 견해를 기초로, 점토대토기와 세형동검이 등장하는 기원전 300년경부터 백제가 국가로 성립되는 기원후 250년까지로, 공간적인 범위를 처음 한강유역 및 중서부지방에서 점차 중서부지역과 금강이남지역으로 한정되었다고 보았다(박순발 1998). 여기에서 전기 마한의 성립시기를 기원전 300년경으로 올려보는 점과 전기 마한에 대응하는 후기 마한의 시기를 어떻게 설정할 수 있으며, 그 경우 전기 마한과는 문화적으로 어떠한 관계인지 등이 의문점이다. 또한 이 주장은 마한의 성립시기를 기원전 300년으로 보고 있어 삼한시대를 기원전 300년부터 기원후 300년으로 보는 견해(신경철 1995)와 일치한다.

이러한 분위기에서 기원전 2세기부터 기원후 5~6세기의 주거지를 마한의 주거지로 보는 견해(김승옥 2000)와 호남지역에서 나타나는 이 시기의 주구묘(주구토광묘)를 마한의 것으로 보는 견해(최완규 2000a, 2000b)도 제기되고 있다. 그 결과 영산강유역에 자리잡았던 고대사회가 곧 마한이라는 인식이 일부 연구자들뿐만 아니라 일반인들까지 확산되는 현상을 보여주고 있다.

# 4. 마한연구의 문제점과 전망

과거 마한과 관련된 고고학 연구에는 지석묘 혹은 청동기와 관련된다는 것이 고작이었으나 최근 전남지역에서는 기원전 3~2세기경에서 기원후 5~6세기까지를 마한으로 보는 새로운 마한론이 대두되고 있다. 이러한 마한론은 강봉룡에 의해 일차적으로 비판된 바가 있다. 그는 800여 년의 마한사는 실로 과감한 가설로서 이것이 성립하기 위해서는 경기·충청·전라도 지역을 관통하는 정치·문화적 정체성과 계승성이 먼저 제시되어야 한다는 보았고, 고고학계의 노력이 고대사학계의 불안한 통설을 재고하게 하는 역할을 하므로 고고학자에게 고대사의 통설에 얽매이지 말고 물질문화의 형성에 대하여 정확하게 해석하도록 주문하였다. 또한 그는 마한을 두 가지 개념으로 파악하고 있는 데 목지국 중심의 실제적인 정치 단위체를 지칭하는 것과 경기에서 전라지역에 이르는 지역 개념으로 사용하는 것이다(강봉룡 2000). 한편 일부 영남지역에서 주장되는 삼한시대도 그 명칭과 개념이 타당하지 못함이 필자(최성락 1999)에 의해 비판된 바가 있다.

그런데 이러한 마한론이나 삼한시대론이 가지는 공통적인 문제점은 다음과 같다. 첫째, 문헌 자료에 대한 고고학자들의 이해가 부족하다는 점이다. 둘째, 마한 혹은 삼한의 등장시기나 존속시기를 고고학자들이 임의로 정하고 있다는 점이다. 셋째, 마한과 고고학 자료의 연결이 부적절하다는 점이다. 즉 특정한 무덤이나 주거지를 마한의 무덤 혹은 마한의 주거지로 지칭하고 있어 문제점으로 지적된다. 넷째, 이러한 馬韓論은 일본학자들이 주장하는 慕韓論과 유사점을 가지고 있다는 점이다.

무안 구산리 옹관 발굴장면

　이들 문제점을 좀 더 자세히 검토해 보고자 한다. 첫 번째의 문제로는 문헌에 대한 검토 부족과 더불어 문헌사의 연구성과를 수용하지 못하고 있다. 우선 고고학과의 교과과정에는 문헌을 다루는 과목이 매우 적게 편성되어 있다. 따라서 고고학 전공자들은 문헌에 대한 체계적인 훈련을 받지 못하였기 때문에 문헌 사료를 분석하거나 문헌사에 연구성과를 충분히 소화하지 못하는 것이 사실이다. 이러한 상황이라면 고고학자가 지나치게 문헌사학의 영역에 가담하는 것을 자제하는 것이 현명할 것이다. 고고학자의 연구영역은 유적과 유물을 통해 과거 문화를 충실하게 복원하는 것으로 문헌사학자의 연구영역과는 다르다(최성락 2000b).

　두 번째의 문제로 삼한의 연대를 지나치게 올려보거나 내려본다는 점이다. 이것은 삼한에 대한 고고학계의 인식이 매우 불합리하다는

점을 단적으로 보여주는 것이다. 문헌사의 연대관과 고고학의 연대관
은 다를 수 있음에도 고고학에서 문화적인 획기와 연결지어 그 연대를
올려보거나 지나치게 내려보는 것이다. 예를 들면 일부 고고학자의
주장인 삼한시대의 상한을 세형동검이나 점토대토기의 등장과 일치시
켜 기원전 300년으로 설정하는 견해(신경철 1995; 박순발 1998)와
마한 소멸시기를 6세기 중엽으로 보는 견해(임영진 1997c, 1997d)
등이 있다.

　　이러한 주장은 마한을 고고학 자료에 잘못 연결짓기 때문이라고
생각한다. 문헌적으로 보면 마한의 시작이 기원전 3세기 이전으로 올
라갈 수 없다. 마한의 등장을 準王의 南遷과 관련해서 보더라도 기원
전 194년 이전으로 볼 수 없을 것이다. 더구나 《삼국지》의 기록은 기
원후 3세기 대의 중국 기록이고, 마한의 명칭은 백제 혹은 신라와 같
이 스스로 정한 것이 아니라 외부로부터 불려졌던 것이기 때문에 그
상한을 고고학 자료로써 결정할 수 없다. 따라서 마한의 시작연대는
문헌적 연구의 결과로 제시할 수 있으나 이를 고고학 자료에 대입시키
는 것은 불합리한 것이다. 이러한 주장은 마치 고조선의 시작연대를
요령지방의 청동기문화와 연결시켜 기원전 2400년까지 올려보려는
주장(윤내현 1986)과 유사한 것으로 적절한 것이 아니다.

　　그리고 마한의 소멸시기 문제로 마한이 우리나라 기록에 나타나는
것은 기원후 1세기경까지이고, 일본 기록에는 마한이 전혀 보이지 않
으며 처음부터 백제가 등장하고 있다. 다만 중국 기록에 나타나는 것
은 기원후 300년까지이다. 중국 기록에 나타나는 마한은 일부가 백제
의 것일 가능성이 있다고 본다면 마한의 소멸시기를 고고학 자료에 대
입하여 5세기 말 내지는 6세기 중엽까지로 주장하는 것은 설득력이
없다고 본다.

세 번째의 문제로 문헌의 마한과 고고학 자료를 관련시키는 문제이다. 문헌적으로 아직 논란이 많은 마한을 일정한 시기에 존재하였던 實體(즉 정치체)로 가정하여 그 시기의 주거지와 분묘를 마한의 주거지이나 마한의 분묘로 인식하는 것은 문제가 있다. 고고학에서 특정의 고고학 자료가 고대사의 實體와 연결된다는 견해는 일견 눈에 띄는 주장이기도 하나 자칫 잘못된 주장일 수가 있다. 왜냐하면 고고학 자료는 역사적인 사건과 다르게 일정한 시기에만 사용되는 것이 아니라 훨씬 넓은 시기와 공간에서 사용될 수 있기 때문이다. 예를 들면 백제지역에서 발견된 특징적인 유구와 유물들이 일본지역에서도 발견된다고 하여도 일본지역이 백제가 될 수 없는 것이다.

네 번째의 문제로 전남지역이 5세기말 내지는 6세기 중반까지 백제와 다른 정치체가 자리잡았다는 마한론은 일본학자들이 주장하는 慕韓論과 공통점이 있다. 모한론을 주장하는 일본학자들은 전남지역이 백제와는 다른 세력임을 강조하고 이를 왜(일본)와 관련된다는 것이다. 그렇다면 전남지역인 백제의 문화적인 영향이 6세기 대까지 전혀 없었을까? 석실분의 등장이 백제와 관련된다는 주장이 더 설득력을 가지고 있다. 즉 일본지역과의 교류를 반영하는 전방후원형 고분보다도 다소 이른 시기에 축조되었을 것으로 보는 나주 송제리고분(최성락 · 이정호 · 윤효남 2000)과 영광 학정리 대천고분(최성락 · 김건수 1999) 등은 백제 석실분의 영향을 받은 것으로 볼 수 있다.

이상과 같이 고고학자들이 마한을 연구하기 위해서는 마한에 대한 문헌적인 검토가 충분히 있어야 한다. 서투른 문헌 인용이나 문헌에 대한 부정확한 인식은 잘못된 해석을 낳기 때문이다. 더구나 문헌사의 통설도 모순을 가질 수 있기 때문에 조심하여야 한다. 고고학이 고대사 연구에 중요한 역할을 하는 것을 당연하다. 특히 문헌적인 자료가 부족한 시기인 고대사의 앞부분은 고고학의 비중이 한층 높아지게 된다. 고고학이 고대사에 기여할 수 있는 것은 고고학 자료를 바탕으로 이를 해석해 나가는 것이지 그 문화를 역사적인 사실과 연결하는 것만이 능사는 아니다.

이상 마한과 관련된 여러 가지 문제를 논의해 보았지만 앞으로 풀어나가야 할 과제는 여전히 남아 있다. 첫째, 마한의 실체가 무엇이며, 언제 백제에 의해 병탄되었을까 하는 점, 둘째, 마한을 대표하는 고고학 자료가 과연 존재할 것인가 하는 점, 셋째, 마한의 등장 시기와 소멸 시기를 보여주는 것이 고고학 자료로 반영되었을까 하는 점, 넷째, 전남지역이 백제에 통합되기 이전의 토착세력은 과연 어떠한 존재이고, 그 명칭은 무엇인가 하는 점 등이다.

이러한 문제를 해결하기 위하여 고대사학자와 고고학자간의 역할 분담이 필요하다고 생각한다. 고대사학자가 고대 문헌에 대한 올바른 해석을 제공해 주어야 하고, 고고학자들은 당시의 문화적 성격을 고고학 자료에 의해 정확히 밝히는 일을 담당하여야 한다. 가장 이상적인 것은 두 분야의 학자가 학제 연구를 통해 마한을 비롯한 고대사의 문제를 차분히 풀어가야 할 것이다.

# 5. 맺음말

이상과 같이 마한의 연구사와 고고학에서 본 마한의 시각을 살펴보았다. 마한은 기원전 2세기경부터 기원후 4세기 후반까지 한반도 중부 및 서남부지역에 자리잡았으며, 백제가 점차 성장함에 따라 남쪽으로 밀려났을 것으로 보고 있다. 마한에 대한 문헌사의 연구는 어느 정도 안정되었다고 볼 수 있으나 고고학의 연구는 다소의 혼란이 야기되고 있다. 이러한 원인은 고고학자들이 고대사를 연구하면서 가지는 문헌 자료에 대한 이해의 부족에서 기인된다.

또한 필자는 고대사연구에 있어서 고고학의 역할과 문헌사의 역할이 다르다고 보는 입장이다. 마한에 대한 고고학적 연구는 마한이 어떠하다는 것보다는 당시의 문화상을 밝히는 데 주력하여야 한다. 마한의 위치가 어디이고, 언제 마한이 존재하였다는 등은 고고학자의 권한 밖의 일이다. 여기에서 말하는 고고학자란 고고학 자료를 정리하고 분석하는 연구자를 말하는 것이다. 물론 고고학자가 언급할 수 없는 것은 아니다. 고고학자도 문헌 자료를 충분히 연구한다면 얼마든지 가능하다. 그러나 고고학자는 고고학 자료에 비하여 문헌 자료를 다루는 기술이 뒤떨어지기 때문에 잘못 해석할 위험성이 있다.

따라서 마한을 연구하는 데 있어서 주의할 점은 마한을 고고학에서 임의로 규정하거나 고고학 자료의 변화(즉 문화상의 변화)에 견주어 언제부터 언제까지가 마한이라는 주장은 곤란하다. 다만 마한에 대한 고고학 연구는 부족한 문헌 자료를 보완해 줄 것이고, 나아가 고대사의 통설도 재검토하게 하는 계기를 마련하는 것이다. 결국 마한을 포함한 고대사에서 제기되는 여러 가지 문제는 문헌사와 고고학이 함께 풀어나가야 할 것이다.

# Ⅲ
# 한국고고학의 연구방향

# 제1장
# 철기시대의 설정과 문제점

# 1. 머리말

한국고고학이 성립된 이후 지금까지 많은 연구가 이루어졌고, 그 성과도 적지 않다. 특히 유적의 발굴 성과는 아주 크다고 할 수 있다. 그러나 고고학 자료를 정리하여 당시의 문화를 밝히는 부분의 성과는 상대적으로 적은 편이다. 이것은 한국고고학의 발전속도가 그만큼 느리다는 점을 간접적으로 말해주고 있다.

한국고고학에서의 시대구분은 대체로 삼시대법에 따라 이루어지고 있다. 이 중에서 철기시대에 대한 연구는 다른 시대의 연구에 비하면 체계적으로 정리되어 있지 않다. 이렇게 된 원인 중의 하나는 이 시기를 초기철기시대와 원삼국시대로 나누어 인식하였기 때문이며, 또 다른 원인은 이 시기가 선사시대로부터 역사시대로의 전환기이므로 시대설정에 다소의 혼란이 있었기 때문일 것이다.

최근 국사편찬위원회(1997)에서 발간된 《한국사》 3(청동기문화와 철기문화)에서 철기문화를 별도로 서술한 것과 국립문화재연구소(1996, 1998)에서 '동아시아의 철기문화'에 대한 국제학술대회를 개최한 점은 한국고고학에서 철기시대의 개념을 설정하는 데 그 의의가 크다고 생각한다. 그러나 철기시대에 대한 분명한 개념과 문화상이 아직까지 제대로 정립되지 못하고 있는 것이 현실이다.

본고에서는 한국고고학에서 철기시대가 어떻게 취급되었는지를 알아보고, 또한 철기시대의 개념과 문제점을 검토해 보고자 한다.

# 2. 한국고고학에서의 철기시대

한국의 선사문화는 처음으로 일본학자들에 의해서 石器時代, 金石倂用期, 樂浪時代, 三國時代 등으로 구분되었다(藤田亮策 1948). 이것은 당시의 초보적인 유적조사를 근거로 이루어진 것이며 한국의 선사문화에 대한 일본학자의 입장을 보여준 것이다. 1945년 이후 선사문화에 대한 시대구분은 우리나라 학자들에 의해 이루어졌다. 시대구분에 대한 연구사와 문제점은 이미 여러 사람들에 의해 정리된 바가 있다(김정배 1979, 西谷正 1982, 노혁진 1987, 최몽룡 1987b, 1992, 최성락 1995a). 이를 간략하게 정리한다면 다음과 같다. 한국고고학에 있어서 시대구분은 몇 차례의 논쟁을 거쳤으나 대체로 구석기시대, 신석기시대, 청동기시대, 초기철기시대, 원삼국시대, 삼국시대 등으로 구분되어 통용되어 왔다(김원용 1986). 이들 각 시대의 개념을 둘러싸고 약간의 논의가 있었으나 특히 문제가 되는 것이 철기시대와 관련되는 초기철기시대와 원삼국시대이다.

초기철기시대는 철기시대의 초기라는 의미에서 붙여진 명칭인데 역사시대 이전의 철기시대로 한정한다는 뜻에서 기원전 300년에서 기원전후까지로 설정하게 된 것이다(김원용 1973). 여기에 대한 비판이 적지 않았다. 즉 남부지역에서 점토대토기 단계부터 초기철기시대라 하는 것은 잘못이며 삼각형점토대토기가 출현하는 기원전 2세기경 이후에 접어들어야 초기철기시대로 볼 수 있고, 별도의 철기시대를 설정하지 않으면서 이를 초기철기시대로 명명하는 것이 어색하여 독립적인 시대명칭으로 부적절하다는 것이다(정징원 1989). 그리고 한국고고학에서는 초기철기시대가 제2기 청동기문화를 포함하고 있어 철기문화의 독자적인 의미가 희석된다는 점도 지적되었고(최몽룡 1992:50~51), 철기의 사용 이후로 한정한다면 특히 한반도 남부지역에서는 초기철기시대를 한 시대로 설정하기에는 시간의 폭이 너무 짧다고 보아 원삼국시대와 통합되어야 한다는 견해도 있었다(최성락 1993a). 이밖에 초기철기시대의 의미를 확대하여 철기가 유입되던 시기로부터 삼국시대의 고총고분이 발생하기 이전까지로 보아야 한다는 주장(이남규 1982, 한영희 1983)은 필자가 철기시대로 보아야 한다는 견해와 유사하며 다만 명칭에서 차이가 있을 뿐이다.

그리고 원삼국시대의 개념문제는 주지하다시피 1970년대 초에 생겨났다. 김원용은 원삼국시대라는 용어를 제기하면서 "종래 고고학에서 김해시대라고 불러왔고, 역사학에서의 삼한시대가 이에 해당되지만 원초삼국시대 – 원사시대의 삼국시대라 해서 원(proto)삼국시대라고 명명해 본 것이다. … 이 시대의 실연대는 서력기원 직후 2세기 또는 2세기 반(A.D. 1~250)에 해당한다."고 정의하였다(김원용 1973). 그 후 하한연대를 기원후 300년까지로 연장하였다(김원용 1986). 이후 한국고고학에서는 현재까지 원삼국시대라는 용어가 일반적으로 사용되고 있다. 다만 원삼국시대를 대신하여 '삼국시대 전기'로 하자는 견해(최몽룡 1989, 1990) 등 고고학계 내부에서도 약간의 비판이 없었던 것은 아니다.

그런데 원삼국시대라는 용어에 대한 문제점은 고대사학자들에 의해 본격적으로 제기되었다. 먼저 원삼국시대의 개념과 문제점을 자세히 검토한 이현혜는 이 용어가 원사단계의 삼국시대라는 의미로서 보다 원초단계의 삼국시대로 보는 것이 더 타당하며, 이것은 문헌사에서 1~3세기를 원사단계로 볼 수 없고, 역사시대로 보는 것이 일반적이고, 서로 발전과정이 다른 고구려, 백제, 신라를 이 개념 속에 포함

시킬 수 없다고 보았다. 또한 문화적인 성격을 고고학측면에서 살펴
보더라도 1~3세기의 문화적인 특색이 없다는 점을 들어 이 시대를
문헌사의 시대구분인 三國時代 혹은 三韓時代로 하던지 아니면 고고
학의 시대구분인 初期鐵器時代 혹은 鐵器時代로 하여야 한다고 주장
하였다(이현혜 1993).

　사실 역사학계에서도 이 시기를 部族國家, 部族聯盟 혹은 聯盟王
國(이기백 1973, 1982) 등으로 구분하고 있으며, 삼국시대 초기 기
록에 대한 신빙성에 여전히 의문을 제기하고 있어 이 시기를 완전한
역사단계로 인정하여 삼국시대로 편입시키지 못하고 있는 실정이다.
그리고 원삼국시대의 문화를 다루면서 실제로 취급되는 지역이 백제,
신라, 가야지역이므로 이를 한반도 중남부로 한정하자는 의견(한병삼
1989)이 제시되고 있어 이 용어의 모순점을 고고학계에서도 인정하고
있다. 또한 고고학자들 간에 1~3세기의 문화상에 대한 의견의 차이
가 있는 것은 사실이다. 그 이유는 고고학적 자료에서 얻어지는 연대
의 추정이 학자들 간에, 혹은 연구되는 시점에 따라 다를 수 있기 때
문에 문화적인 변화가 어떠한 고정된 시점에서 반드시 이루어지지 않
는다. 결국 원삼국시대라는 용어가 고고학의 시대구분에 부적절한 것
은 연대(A.D. 1~300년)를 고정시키고 있다는 점이다. 따라서 원삼
국시대라는 용어는 역사성이 함축된 것으로 고고학적 자료의 변화를
기준으로 하지 않았기 때문에 이 시대에 속하는 대표적인 유적(패총,
토광묘 등)을 무엇으로 볼 것인가에 대한 논의가 계속될 수밖에 없다
(최성락 1989a)

　김정배 역시 '원삼국시대' 용어의 문제점을 검토하면서 우선 원삼
국시대라는 용어 자체가 잘못된 造語이고, 다음은 이 용어가 역사학
의 내용이 많이 담긴 술어로서 철기문화와 같이 고고학의 발전단계를

명료하게 지칭하는 단어가 아니며, 이 시대(기원후 300년 간)를 대표하는 토기가 김해토기에서 소위 와질토기로 바뀌어진 상황에서 더 이상 이 용어의 존재의미가 없다고 보았다(김정배 1996).

이상과 같이 고대사학계의 비판과 더불어 고고학계의 내부에서도 새로운 주장이 대두되고 있는데 대체로 두 방향으로 정리될 수 있다. 하나는 三韓時代로 부르자는 것이고, 다른 하나는 鐵器時代로 부르자는 견해이다.

먼저 삼한시대로 부르자는 견해이다. 일부 고고학자들은 1980년대에 와질토기론을 제창하면서 '와질토기시대'를 일시 주장하였다가 이것에 대한 비판이 있자 이를 삼한시대로 바꾸어 부르기 시작하였고 그 의미도 확대하였다. 즉 처음에는 삼한시대가 원삼국시대를 대신하는 개념(최종규 1991)으로 사용되었으나 최근 기원전 300년부터 기원후 300년까지를 묶어 삼한시대로 설정하였고(안재호 1994, 신경철 1995), 일부 지역에서는 이를 통용시키고 있다.

한국고고학에서 이 시기를 삼한시대로 설정할 경우 역시 문제점을 가지게 된다. 삼한의 불확실성이다. 삼한은 중국 문헌에 먼저 나타나는 것으로 구체적으로 언제부터 지칭하는지 분명하지 못하다. 학자에 따라서 그 시작을 기원전 1세기로부터 기원전 3세기까지 다양하게 주장되나 문헌사에서 보는 삼한은 대체로 기원전 2세기 혹은 1세기로부터 기원후 3세기에 걸쳐 한반도 남부지역에 존재하였던 것으로 보고 있다. 다음은 원삼국시대라는 명칭과 마찬가지로 지역적으로 한정될 위험이 있다. 한국고고학의 범위를 최소한 한반도지역으로 볼 때 북부지역은 삼한에서 벗어나기 때문이다. 다만 북한에서 구석기시대-신석기시대-청동기시대(이상 원시사회)에 뒤이어 고조선(노예사회), 고구려 이후(봉건사회)로 설정한 것(과학 · 백과사전출판사 1977)과 같이 한반도 남부지역의 시대구분으로 사용할 수 있다는 점에서는 의미가 있다. 즉 향토사와 같이 지역사나 남한지역의 역사를 기술할 때에는 삼한시대와 같은 시대구분이 가능할 것이다. 결국 삼한시대라는 용어 역시 문헌사적인 시대구분이고, 지역적으로 한정되는 용어이기 때문에 한국고고학의 시대구분으로는 적절하지 않다. 설사 삼한시대라 설정하더라도 문헌적인 근거도 없이 고고학적 자료와 연결하여 임의로 연대를 올려 보는 것은 잘못된 것이다(최성락 1996d).

한편 원삼국시대가 통용되는 시기에도 일부에서 여전히 철기시대를 사용하여 왔다(국사편찬위원회 1983, 이종선 1989). 그런데 체계적으로 철기시대를 주장한 것은 역시 1990년대 이후이다. 지금까지 사용되어 온 초기철기시대의 잘못된 개념을 지적하는 등 철기시대의 시대구분에 대한 종합적인 검토와 최근의 연구성과도 정리되었다(최몽룡 1992, 1993a). 또한 철기시대의 개념설정과 더불어 이를 전기와 후기로 나누어 전기는 초기철기시대, 후기는 원삼국시대 혹은 삼국시대 전기에 해당한다는 견해가 제시되었다(최몽룡 1996, 1997a). 그리고 필자는 한국고고학에 있어서 시대구분 문제를 다루면서 새로운 시대구분이 이루어지기 전에는 오히려 삼시대법에 충실한 철기시대를 사용하자고 주장한 바 있다(최성락 1995a).

현재 한국고고학에서는 여전히 초기철기시대와 원삼국시대, 삼한시대 그리고 철기시대 등으로 혼용되고 있어 이 시대의 문화를 연구하는데 큰 장애요소로 작용하고 있다. 이러한 문제를 타파하기 위하여 시대구분의 의미를 좀더 신중하게 검토하여야 하고, 시대명칭(용어)의 중요성을 알아야 할 것이다.

# 3. 철기시대의 개념과 문제점

톰센(C.H.Thomsen:1788~1865)에 의해 삼시대법이 제기된 것은 주지의 사실이다. 지금까지 톰센의 삼시대법은 그 내용이 정확히 소개되기보다는 비판적인 측면에서 먼저 언급되었다(김정배 1979). 이후 톰센의 삼시대법이 몇 차례 소개(최몽룡 1992, 최성락 1997a)되기도 하였으나 이는 충분하지 못하였다. 따라서 이미 비판이 이루어진 톰센의 삼시대법을 한국고고학에서 관심을 가질 이유가 없었다.

사실 서양고고학에서 처음 시대구분을 시도한 톰센은 단순히 석기, 청동기, 철기 등 도구의 순서대로 늘어놓는 것만으로 시대구분을 한 것은 아니다. 이를 고고학에서 시대구분으로 이용하기 위해서 많은 노력이 뒤따랐다. 철기시대의 경우를 살펴보면 청동기시대에 뒤이어 철기가 등장하는데 이와 더불어 새로운 유구와 유물이 사용되기 시작한다. 이들 중에는 청동기시대에 이미 출현한 것도 있으나 철기시대에만 나타나는 것도 있다. 즉 금·청동과 같은 유물과 화장풍습 등은 청동기시대에 이미 등장한 요소이고, 은·유리그릇·석실분·말의 부장풍습 등은 철기시대에 나타나는 요소로 보았다(Graslund 1994:17~30). 이와 같이 유구와 유물의 조합관계를 추적하여 시대구분을 한 점은 오늘날 한국고고학자들이 신중하게 받아드려야 할 부분일 것이다. 이후 유럽에서는 철기시대를 철제기술과 도구의 출현으로부터 로마시대 이전까지로 한정하고 있다. 즉 지역에 따라 다르지만 대체로 기원전 7~5세기경부터 기원전후까지가 철기시대로 설정되고 있다(田淵義三郎譯 1969, Milisauskas 1978).

한국고고학에서도 역시 철기시대를 설정한다는 것은 결코 쉬운 일이 아니다. 철기시대를 설정하기 위해서는 청동기시대와 어떻게 구분하느냐 하는 문제와 언제부터 역사시대로 잡느냐 하는 문제가 동시에 제기되기 때문이다. 우리나라의 경우 청동기시대의 설정도 쉽게 이루어지지 못하였다. 1960년대에 비로소 청동기시대의 설정이 이루어졌으나 청동기문화의 성행과 철기문화의 시작을 동일시하여 초기철기시대라는 단계를 설정한 바 있다. 일률적으로 기원전 300년경부터 철기시대로 할 경우에는 남부지역에서는 소위 점토대토기가 철기시대의 시작을 나타내는 지표가 될 것이다. 이는 초기철기시대로 설정하여 혼란을 가져온 것과 같은 결과를 초래한다. 그러나 제철기술의 등장과 도구의 사용을 기준으로 잡는다면 철기시대의 시작은 비교적 쉽게 설정할 수가 있을 것이다. 필자는 철기문화의 시작을 연대로 설정할 것이 아니라 실제 문화양상을 기준으로 하여야 한다고 주장하는데 북부지역의 경우, 기원전 4~3세기경에 남부지역의 경우, 기원전 2~1세기경이 될 것이다. 이 경우에 시작의 시점을 어떻게 잡아야 하는 문제가 있다.

다음은 하한의 문제이다. 철기의 사용은 처음 등장시기부터 지금까지 계속된다고 볼 수 있다. 일부 학자는 이러한 연유로 역사시대 이전의 철기시대를 초기철기시대로 하여야 한다고 하나 앞에서 언급되었듯이 철기시대는 유럽의 경우와 마찬가지로 역사시대가 시작되기 이전까지를 잡을 수 있다. 따라서 우리나라의 경우 삼국이 형성되고, 삼국을 지칭할 수 있는 유구나 유물이 발견되는 시기 이전까지를 철기시대로 본다면 무리가 없을 것이다. 즉 철기시대의 하한을 삼국이 자리잡고 왕권을 강화시킨 후 고총고분이 만들어지기 시작하는 기원후 3세기 후반까지로 본다. 이와 같이 철기시대를 설정한 경우에도 다음과 같은 문제점들이 노출될 것이다.

첫 번째의 문제점은 철기문화의 시작 양상이 서로 다른데 지역적인 차이를 어떻게 극복할 것인가 하는 점이다. 앞서 언급한 바와 같이 한반도 북부지역에는 기원전 4~3세기경에 철기문화가 시작되지만 남부지역에서는 기원전 2~1세기경에 철기문화가 시작되고, 지역에 따라 아주 늦게 철기문화가 나타나는 경우도 있다. 따라서 지역적으로 변화되는 철기시대의 문화양상도 차이가 날 수 밖에 없을 것이다. 단적인 예를 들면 철기시대 토기의 경우 청동기시대의 토기보다 더욱 지역화가 진전되는데 북부지역에선 철기시대에 중국계의 회색승석문토기와 함께 묵방리식토기, 화분형토기, 작은 단지 등이 출현하고, 중부지역에는 중도식토기(경질무문토기), 동남부지역에는 경질무문토기와 더불어 회백색연질토기(소위 와질토기)가 나타나지만 서남부지역에서는 경질무문토기에서 연질의 적갈색이나 회색토기로 변화되고 있다. 즉 각 지역별로 다른 형태의 토기들이 제작됨과 동시에 채용되는 무덤의 형태도 달라지고 있다. 이러한 시각에서 각 지역의 문화상을 세밀하게 연구되어야 한다. 따라서 한국고고학의 지역적 범위가 비교적 좁다고 하더라도 각 지역에 대한 세밀한 연구에 앞서서 획일적으로 연대를 설정하거나 문화변천을 설명하는 것은 무의미하다고 볼 수밖에 없다.

두 번째의 문제점은 문헌기록 중에 고조선, 삼한, 삼국 등이 나타나는 시기를 어떻게 다루어야 할 것인가 하는 점이다. 철기시대의 역사적인 배경을 보면 북부지역에서는 고조선, 위만조선, 낙랑, 동예, 옥저, 부여 등과 고구려의 초기가 이에 해당하고, 중·남부지역에서는 진국, 삼한, 삼국시대 초기 등이 이에 해당한다. 만약 이 시기를 철기시대로 부른다면 역사성의 부재라는 비난을 면치 못할 것이다. 분명히 당시의 역사성을 무시하는 면이 없지 않다. 그러나 현실적으로 본다면 유적으로부터 얼마나 많은 문자가 출토되었을까?  대동강유역을 제외한다면 기원후 5세기까지의 유적에서는 문자가 거의 나타나지 않고 있다. 이러한 상태에서 기원전후부터는 삼국시대라는 사실만으로 무조건 고고학에서도 역사시대로 인정하고 따라야 할 것인가? 필자는 고고학의 입장에서 기원후 5세기경까지 남부지역 전체가 문자가 나타나지 않는 선사단계에 머물고 있다고 생각한다. 따라서 적어도 고대국가의 형성을 상징하는 고총고분이 시작되는 3세기말까지의 단계를 철기시대로 설정하는 것이 보다 효율적일 것이다. 다만 한국사에서의 시대구분은 고고학적 입장만이 아니라 문헌사적 입장을 충분히 고려하면서 이루어져야 할 것이다.

세 번째 문제는 당시 문화의 성격을 과연 도구에 의한 시대명칭으로 표현될 수 있을까 하는 점이다. 철기시대라는 용어는 현재 사용이 가능하다고 하더라도 당시의 문화성격을 담아내는데 한계가 있음이 분명하다. 앞으로 당시의 문화성격을 좀더 심도 있게 연구한다면 다른 시대명칭이 제기될 수 있다고 본다. 최근 철기시대의 문화성격을 규정하려는 시도, 즉 새로운 제작기술과 생산체계의 확산과 수용, 광범위한 영역에 걸친 뚜렷한 지역문화의 형성, 정치권력의 성장 등 여러 가지 면에서의 변화를 제시한 예(이성주 1998a)가 있다. 이러한 시도가 선사문화에 대하여 전반적으로 이루어진다면 마땅히 새로운 시대구분이 이루어질 것이다. 그리고 신진화론에 의한 사회발전단계설이 한국고고학과 고대사에 적용되어 논란이 일고 있는데 이러한 시각에서의 사회발전단계도 하나의 시대구분에 대한 실례가 될 수 있다.

이상과 같은 문제점이 제기된다고 하더라도 고고학적 자료에 근거하는 시대구분, 즉 철기시대의 사용은 현 단계에서 적절하다고 보여지며 적어도 고고학계 내에서는 이러한 시각에서 시대구분이 제시되어야 할 것이다.


# 4. 맺음말


　한국고고학에서 철기시대와 관련된 용어로 초기철기시대와 원삼국시대, 삼한시대, 철기시대 등으로 사용되고 있어 혼란스럽고, 각 명칭들에서도 문제점이 발견되고 있다. 필자는 고고학 측면에서 철기시대로 부르는 것이 보다 더 합리적이라고 판단한다.

　고고학에서 시대구분은 고고학 자료를 기초로 그 시기의 문화양상을 설명할 수 있어야 한다. 특히 선사에서 역사로 넘어가는 시기의 불분명한 문헌기록을 근거로 시대를 설정할 수는 없다. 우리나라의 경우 철기시대에는 일부지역에서 역사시대로 접어들었다고 하나 대부분 기록이 미비한 선사단계임에 틀림없다. 따라서 이 시기를 막연히 역사적인 시대구분보다는 고고학적으로 철기시대라고 설정하는 것이 당시의 문화상을 잘 반영하고, 문화상을 파악하는데 용이할 것이다. 즉 고대사학자들이 역사시대로 진입하였다고 보는 남부지역에서의 기원후 1~3세기의 문화상도 어떠한 선입견이 없이 고고학적 자료에 의거해 문화를 파악하여야 한다. 다만 문헌사가 주축을 이루는 한국사에서의 시대구분은 다른 관점에서 이루어져야 할 것이며, 앞으로 당시의 문화상이 더욱 깊이 연구된다면 당연히 새로운 시대구분은 이루어질 것이다.

제2장
# 전환기 고고학의 의미와 과제

# 1. 머리말

전환기의 고고학은 한국고고학에서 생소한 용어일 것이다. 일반적으로 전환기란 한 시대에서 다음 시대로 변화되는 시기, 즉 새로운 시대로 전환되는 시기를 말한다. 전환기에 대한 관심은 세계고고학에서는 비교적 일찍부터 있어 왔으나 한국고고학에서의 연구는 거의 전무하다고 할 수 있다. 한국상고사학회에서 이 문제를 학술발표회의 주제로 선정하고 검토하겠다는 것은 다음과 같은 이유에서 시작되었다.

첫째로 그 동안 한국고고학에서는 시대구분에 대한 논의가 불충분하여 개념설정이 제대로 이루어지지 못하였다. 즉 중석기시대의 존재 여부, 신석기시대와 청동기시대의 개념문제, 철기시대의 명칭문제 등이 논란의 대상이었으며 부분적으로 혼란도 없지 않았다.

둘째로 한국고고학에서는 시대를 나누고, 각 시대의 문화 양상만을 파악하였지 각 문화간에 이루어진 변화과정에 대한 관심은 소홀하였다.

셋째로 한국고고학의 연구방향을 전환해 보고자 하는 의도이다. 즉 한국고고학에서는 유물과 유구에 대한 편년작업과 전파론적 해석에서 벗어나지 못하고 있는 데 여기에서 벗어나 과거 문화를 새로운 관점에서 해석해 보고자 하는 것이다.

이상과 같은 이유로 전환기의 고고학을 주제로 설정하였고, 두 차례의 심포지엄을 갖게 된 것이다. 지난번 학술대회에서 이미 구석기시대와 신석기시대, 신석기시대와 청동기시대 사이의 전환기에 대한 검토(한국상고사학회 1998)가 이루어졌기 때문에 이번 학술대회에서는 청동기시대에서 철기시대에 이르는 시기에 대하여 집중적으로 검토될 것이다. 여기에서는 우선 시대구분의 문제를 살펴보고, 전환기의 고고학적 문제가 무엇인지 알아본 연후에, 앞으로 고고학연구의 새로운 방향을 모색해 보고자 한다.


## 2. 한국고고학에서 시대구분


한국의 선사문화는 처음으로 일본학자들에 의해서 石器時代, 金石倂用期, 樂浪時代, 三國時代 등으로 구분되었다(藤田亮策 1948). 이것은 당시의 초보적인 유적조사를 근거로 이루어진 것이며 한국의 선사문화에 대한 일본학자의 입장을 보여준 것이다. 1945년 이후 선사문화에 대한 시대구분은 우리나라 학자들에 의해 이루어졌다. 이러한 시대구분에 대한 연구사와 문제점은 이미 여러 사람들에 의해 정리된 바가 있다(김정배 1979, 西谷正 1982, 노혁진 1987, 최몽룡 1987b, 1992, 최성락 1995a). 이를 간략하게 정리한다면 다음과 같다. 한국고고학에 있어서 시대구분은 몇 차례의 논쟁을 거쳤으나 대체로 구석기시대, 신석기시대, 청동기시대, 초기철기시대, 원삼국시대, 삼국시대 등으로 구분되어 통용되어 왔다(김원용 1986). 그런데 이들 각 시대의 개념을 둘러싸고 약간의 논의가 있었다.

우선 중석기시대의 존재여부이다. 중석기시대의 존재 가능성이 일찍 제기되었고, 몇몇 유적이 제시되기도 하였다(최복규 1974, 1983,

1995). 그러나 일부에서는 중석기시대를 설정할 것이 아니라 구석기시대에서 신석기시대로 변환되는 전환기로 보아야 한다는 주장(이헌종 1991, 1995)과 신석기에 포함하여야 한다는 주장이 제기되고 있다.

다음은 신석기시대와 청동기시대의 개념 설정이다. 고고학에서 일반적으로 신석기시대의 특징은 토기의 등장, 마제석기의 사용 및 농경의 발생 등을 들 수 있다. 그러나 한국의 신석기시대는 초기에 농경이 발생하였는지에 대한 논란이 계속되고 있어(안승모 1988) 통상적인 개념과는 차이가 있다. 또한 청동기시대의 개념도 마찬가지이다. 무문토기문화 초기로부터 청동기의 존재를 인정할 수 없다는 견해(윤무병 1972, 1975)가 있으며 실제로 청동기의 사용이 무문토기 초기에는 극히 적다는 것이 사실이다. 그러나 무문토기 초기의 유적인 평북 용천 신암리유적과 황해도 봉산 신흥동유적에서 청동칼과 청동단추가 출토되어 무문토기인들은 대체로 청동기를 사용하였던 집단이라고 보는 견해(金廷鶴編 1972)에 따라 한국의 청동기문화는 무문토기의 등장을 그 시작으로 잡고 있는 것이 일반적이다. 따라서 신석기시대나 청동기시대의 개념은 삼시대법이 처음 사용된 유럽에서의 개념과는 다소의 차이를 보여주고 있다.

특히 문제가 되는 것은 철기시대와 관련된 시대구분이다. 鐵器時代를 한국고고학에서는 통상 初期鐵器時代와 原三國時代로 구분하여 왔다. 초기철기시대는 철기시대의 초기라는 의미에서 붙여진 명칭인데 역사시대 이전의 철기시대로 한정한다는 뜻에서 기원전 300년에서 기원전후까지로 설정하게 된 것이다(김원용 1973). 여기에 대한 비판이 적지 않게 나타났다. 즉 남부지역에서 점토대토기 단계부터 초기철기시대라고 하는 것은 잘못이며 삼각형 점토대토기가 출현하는 기원전 2세기경 이후에 접어들어야 초기철기시대로 볼 수 있고, 별도의 철기시대를 설정하지 않으면서 이를 초기철기시대로 명명하는 것이 어색하여 독립적인 시대명칭으로 부적절하다는 것이다(정징원 1989). 그리고 한국고고학에서는 초기철기시대가 제2차 청동기문화를 포함하고 있어 철기문화의 독자적인 의미가 희석된다는 점도 지적되었고(최몽룡 1992:50~51), 철기의 사용 이후로 한정한다면 특히 한반도 남부지역에서는 초기철기시대를 한 시대로 설정하기에는 시간의 폭이 너무 짧다고 보아 원삼국시대와 통합되어야 한다는 견해도 있었다(최성락 1993a). 반면에 초기철기시대의 의미를 확대하여 철기가 유입되던 시기로부터 삼국시대의 고총고분이 발생하기 이전까지로 보아야 한다는 주장(이남규 1982, 한영희 1983)도 제시된 바가 있다.

그리고 원삼국시대의 개념문제는 주지하다시피 1970년대 초에 생겨났다. 김원용은 원삼국시대라는 용어를 제기하면서 "종래 고고학에서 김해시대라 불러왔고, 역사학에서의 삼한시대가 이에 해당되지만 원초삼국시대 - 원사시대의 삼국시대라 해서 원(proto)삼국시대라고 명명해 본 것이다. … 이 시대의 실연대는 서력기원 직후 2세기 또는 2세기 반(A.D. 1~250)에 해당한다"고 정의하였다(김원용 1973). 그 후 하한연대를 기원후 300년까지로 연장하였다(김원용 1986). 이후 한국고고학에서는 현재까지 원삼국시대라는 용어가 일반적으로 사용되고 있다. 다만 원삼국시대를 대신하여 '삼국시대 전기'로 하자는 견해(최몽룡 1989, 1990)가 있어 고고학계 내부에서도 약간의 비판이 없었던 것은 아니다.

그런데 원삼국시대라는 용어에 대한 문제점은 고대사학자들에 의해 본격적으로 제기되었다. 먼저 원삼국시대의 개념과 문제점을 자세히 검토한 이현혜는 이 용어가 원사단계의 삼국시대라는 의미보다는 원초단계의 삼국시대로 보는 것이 더 타당하며, 또한 문헌사에서 1~3세기를 원사단계로 볼 수 없고, 역사시대로 보는 것이 일반적이며, 서로 발전과정이 다른 고구려, 백제, 신라를 이 개념 속에 포함시킬 수 없다고 보았다. 또한 문화적인 성격을 고고학측면에서 살펴보더라도 1~3세기의 문화적인 특색이 없다는 점을 들어 이 시대를 문헌사의 시대구분인 三國時代 혹은 三韓時代로 하던지 아니면 고고학의 시대구분인 初期鐵器時代 혹은 鐵器時代로 하여야 한다고 주장하였다(이현혜 1993).

김정배 역시 '원삼국시대' 용어의 문제점을 검토하면서 우선 원삼국시대라는 용어 자체가 잘못된 造語이고, 다음은 이 용어가 역사학의 내용이 많이 담긴 술어로서 철기문화와 같이 고고학의 발전단계를 명료하게 지칭하는 단어가 아니며, 이 시대(기원후 300년 간)를 대표하는 토기가 김해토기에서 소위 와질토기로 바뀌어진 상황에서 더 이상 이 용어의 존재의미가 없다고 보았다(김정배 1996).

이상과 같이 고대사학계의 비판과 더불어 고고학계의 내부에서도 새로운 주장이 대두되고 있는데 대체로 두 방향으로 정리될 수 있다. 하나는 三韓時代로 부르자는 것이고, 다른 하나는 鐵器時代로 부르자는 견해이다.

먼저 삼한시대로 부르자는 견해이다. 일부 고고학자들은 1980년대에 와질토기론을 제창하면서 '와질토기시대'를 일시 주장하였다가 이것에 대한 비판이 심하자 이를 삼한시대로 바꾸어 부르기 시작하였고, 그 의미도 확대하였다. 즉 처음에는 삼한시대가 원삼국시대를 대신하는 개념(최종규 1991)으로 사용되었으나 최근 기원전 300년부터 기원후 300년까지를 묶어 삼한시대로 설정하였다(안재호 1994, 신경철 1995).

　　그런데 삼한시대라는 명칭은 역시 문헌사적인 시대구분이고, 지역적으로 한정되는 용어이기 때문에 한국고고학의 시대구분으로는 적절하지 않다. 설사 삼한시대라고 설정하더라도 뚜렷한 문헌적인 근거도 없어 고고학적 자료와 연결하여 임의로 연대를 올려 보는 것은 문제가 있다(최성락 1996d).

　　한편 원삼국시대가 통용되는 시기에도 일부에서 여전히 철기시대를 사용하여 왔다(국사편찬위원회 1983, 이종선 1989). 그런데 체계적으로 철기시대를 주장한 것은 역시 1990년대 이후이다. 지금까지 사용되어 온 초기철기시대의 잘못된 개념을 지적하는 등 철기시대의 시대구분에 대한 종합적인 검토와 최근의 연구성과도 정리되었다(최몽룡 1992, 1993a). 또한 철기시대의 개념설정과 더불어 이를 전기와 후기로 나누어 전기는 초기철기시대, 후기는 원삼국시대 혹은 삼국시대 전기에 해당한다는 견해가 제시되었다(최몽룡 1996, 1997a). 그리고 필자는 한국고고학에 있어서 시대구분 문제를 다루면서 새로운 시대구분이 이루어지기 전에는 오히려 삼시대법에 충실한 철기시대를 사용하자고 주장한 바 있다(최성락 1995a). 물론 철기시대라는 명칭에도 몇 가지 한계는 있다. 하나는 역사성의 부족이고, 다른 하나는 문화상을 반영하지 못한다는 점이다(최성락 1999).

　　현재 한국고고학의 시대구분은 구석기시대, 신석기시대, 청동기시대 그리고 철기시대 등이 사용되고 있어 아직까지도 톰센의 삼시대법을 따르고 있다고 볼 수 있다. 그러나 이러한 시대구분을 사용하는 한국고고학의 가장 큰 취약점은 당시 문화에 대한 심층적인 연구가 부족하다는 점과 더불어 각 시대의 사이를 이어주는 시기에 대한 관심도 적다는 점이다. 이와 같이 전환기에 대한 관심의 부족은 역으로 각 시대의 문화적인 특징을 제대로 파악하지 못한 채 막연한 시대구분이 되고 말았다. 고고학에서의 시대구분은 임의로 이루어지는 것이 아니라 객관적인 근거에 의해 합리적으로 제시되어야 한다. 당시 문화에 대한 심층적인 연구가 이루어진다면 삼시대법 보다 더 나은 새로운 시대구분을 가능하게 할 것이다.


# 3. 전환기의 고고학에 있어서 연구과제


전환기 고고학의 연구는 시대가 변화되는 시기의 문화를 체계적으로 정리해 보자는 것이 첫 번째 목적이다. 각 시대에서 다음 시대로 변화되는 시기의 연구과제들을 살펴보면 다음과 같다.


## 1) 구석기시대에서 신석기시대로

구석기시대는 대체로 인류의 출현시기부터 12000~10000년 전까지로 보고 있다. 다시 말하면 빙하기인 홍적세가 끝나는 시점까지를 구석기시대로 설정한 것이다. 이후 한반도에서 신석기시대가 시작되는 것은 통상 기원전 6000년 전경으로 빗살문토기의 출현을 그 기점으로 잡고 있다. 그렇다면 기원전 10000~8000년에서 기원전 6000년 사이의 4000~2000년을 어떻게 보아야 할 것인가 하는 것이 하나의 과제이다.

우선 이 시기를 유럽지역과 같이 중석기시대로 설정해 볼 수 있다. 이를 우리나라에 적용시켜 중석기시대의 존재를 예시한 이후, 홍천 하화계리유적 등이 조사되자 중석기시대의 존재를 재차 주장하였다(최복규 1995).

반면에 이 시기를 신석기시대에 편입하기도 한다. 최근 한국 주변지역에서는 지금부터 1만년 이전까지 소급하는 토기들이 발견되고 있다. 특히 일본지역에서는 일찍부터 이른 토기들이 발견되었고, 이 시기를 죠몬시대(繩文時代)에 포함시키고 있다. 이러한 이른 시기의 토기는 최근 아무르강유역의 연해주지역이나 중국지역에서 발견되었다. 한국에서도 제주 고산리유적에서 화살촉 등과 함께 토기가 발견되었는데 그 연대가 기원전 8000년경으로 추정되고 있다(임효재 1995, 제주대박물관 1998). 따라서 토기의 출현이 기원전 8000년 이전까지 올라갈 수 있음을 보여줌으로써 한국에서도 신석기시대의 시작을 올려볼 수 있게 된 것이다.

한편 이 시기를 구석기시대에서 신석기시대로 전환하는 시기로 보아야 한다는 견해가 최근 제시되었다(이헌종 1995, 1998a). 이것은 구석기문화의 잔재가 여전히 남아있고 토기가 이른 시기에 발생하기 때문에 유럽의 중석기시대의 개념을 적용할 수 없다고 보고 있다. 즉 구석기시대 말기의 석기전통이 유지되면서 토기의 출현 등 일부 신석기시대의 요소가 나타나고 있어 구석기시대에서 신석기시대로 넘어가는 전환기로 보는 것이 타당하다는 것이다.

앞으로 구석기시대에서 신석기시대로의 변화에 대한 연구에는 다음과 같은 과제들이 포함되어야 할 것이다.

* 자연환경의 변화와 적응
* 구석기 제작기술의 잔존형태와 변화
* 마제기술의 등장 시기와 보편적인 사용
* 토기(융기문토기, 조흔문토기, 두립문토기, 유기물혼입토기와 빗살문토기)의 등장 시기와 양상
* 생업경제의 변화 – 어로 및 원시농경의 등장
* 정착생활의 등장과 변천

## 2) 신석기시대에서 청동기시대로

청동기시대를 무문토기의 시작으로 설정하였을 때 빗살문토기에서 무문토기로의 변천과정이 정리되어야 한다. 현재 북부지역을 제외하면 중·남부지역에서는 서로 연결시킬만한 자료가 극히 부족하다고 볼 수 있다. 또한 연대적으로 서로 분리되어 있는 데, 특히 중·남부지역에서 그 현상이 심각하다. 신석기시대 말기 유적의 연대는 기원전 2000년 내지 1500년까지 올라가고 있으나 청동기시대 초기의 유적은 기원전 1000년 정도로 설정하고 있어 두 시대 사이에는 유적이 존재하지 않는다. 이러한 현상이 일어난 이유는 실제 두 시대 사이에 공백이 있었다라기 보다는 오히려 고고학자들의 인식에 문제가 있었을 것이다. 즉 먼저 신석기유적의 연대는 방사성탄소연대에 의해 결정하고, 청동기시대의 연대는 다른 방법에 의해 연대를 추정하고 있어 상호간에 공백이 생기게 되는 것이다. 다음은 모든 문화가 북쪽에서 왔다는 전제에 의해 청동기문화도 북쪽에서 유입되었다고 보기 때문에 자체적으로 신석기문화에서 청동기문화로의 변화에 대한 연구를

포기하였다. 따라서 이러한 인식을 버리고 객관적으로 당시의 문화를 검토해 본다면 그 변화과정을 찾아낼 수 있을 것이다.

두 시대 사이에서 연구되어야할 과제들은 다음과 같다.


* 빗살문토기의 소멸과정
* 무문토기의 등장과 확산
* 청동기의 등장
* 지석묘와 석관묘의 사용
* 생업경제의 변화-농경의 본격화


### 3) 청동기시대에서 철기시대로


이 시기의 양상은 기본적으로 앞선 두 시기와 다르다. 이 시기는 청동기문화와 철기문화가 중첩적으로 나타나고 있어 이를 어떻게 구분하고 이해하는가 하는 것이 가장 큰 문제이다. 종래에는 이 시기를 초기철기시대로 분류하여 청동기의 활발한 사용과 철기의 유입 단계를 같은 시대로 파악하였기 때문에 두 문화 사이에서 나타나는 변화과정을 제대로 파악하지 못하였던 것이다. 이러한 문제를 극복하기 위해서는 우선 청동기문화에서 철기문화로의 변천과정을 각 문화요소별로 세밀히 검토하여야 할 것이다. 청동기문화는 후기에 접어들면서 소위 요령식동검문화로부터 세형동검(한국식동검)문화로 변화 발전하였고, 다양한 청동기의 사용과 더불어 점토대토기나 흑도와 같은 새로운 토기도 출현하게 된다. 반면 철기도 일부 나타나게 되는데 초기에는 북쪽에서 만들어진 주조품이 유입되면서 점차 새로운 철제기술을 바탕으로 철기를 생산하게 된다.

이러한 과정에서 문화적 요소들은 많은 변화가 이루어진다. 앞으로 연구되어야할 과제를 정리해 보면 다음과 같다.

* 철기제조기술의 유입 및 철기의 등장
* 청동기의 소멸
* 새로운 토기제작 방법의 등장→토기의 변화(경질무문토기와 타날문토기의 등장)
* 주거지의 변화(서남부지역 : 원형 내지 타원형 → 방형 내지는 장방형)
* 급격한 패총의 증가(남부지역)
* 지석묘와 석관묘의 소멸
* 토광묘(목관묘)와 합구식 옹관묘의 등장
* 대외적인 교류의 증가(항해술의 발달)
* 생업기술의 변화(수전 농경 및 어로기술의 진전)
* 대내적인 갈등의 발생
* 사회체제의 변화 → 계층화(국가의 발생)

이러한 전환기의 양상을 제대로 파악한다면 자연적으로 청동기문화와 철기문화간의 변화과정을 알 수 있게 될 것이다. 이번 학술대회에서 이러한 모든 문제를 해결할 수 있는 것은 아니지만 각 과제는 꾸준히 연구되어야 할 것이다.

그리고 한국고고학에서 전환기의 고고학을 연구하기 위해서는 한반도지역에 한정할 것이 아니라 동북아지역 전체에서 이루어지는 변화과정도 염두에 두어야 할 것이다. 이것은 주변지역과 동떨어진 문화변천은 있을 수 없기 때문이며, 어떠한 문화요소들이 한반도지역에 영향을 주었으며, 어떠한 요소들은 독자적으로 변화되었는지 검토되어야 할 것이다.

# 4. 고고학연구의 새로운 방향

전환기의 고고학에 대하여 연구를 시도하는 것은 한국고고학의 연구방향을 새롭게 하자는 취지도 있다. 고정적인 시대구분 하에서 유물의 연구를 통한 편년연구에 집착하고, 문화에 대한 해석도 단순히 전파론적 해석에서 머문다면 더 이상의 발전은 없을 것이다. 고고학연구의 방향을 전환하기 위해서는 다음과 같은 과제들을 풀어나가야 한다.

첫째, 한국고고학의 정체성을 확보하여야 한다. 고고학은 역사학의 한 분야로 인식되거나 미국고고학과 같이 인류학의 한 분야로 인식될 수 없을 것이다. '고고학은 고고학이다' 라는 주장이 서양고고학에서 이미 제기되었듯이 한국고고학도 정체성을 확보하기 위한 노력을 강구하여야 할 것이다. 즉 고고학의 연구목적과 독자적인 방법론을 갖추어야 한다. 그래야만 고고학이 다른 분야의 학자들뿐만 아니라 일반인들로부터 학문으로서 정당한 대우를 받을 수 있을 것이다.

둘째, 한국고고학의 연구는 유물 중심의 연구로부터 고고학적 자료의 분석을 통한 문화 중심의 연구로 전환되어야 한다. 19세기 고고학이 성립되는 과정에서는 유물 중심의 연구가 이루어졌고, 한국고고학도 유물 중심의 연구가 지금까지도 지속되고 있다. 고고학이 유물과 유구 등을 연구하는 것은 당연한 일일 것이나 유물의 연구에 머물러서는 아니 된다. 이제는 한국고고학도 물질적인 자료의 연구를 통해 과거의 문화를 연구하는 학문으로서 자리잡아야 한다.

셋째, 과거의 문화를 연구하기 위해서는 다양한 분석방법이 동원되어야 한다. 현재 한국고고학계에서는 유물의 발굴 등 자료의 수집에 치중하고 있으며 이를 분석하는 방법에 대한 연구가 부족하다. 심지어 유적의 연대결정도 과학적인 방법을 도외시하는 경우도 없지 않다. 고고학에서 분석방법 중에는 형식분류, 과학적 분석법, 연대결정

무안 양장리 주거지 발굴 전경

법(編年法), 공간분석법, 통계적 분석법 등이 있다. 이 중에서 형식분류나 편년법에만 치중할 것이 아니라 다양한 분석법을 활용하여야 할 것이며, 당시의 자연환경을 복원하기 위한 자연유물에 대한 연구와 더불어 공간적 연구법(예를 들면 聚落考古學, 地理情報體系(GIS) 등)도 활용되어야 한다.

넷째, 과거의 문화를 제대로 해석하기 위해서는 고고학적 이론에 대한 연구가 활발하여야 한다. 자료의 분석과 더불어 해석하는 방법에 대한 관심이 극히 적다고 볼 수 있다. 즉 고고학적 이론에 대한 논의도 있어야 한다. 고고학적 자료를 해석하고 과거 문화를 복원하기 위해서는 단순히 유물과 유구의 정리만으로는 불충분하다. 고고학적 자료를 어떻게 볼 것인가 하는 시각(즉 考古學理論)이 필연적으로 중요하다. 특히 문화의 변동과 관련된 이론들이 연구되어야 한다. 문화의 변동은 외부적인 요인인 이주나 전파에 의해서만은 아니며, 내부적인 요인인 발견, 발명, 혁신 등에 의해 이루어지므로 이에 대한 관심을 가져야 한다. 최근 한국고고학에서 적용된 社會(國家)發展段階說도 社會變動論의 하나이나 이를 부정적으로만 볼 수 없을 것이다. 또한 고고학적 자료를 해석하기 위해서는 단편적으로 남아있는 문헌기록을 제대로 파악하는 것과 동시에 민족지고고학, 실험고고학 등에도 관심을 가져야할 것이다. 최근 한국고고학에서도 新進化論의 社會發展段階說이나 世界體系理論(world system theory) 등이 소개되고 적용되는 경우가 있다. 이러한 서양고고학 이론의 도입이 곧 서양고고학에 대한 종속인 것으로 오해하지 말아야할 것이다. 한국고고학에 적합한 이론을 만들어 나가기 위해서는 새로운 이론에 대한 관심이 우선적으로 요구된다.

결국 전환기의 고고학연구에 대한 시도는 당시 문화를 새롭게 해

석하기 위한 노력의 일환이다. 이러한 노력과 더불어 한국고고학이
나아가야 할 새로운 연구방향은 꾸준히 모색되어야 할 것이다.

제3장

# 21세기 한국고고학의 연구방향

# 1. 머리말

　한국고고학은 1990년대 이후로 많은 변화를 보여주고 있다. 즉 고고학 관련 학과의 신설로 인한 졸업생의 증가, 대규모의 발굴에 따른 고고학적 자료의 급증, 새로운 학회의 창립과 학술지 발간 등이다. 이것은 한국고고학이 본격적인 성장 단계에 도달하였음을 보여주는 외적 성장이라는 면에서 긍정적이다. 그러나 고고학의 내적 상황은 결코 낙관적이라고 볼 수가 없다. 왜냐하면 고고학적 자료가 급증하고 있으나 이를 정리하고 분석하는 연구성과의 부진과 연구방법론(본고에서 연구방법론이란 고고학에서 쓰이는 방법과 이론을 총칭하는 의미로 사용함)에 대한 관심 부족 등은 고고학이 학문적으로 자리잡는 데 큰 장애요소로 작용하기 때문이다.

　이와 같은 현실에서 21세기를 맞이하는 한국고고학의 방향을 어떻게 설정하는가는 매우 중요한 문제이다. 고고학이 내적으로 학문적인 기반을 다지고, 타 분야와 경쟁하기 위해서라도 많은 노력을 경주하여야 한다. 즉 고고학의 연구체계와 독자적인 연구방법론을 확립하여 고고학적 자료를 분석하고, 해석하는 작업뿐만 아니라 이러한 노력을 국내·외에 알리는 일도 병행하여야 한다.

　본고에서는 한국고고학에서 그간 논의된 연구방법론들을 살펴보고, 한국고고학의 正體性과 연구목적을 검토하면서 연구방법론과 관련된 몇 가지 측면에서 21세기 한국고고학의 연구방향에 대한 필자의 소견을 제시해 보고자 한다.

# 2. 연구방법론의 검토

지금까지 논의된 연구방법론을 방법론 일반, 자료 분석 방법, 고고학 이론 및 기타 등으로 분류하여 정리해 보면 다음과 같다.


## 1) 방법론 일반

가장 기본적인 고고학 개론과 방법론에 관한 저서들이다. 고고학 개론서로는 《교양으로서 고고학》(임효재 · 이종선편 1977)을 비롯하여 《고고학개론》(이선복 1988), 《교양고고학》(최무장 1995) 등이 있고, 번역서로는 《고고학의 초대》(구자봉역 1990), 《고고학입문》(윤환역 1994), 《인류의 선사시대》(최몽룡역 1989), 《인류의 선사문화》(이희준역 2000) 등이 있다. 그리고 연구방법론을 정리한 책으로는 《고고학 이론과 방법론》(추연식 1997), 《고고학연구방법론》(최몽룡 외 1998)과 《한국고고학의 방법과 이론》(최성락 1998a) 등이 있다. 그러나 아직까지 진정한 의미에서 한국고고학의 연구목적과 방법론을 담고 있는 고고학 개론서는 찾아볼 수 없다.

다음으로 한국고고학의 시대구분은 구석기시대, 신석기시대, 청동기시대, 초기철기시대, 원삼국시대, 삼국시대 등이 통용되어 왔다(김원용 1986). 이러한 시대구분에 대하여 이미 여러 사람들에 의해 문제점이 지적되고, 일부 새로운 방안이 제시되었으나(김정배 1979; 西谷正 1982; 노혁진 1987; 1994; 최몽룡 1987b; 최성락 1995a) 아직까지 적절한 대안을 찾지 못하고 있다. 특히 문제가 되고 있는 것은

선사시대에서 역사시대로 전환되는 시기인 초기철기시대와 원삼국시
대이다. 이를 삼한시대로 하자는 주장(최종규 1991)과 철기시대로 부
르자는 주장(최몽룡 1992; 최성락 1999)이 있다. 앞으로 삼시대법에
기초를 둔 시대구분은 개선되어야 할 것이나 시대구분을 어떤 기준으
로 할 것인지는 신중하게 검토하여야 한다.


## 2) 자료의 분석 방법

고고학적 자료의 분석에는 다양한 방법이 소개되고 있다. 먼저 형
식분류에 관한 논의는 1980년대 초에 처음 이루어졌고(손병헌 1982;
최성락 1982a), 형식학적 방법의 내용과 문제점도 검토된 바가 있으
며(이희준 1983; 최성락 1984), 종래의 형식학을 비판하면서 과학적
형식학의 필요성을 제안하였다(노혁진 1999). 유물이나 유구의 형식
분류는 고고학연구의 기본적인 도구임에 분명하다. 그러나 형식의 의
미가 무엇인지 형식분류를 통해 무엇을 얻을 수 있는지에 대한 연구는
아직 충분히 이루어지지 못하고 있다.

과학적 분석의 대상은 석기를 비롯하여 흑요석, 곡옥, 토기, 청동
기, 철기, 유리 등이 있다. 석기의 현미경 관찰을 통해 그 사용방법을
알아보고, 사용자의 행위를 추정하는 사용흔 분석 연구(이기길 1988;
이헌종 1998b)가 있고, 흑요석과 곡옥의 재질 분석(성분 분석)을 통
해 원산지를 추정하는 연구(이 철외 1991; 최은주 1986)도 있다. 토
기의 분석은 비교적 활발한 편인데 태토의 성분, 소성 온도 및 조건,
화학적인 성분 파악을 통하여 태토의 원산지, 토기의 제작기술 및 고
대의 교역관계를 추정할 수 있다(이성주 1988; 최몽룡 · 신숙정

1988). 그러한 방면의 연구들을 종합적으로 정리한 결과도(최몽룡 외 1997) 나왔다. 그밖에 철기(이남규 1982), 청동기(최 주외 1983), 유리(이인숙 1989) 등에 대한 분석도 이루어졌다.

자연유물에 대한 연구는 당시의 동물상·식물상 및 지질의 상태를 파악하고 당시의 자연환경을 복원하기 위한 것이다(박영철 1983; 박희현 1983; 한창균 1983). 유적 주변에서 발견되는 동물뼈, 어류, 조개류, 조류 등을 분석하여 당시의 동물상을 파악한다거나(김건수 1994a, 1994b) 화석화된 식물유체의 검색이나 화분을 검출하여 식물상을 파악함으로써 당시 주민들의 生業을 살필 수 있다. 여기에는 탄화된 벼의 분류와 계통에 대한 연구(허문회 1991), 탄화미가 야생벼인지 재배벼인지 구분하는 연구(안승모 1994) 등과 화분분석(최기룡 1994)이나 플랜트-오팔 분석(곽종철 외 1995) 등도 시도되고 있다. 앞으로 동·식물유체의 DNA분석 등 과학적인 분석이 이루어진다면 당시의 정보를 더욱 많이 얻을 수 있을 것이다.

지질 자료의 분석은 지질학에서 연구되는 지층에 대한 지식을 고고학의 유적에 적용하는 것으로, 특히 제4기 지질의 연구가 고고학에 많은 도움을 주고 있다. 즉 구석기시대의 지층을 지질학적으로 분석하여 층의 형성과정을 밝혀줌으로써 구석기문화 연구에 큰 역할을 하였다(이동영 1994). 세부적으로 지층을 형성하는 토양에 대한 분석(곽종철 1995), 토양과 퇴적물의 성인에 대한 해석(박영철 외 2000), 유적의 형성과정(배기동 2000) 등이 있다. 그리고 해수면의 변동과 지형에 대한 연구들은 유적 형성시기와 입지를 밝히면서 과거 인간들이 자연환경에 어떻게 적응했는지를 보여준다(오건환·곽종철 1989).

그밖에 인골에 대한 분석적 연구는 화석인간, 인종의 분화, 생물학

적 비교, 법의학, 매장양식, 고대 질병 등의 연구와 죽은 원인, 즉 고
생물병리학에 대한 연구가 가능하다(최몽룡 1993b). 인골의 조직단
백질을 구성하는 주원소인 탄소와 질소의 동위원소량을 측정하여 그
값으로 피장자의 생전의 식생활을 복원하는 연구도 있다(안덕임 외
1994).

고고학에서 연대를 밝히는 연대결정법은 상대연대결정법과 절대
연대결정법으로 나누어진다. 상대연대결정법에는 層序法, 형식학적
방법, 순서배열법(seriation) 등이 있는데 이들에 대한 집중적인 연
구(이희준 1983, 1984, 1986a, 1986b, 1987)가 있었고, 다차원분석
법에 의한 상대연대측정법도 제시되었다(권학수 1995). 절대연대결
정법은 자연과학적인 방법에 의한다는 뜻에서 절대연대측정법으로도
불리어진다. 절대연대결정법의 효시는 리비(W.F. Libby)에 의해
1949년에 처음 발표된 방사성탄소연대측정법으로 지금까지 고고학연
구에 많은 기여를 하였고, 이와 관련된 논고도 많았다(이융조 1975,
1977; 이종선 1976; 최성락 1982b; 강형태 · 추연식 · 나경임
1993). 우리나라에서는 원자력연구소에서 방사성탄소연대측정을 처
음으로 시행하였으나 중단되었고, 지금은 국립문화재연구소와 서울대
학교 기초과학연구소에서 측정하고 있다. 그밖에 열방광측정법에 의
한 연대측정은 국립문화재연구소에서 가능하고(강형태 · 나경임
1995), 고지자기측정법은 부산대 지질학연구실에서 실시하고 있으며
(윤 선외 1992), 화산회층에 의한 연대측정의 방법도 제시되었다(崔
盛洛 · 板田邦洋 1995). 이러한 절대연대측정법의 등장으로 한국고
고학에서 불확실하였던 선사시대의 편년의 틀이 마련됨으로써 고고학
연구에 크게 이바지하게 되었다(최성락 1989a). 다만 역사시대에는
방사성탄소연대 측정법이 유효하지 않다는 잘못된 인식이 아직도 엿

보이는 것은 유감이다. 어떻든 최근 구석기유적의 연대문제를 집중적
으로 언급한 논고(이선복 2000)로 보아 여전히 연대문제가 중시됨을
알 수 있다.

　고고학자료의 공간분석에 대한 연구는 먼저 취락고고학과 상용자
원잠재력에 대한 연구의 필요성이 제기되었고(추연식 1994a,
1994b), 공간분석에 대한 구체적인 방법에 대한 논의도 일부 진행되
었다(김권구 1995; 강봉원 1995b; 권학수 1999). 하지만 고고학적
자료의 성격을 구성하는 시간성과 공간성이라는 두 축 중에서 시간성
에 대한 연구보다는 공간성에 대한 연구가 절대적으로 부족한 편이다.

　통계적 분석은 고고학적 자료의 분석단계에서 전반적으로 필요한
방법이다. 고고학에 쓰이는 통계적인 기법에는 상관분석이나 회귀분
석과 같이 記述統計學에서 유입된 것과 t-검정, $x^2$-검정, 분산분석과
같은 推測統計學에서 유입된 것, 그리고 인자분석, 주성분분석과 같
은 多變量分析法 등이 있다. 고고학연구에 통계학적 분석의 중요성
과 문제점을 제시한 연구(최성락 1987a)가 있으나 대체로 자료의 정
리에 기술통계학이 이용되고 있으며, 다변량분석법(강형태 1990; 권
학수 1995)이 사용되고 있다. 나아가서 컴퓨터에 의한 분석도 시도되
고 있다. 컴퓨터의 사용은 고고학적 자료의 정리(안춘배 1990; 김지
인 2000)뿐만 아니라 분석과정에서 다양하게 활용되고 있다. 예를 들
면 복잡한 통계적 분석의 경우 컴퓨터의 사용이 필수적이고 그래픽 기
술을 이용한 문화재 복원작업도 이루어지고 있다. 지리학분야에서 연
구된 지리정보체계(GIS ; geographical information system)는
컴퓨터 데이터베이스 프로그램을 이용하는 방법으로 취락고고학 연구
에 이용되고 있는데 서울지역 선사유적의 분포연구에 적용한 예(성효
현 1992)가 있다. 나아가서 정보화시대를 맞이하여 고고학에서도 전

산화 작업의 필요성이 제기되었다(권학수 2000).


## 3) 고고학 이론 및 기타

고고학 이론과 관련된 가장 기본적인 것은 문화의 개념과 문화 복원에 관련된 연구이다. 고고학에서 문화 복원에 대한 언급(최몽룡 1982)은 비교적 일찍 있었으나 구체적인 복원 방법에 대한 논의는 최근의 일이다. 즉 고고학에서 상관유추의 활용(추연식 1992)과 민족지고고학의 중요성(배기동 1992; 전경수 1993)이 제시되었다. 필자는 고고학에서 문화의 개념을 "특정 사회의 행위를 나타내는 고고학적 자료의 복합체에서 복원되는 문화"로 보았고(최성락 1996b), 문화의 복원은 "고고학적 자료를 방법과 이론에 의거하여 과거 인간들의 문화를 해석하는 것"으로 보았다(최성락 1997b). 그리고 역사고고학의 방법론에 대한 약간의 논의가 이루어졌으며(권학수 1993; 이희준 1997), 역사고고학이 단순히 고대사를 보조하는 학문이 아닌 별도의 목적을 가지고 연구되어야 할 것임이 주장되었다(최성락 2000b; 177~178).

한국고고학에서 가장 많이 사용되는 문화이론은 전파론일 것이다. 전파론의 문제점을 비판하는 논고들(전경수 1984; 최성락 1995b; 이성주 1995b)이 있었고, 이를 극복하는 방안의 하나로 신진화론이나 세계체계이론(이성주 1996) 등이 제시되었다. 신진화론의 사회발전 단계설이 한국고고학에 적용되면서 적지 않은 논란이 있었으며(최몽룡 1983; 전경수 1988; 최정필 1994; 장호수 1994; 홍형우 1994; 강봉원 1995a), 그러한 연구성과를 종합한 저서(최몽룡 · 최성락

1997b)도 출간되었다.

　그밖에 고고학사나 세계고고학의 연구동향을 소개하는 논저들이 있다. 세계고고학의 발달사를 소개하는 저서로《고고학발달사》(김정배역 1977)가 처음 출판되었고, 우리 학자들에 의해 저술된 것은《인물로 본 고고학사》(최몽룡·최성락 1997a)가 유일하다. 뒤이어 서양고고학의 이론과 방법에 대한 고고학사가 번역되었고(성춘택역 1998), 한국의 고고학사로는《한국선사고고학사》(최몽룡외 1992)가 있다.

　세계고고학의 연구경향은 번역서인《현대고고학》(김정배역 1979),《신고고학개요》(최몽룡역 1984) 등과 간략한 논고들(임효재 1977; 최몽룡 1981)을 통해 신고고학(과정고고학: processual archaeology)의 연구동향을 알게 되었다. 이후 서양고고학의 연구동향을 알려주는 논고가 많아졌다. 특히 후기과정고고학(postprocessual archaeology)에 대한 동향이 집중적으로 소개되었다(이성주 1991, 1995a; 추연식 1992, 1997; 김권구 1994; 김승옥 1999).


　이상과 같이 1980년대에는 세계고고학의 다양한 방법과 이론의 동향이 소개되었고, 1990년대에 들어와서는 서양고고학의 연구동향과 고고학 이론이 한층 더 적극적으로 소개되었다. 그러나 아직도 연구방법론에서 충분한 연구가 이루어지지 못하였음을 알 수 있고, 일부에서 여전히 형식론과 편년론, 그리고 전파론에 근거한 문화해석, 즉 문화기원론 등이 중요한 위치를 점하고 있는 것은 사실이다. 더구나 지금까지 학회차원에서 고고학의 연구방법론에 대한 본격적인 논의가 없었다는 것은 이에 대한 관심이 부족하다는 것을 단적으로 보여준다. 이러한 한정된 연구로부터 벗어나기 위해서는 한국고고학의 정체성과

연구목적을 뚜렷하게 확립하고, 한국고고학에 적합한 연구방법론의 개발이 시급하다.


# 3. 한국고고학의 정체성과 연구목적

## 1) 한국고고학의 정체성

한국고고학은 역사학, 인류학, 미술사를 비롯하여 지질학, 물리학 등 자연과학과 관련을 가지면서 성장해 왔다.

한국고고학은 처음 자리잡을 때 역사학과 관련이 깊었다. 먼저 고고학이 역사의 앞부분, 즉 선사시대를 연구한다는 점과 초기 고고학 연구자가 대부분 역사학과 출신이라는 점을 들 수 있다. 또한 한국고고학이 유럽고고학이나 일본고고학의 연구경향을 따랐다는 점도 이와 관련된다고 볼 수 있다. 그러나 고고학은 문헌자료를 연구대상을 삼고 있는 역사학과는 연구방법론에서 전혀 다르다. 다만 역사시대의 초기는 문헌기록이 매우 한정적이어서 역사학과 함께 연구해야 할 부분이다. 현재 고고학은 역사학의 넓은 범주에 포함되고 있으나(예를 들면 전국역사학대회에 한국고고학회가 참여하고 있음) 대부분 역사학과와는 별도로 고고학 관련 학과에서 고고학이 강의되고 있다.

한편 인류학과의 관계는 1961년 서울대학교에 '고고인류학과'가

신설되면서 시작되었다. 고고학은 인류학과 마찬가지로 문화를 연구한다는 점에서 유사점이 있다. 특히 미국에서 고고학을 전공한 연구자는 인류학과에서 공부하였기 때문에 인류학과의 관계를 중시하고 있고, 일부 대학에서는 '인류학과' 혹은 '문화인류학과'에서 고고학이 강의되고 있다. 그러나 인류학(특히 문화인류학)은 현존하는 사람들의 문화를 참여 관찰이라는 방법을 통해 연구하고 있어 고고학과는 연구대상과 방법이 근본적으로 다르다. 한국에서 고고학과 인류학은 거의 같이 시작되었으나 점차 각각 인문대학과 사회대학에 소속되고 있어 서로 다른 학문으로 정착하고 있으며, 다만 상호 보완적인 관계(최성락 1996a)로 설정할 수 있다. 그런데 한국에서만 볼 수 있는 '고고인류학과'라는 학과의 명칭은 인류학의 입장에서 보면 특이한 것이나 반면 '문화인류학과'에서 고고학이 강의되고 있어 '문화인류학'에 고고학이 포함되는 듯한 느낌을 주는데 적절하지 못하다. 왜냐하면 미국 인류학의 입장에서 보아도 고고학이 문화인류학의 하위학문이 아니라 대등한 분야이기 때문이다.

그리고 미술사학과도 밀접한 관계를 가지고 있다. 이것은 유물을 연구대상으로 한다는 점에서 공통점을 가지고 있기 때문이다. 그러나 고고학은 모든 유물을 대상으로 삼고 있으나 미술사는 미적으로 가치가 있는 유물의 역사적인 의미를 추구한다는 점에는 연구목적이 다르다. 고고학과 미술사는 서양에서 빙켈만(J.J. Winkelmann)의 시기를 거쳐 19세기에 고고학이 정립되면서 일찍이 분리되었으나 우리나라에서는 1970년대에 이르러 비로소 두 분야가 각각 독립적인 학회를 만들면서 구분되기 시작하였다. 오히려 1980년대 초부터 '고고미술사학과'가 각 대학에 설치되고 있다는 점은 다소 문제가 있다.

그렇다면 과연 한국고고학의 정체성은 무엇일까? 일부 타 분야 학자들의 주장과 같이 아직도 역사학의 보조학문이고, 인류학의 하위학문인가? 일찍이 영국의 클라크(D.Clarke)는 고고학이 독자적인 방법론을 가진 학문이라는 점을 "Archaeology is Archaeology is Archaeology"라고 표현하였고(Clarke 1968), 그의 제자인 호더(I.Hodder)도 이를 지지하였다(Hodder 1986). 고고학이 인류학의 한 분야로 자리잡고 있는 미국에서도 점차 문화인류학과 고고학이 분리되는 추세이다(Watson 1995).

이와 같이 고고학은 연구대상이나 연구방법론에서 인접 학문들과는 뚜렷이 구분되기 때문에 독자적인 학문인 것이다. 만약 타 분야의 연구자들과 일반인들이 이를 인식하지 못하고 있다면 이것은 고고학자들 모두가 그러한 인식이 바뀌도록 노력하여야 할 일이다.


## 2) 고고학의 정의 및 연구목적

고고학이 어떤 학문인가? 라는 학문적인 정의에 대한 논의가 이루어져야 한다. 19세기 고고학에서는 분명히 '유물·유적을 연구하는 학문' 이었다. 그러나 20세기 중반부터 서양고고학은 '유물·유적을 포함한 고고학적 자료를 통한 과거문화를 연구하는 학문' 으로 변화되었다. 즉 과거 인류들이 남긴 잔존물을 통해 과거 문화를 복원하고 그들의 생활상을 연구하는 학문이다. 과거 인간들의 활동은 반드시 그 잔존물을 남기게 되는데 이것이 유물·유구·유적 등의 고고학적 자료이고, 이 물질적인 잔존물을 통해 고고학 연구가 이루어진다(Sharer and Ashmore 1993:13~14). 그리고 현대고고학은 인접분야나 자연과학의 도움을 받아 과거 사람들의 이념체계, 종교 등을 포함하는 모든 문화행위를 이해하려는 종합적인 과학이다.

이제 한국고고학도 유물 자체만을 연구할 것이 아니라 유물을 만들어낸 당시의 문화를 연구하는 것으로 전환되어야 한다. 유물이나 유구의 개별적인 연구만으로는 결코 당시의 문화를 복원할 수 없다. 문화를 복원하기 위해서는 수습된 모든 유물과 유구뿐만 아니라 당시의 환경까지도 연구하여야 한다. 그리고 현재 주로 이루어지고 있는 구제 발굴은 고고학연구상의 문제해결을 위한 문제의식의 부족과 시간·인력·예산의 부족과 같은 여러 가지 제한점으로 인하여 고고학의 연구목적인 과거 문화의 복원이라는 과제를 수행하기에 적합하지 못하다. 앞으로 연구목적이 뚜렷한 학술발굴을 장려하여야 하고, 구제발굴이라도 발굴에 앞서 과거 문화를 체계적이고, 조직적으로 연구할 수 있도록 조사방법과 목적을 사전에 검토하여야 할 것이다. 과거 문화를 연구하기 위해서는 고고학적 자료의 체계적인 획득과 과학적 분석이 필요하고, 문화의 개념과 복원 방법에 대한 이론적인 논의가 있어야 한다.

다음은 고고학의 연구목적이 무엇인가? 하는 문제이다. 고고학의 연구목적은 빈포드(L.R. Binford)에 의해 구체적으로 제기되었는데 과거 문화사의 복원, 과거 생활상의 재구성, 문화의 변천과정의 구명 등이다. 특히 그가 주장하는 신고고학(과정고고학)에서는 문화의 변천과정의 구명이 중요함을 역설하였다(Binford 1972:78~104). 최근 후기과정고고학의 등장과 함께 '고고학적 자료의 의미와 상징성'을 강조하고 있어 이는 고고학의 네 번째의 목적으로 부상되고 있다(Webster et al 1993: 62~63).

한국고고학에서도 고고학의 연구목적을 구체적으로 제시하여야 한다. 아직까지 이를 구체적으로 언급한 논고를 거의 찾아볼 수 없다.

다만 《한국고고학개설》에서는 다음과 같이 정의하고 있다.

> "인류가 생활의 증거로 남긴 일체의 유적·유물을 발굴, 수집,
> 관찰하여 그것을 통해서 인류의 역사, 문화, 생활방법 등을 연
> 구, 복원, 해석하는 학문. … 신고고학파가 주장하는 문화법칙
> 은 고고학적 자료를 통해 얻어낼 수 없는 성격의 것이며, 그것
> 은 또 문화인류학의 범주에 들어가야 할 일이라고 생각된다."
> (김원용 1986:1)

이와 같이 한국고고학의 연구목적은 역시 과거 문화사의 복원이나 과거 생활상의 재구성 등에 한정된다고 볼 수 있으며, 한국문화의 기원을 추구하는 등 전파론적 해석에 치우쳐 문화의 자체적인 변동과정에 대한 연구가 부족하였다. 반면 서양고고학에서는 문화의 변천과정이 포함되는 연구목적을 설정하고, 다양한 방법론과 이론을 바탕으로 연구하고 있다. 이제 한국고고학도 이러한 연구경향에 대하여 무관심할 수 없을 것이다. 지금이라도 고고학의 정의와 연구목적을 명확히 하고, 연구방법론에 대한 논의가 본격적으로 이루어져야 한다.

# 4. 21세기 한국고고학의 방향

21세기를 맞이하여 연구방법론과 관련한 한국고고학의 방향으로는 연구의 체계를 세우면서 연구 영역의 확대를 추구하고, 연구의 전문화와 교육의 내실화를 도모하는 것이 필요하다.


## 1) 고고학연구의 체계화 및 과학화

고고학을 어떻게 연구할 것인가에 대한 체계적인 연구가 필요하다. 고고학의 연구과정은 다른 학문과 같이 3단계로 구성되어 있다. 즉 고고학적 자료의 수집(관찰), 이들 자료의 분석(묘사), 그리고 해석(설명) 등이다. 이들 각 단계는 상호관련성을 맺고 있다. 즉 분석 단계의 연구방법이 정립된다면 다음의 해석 단계는 물론이고, 이전의 수집 단계까지에도 영향을 미치게 되는 것이다.

고고학의 연구과정에서는 연구방법에 의한 자료의 수집 및 분석 단계와 이론에 의한 해석 단계를 거치게 된다. 그리고 자료의 해석은 다시 새로운 자료에 의해 검증되어야 한다. 이 과정 중에서 어느 한 부분만이 강조되기보다는 전 과정이 고르게 중시되어야 하고, 논증절차에서도 합리성과 객관성을 유지하여야 한다. 고고학의 연구과정을 간단한 도식으로 나타내면 다음과 같다(그림 1).

고고학에서의 방법(method)은 고고학적 자료를 수집하거나 분석하는 도구들이다. 자료의 수집 단계에는 유적 탐사법, 대상지역의 표본추출 방법, 발굴조사 방법 등이 있다. 자료의 분석 단계에도 역시

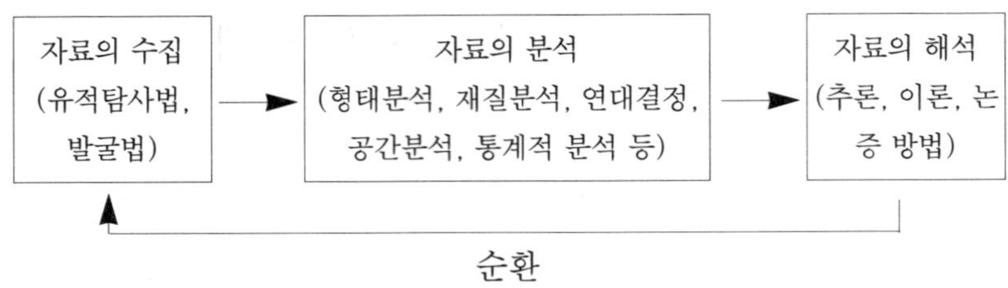


그림 1. 고고학의 연구과정

다양한 방법이 있다. 즉 고고학적 자료의 형태분석과 재질분석 이외에도 연대결정법, 공간분석법, 통계적 분석법 등이 있다. 그리고 방법론(methodology)은 구체적인 방법에 대한 이론적 논의와 여러 방법들의 종합적 논의를 포함한다.

한편 고고학 이론(theory)은 고고학적 자료들을 통해 기술하고 설명하는데 사용되는 일련의 보편 지향적 상위 개념과 방법론으로 볼 수 있다. 빈포드(L.R.Binford)는 고고학 이론을 2차원으로 나누어 中範圍理論(middle range theory)과 一般理論(general theory)으로 분류하고 있다(Binford 1978:6~7). 中範圍理論은 오늘날의 고고학적 자료와 과거에 일어났던 행위 사이의 간격을 좁히는 여러 이론들이다. 중간단계이론은 민족지고고학이나 실험고고학 등을 이용하여 고고학적 자료로부터 과거 행위를 類推하는 과정인 推論(reasoning)과 遺蹟形成過程(site formation process) 등에 대한 이론을 포함하고 있다. 一般理論에는 進化論과 傳播論 등을 비롯하여 주로 문화인류학에서 연구되는 문화에 대한 이론이나 이외에도 사회학이나 철학 등의 이론이 도입되고 있다. 반면 트리거(B.G. Trigger)는 이를 낮은 수준의 이론(방법론적 이론), 중간 수준의 이론(중범위이론 등), 높은 수준의 이론(일반이론) 등 세 차원으로 나누고 있다(Trigger 1978). 그밖에 클라크(Clarke 1973:6~18)나 쉬퍼(Schiffer 1988:461~485)도 고고학 이론을 다양하게 분류하고 있다.

고고학의 연구과정에서 방법과 이론은 필수적인 것이다. 이것은 고고학의 연구목적인 과거 문화를 해석하기 위하여 필요한 도구이기 때문이다. 따라서 한국고고학에서도 이들 방법과 이론에 대한 연구가 필요하다. 서양고고학에서는 각기 연구목적에 따라 다양한 방법과 이론이 연구되고 있다. 이들 모든 방법과 이론이 한국고고학에 그대로 적합하다고 할 수는 없으나 과거 문화를 복원하고 해석하는 데에는 필요한 부분이 적지 않다. 이들 중 한국고고학에 적용될 수 있는 방법과 이론은 적절히 받아들여야 하고, 나아가 독자적인 연구방법론이 개발되어야 한다. 더불어 고고학에서 방법과 이론은 서로 유기적으로 작용하여야만 과거 문화의 복원이 가능하기 때문에 고고학연구의 체계화, 다시 말하면 학문적으로 정연한 연구방법론의 틀을 확립하여야 한다.

다음은 고고학연구의 과학화가 이루어져야 한다. 앞서 살펴보듯이 고고학적 자료의 분석은 고고학자의 인지(즉 경험)에 의한 연구만으로는 한계가 있을 수밖에 없다. 즉 연대측정을 비롯한 여러 방법이나 문화 복원을 위한 환경연구는 과학적 분석을 바탕으로 해야 가능하다. 대부분의 연구방법론은 자연과학적 방법에 의해 분석을 기반으로 한다. 고고학에서 자연과학의 활용은 비단 고고학적 자료의 분석뿐만 아니라 과학적 탐사법, 해석 단계에서 과학적 설명과 과학철학, 그리고 유물의 보존처리 등 여러 분야에서 필요한 것이다. 자연과학적 방법에 의한 분석결과를 고고학자들이 이해하기 위해서는 적용되는 방법을 정확히 파악하여야 하고, 고고학적으로 그 결과가 적합한 것인지 검토되어야 한다(최성락 1998b). 고고학에서 과학적 분석의 비중을 높이기 위해서는 고고학자가 직접 과학적 분석을 담당할 수도 있으나 이를 자연과학자들에게 의뢰하여 학제 연구를 시도하는 것도 바람직하다.

결론적으로 한국고고학에서 연구방법론의 개발과 더불어 체계화가 요구되고, 고고학적 자료의 과학적인 분석이 본격적으로 이루어져야 한다. 고고학적 자료가 적절한 방법에 의해 분석되고, 이론에 의거하여 해석될 때 과거 문화의 복원이 가능한 것이다.


## 2) 연구영역의 확대 및 정보화

고고학의 연구 영역을 확대하여야 한다. 먼저 시간적인 범위의 확대이다. 고고학연구가 선사시대로부터 삼국시대에 한정되고 있어 그 범위가 더 넓혀져야 한다. 즉 선사유적이나 고분뿐만 아니라 암각화, 도자기 가마, 기와, 성곽, 절터, 궁터를 비롯한 역사시대 건물지 등에도 고고학자들이 조사하고 이를 연구하여야 한다. 사실 고고학이 연구 대상으로 하는 시대는 선사시대 및 그에 가까운 역사시대로 한정되는 것이 아니라 모든 시간대와 장소의 인간행위와 물질문화라는 주장(Schiffer 1976)이 방법론적 측면에서는 오히려 타당하다. 한국고고학의 시대범위를 조선시대까지로 설정한 주장(西谷正 1982)이 이미 제기되었듯이 특히 야외 조사의 대상으로 삼는 시기는 최근세까지로 확대되어야 한다. 최근 실시된 경북 칠곡군 다부동 6 · 25 전적지 조사는 고고학의 시간적인 범위를 넓혀주는 좋은 예가 될 것이다.

또한 고고학의 하위 분야에 대한 연구의 폭을 넓혀야 한다. 즉 선사나 고대의 동물상, 식물상 및 지질 자료를 연구한 動物考古學, 植物考古學, 地質考古學, 고고학 자료의 과학적 분석을 담당하는 考古測定學(archaeometry), 현존하는 인류의 생활상을 연구하는 民族誌考古學, 바다나 호수 속의 자료를 연구하는 水中考古學 혹은 海洋考古學, 유적의 보존과 관리를 연구하는 文化財管理(CRM; cultural resources management) 등 새로운 분야들이 연구되어야 한다.

다음은 공간적인 범위의 확대이다. 현재 한반도 남부에 한정되고 있는 고고학적 조사에서 벗어나 북한지역과 우리의 역사와 관련이 되는 중국 동북지방, 연해주 등지에서의 유적조사에도 관심을 가져야 한다. 이미 연해주지역이나 몽고지역에 대한 학술조사가 시도된 예도 있다. 또한 육지뿐만 아니라 인간이 활동하였던 모든 공간을 조사의 대상으로 삼아야 한다. 즉 바다나 저수지의 바닥뿐만 아니라 최근 개발되고 있는 갯벌도 연구의 대상이 되어야 한다.

그리고 정보화시대를 맞이하여 그에 충분한 대비를 하여야 한다. 즉 인터넷을 통한 정보의 신속하고, 폭넓은 공유화가 요구됨으로써 발굴보고서도 한정된 부수의 책으로만 발간될 것이 아니라 CD롬으로 제작되어야 하고, 인터넷으로도 공개되어야 한다(권학수 2000). 또한 21세기는 디지털시대이므로 유적의 발굴 과정이 영상으로 제작되어야 하고 활용되어야 한다. 유적의 발굴과정에 대한 영상자료도 귀중한 문화자원이기 때문에 수준 높은 영상자료의 체계적 제작과 활용이 중요한 것이다.

## 3) 고고학연구의 전문화

고고학연구가 활발해지기 위해서는 우선 대학의 연구활동이 강화되어야 한다. 그러기 위해서는 고고학을 연구하는 기관들의 역할 분담이 요구되며 그 방안은 다음과 같다.

첫째, 대학과 발굴전담기구간의 역할 분담이다. 발굴전담기구는 구제 발굴을 전담하고, 연구 및 교육을 중심으로 하는 대학은 특수한 발굴이나 연구 목적이 뚜렷한 학술 발굴을 담당하는 것이다. 대학이 학술 발굴에 적극적으로 참여함으로써 연구기능도 강화할 수 있고, 과거 문화의 복원도 용이할 것이다. 다만 이러한 역할 분담은 자료의 공유화를 전제로 가능한 것이며, 발굴과 연구가 연계될 수 있는 장치가 필요하다.

둘째, 고고학 관련학회의 역할 분담이다. 최근 강원고고학회가 창립되면서 수도권을 제외한 지방고고학회가 모두 만들어졌다. 따라서 한국고고학회와 지방고고학회의 역할이 분담되어야 하며 상호 보완적이어야 한다. 지방고고학회가 지역적인 문제를 다룬다면, 한국고고학회는 한국고고학 전반적인 문제, 즉 방법론과 이론, 연구현황 및 전망, 외국고고학의 연구동향 등의 문제를 다루어야 하고, 고고학연구에 필요한 정보를 연구자들에게 제공하는 역할(홈페이지의 활용)을 하여야 한다.

셋째, 개인적인 연구보다도 집단적인 연구, 즉 특정한 주제에 대한 연구회 모임의 활성화가 요구된다. 우리나라 고고학연구에서의 문제점은 개인 연구자의 주장이 충분한 검토 없이 제기된다는 점, 타 분야 연구자들이 참여한 공동연구가 적다는 점, 그리고 수많은 학설이 제기되지만 이를 세밀하게 분석하고 정리하여 더 나은 학설로 발전시킬 수 있는 역량이 부족하다는 점 등이다. 이러한 문제점을 극복하기 위해서는 관심을 같이 하는 사람들이 전문성을 띤 소규모 학회 혹은 연구회를 조직하여 공동으로 연구하고 가능하면 전문적인 학술지의 출간도 이루어져야 한다. 또한 고고학과 관련된 타 분야와 학제 연구도 매우 절실하다.


### 4) 고고학교육의 내실화

고고학교육의 내실화를 위해서 다음과 같은 방안을 제시하고자 한다.

첫째, 고고학교육을 위한 기본적인 교재가 개발되어야 한다. 아직까지 고고학개론이나 발굴방법을 다루는 교재가 적다는 것은 고고학을 배우는 학생들에게 결정적인 장애요소이다. 고고학 교육을 정상화하기 위해서는 기본적인 교재의 발간이 시급하다.

둘째, 고고학에 쓰이는 기본적인 용어가 정리되어야 한다. 서양고고학에서는 고고학 연구에 필요한 용어들을 '고고학 언어(archaeological language)'라고 한다. 현재 사용하는 용어에는 혼란이 적지 않다. 예를 들면 서양고고학에서 쓰이는 'chiefdom'을 족장, 추장, 군장 등으로 번역하여 연구자들에 따라 다르게 사용하고 있다. 이들 용어가 적절히 정의되고 빈번히 사용되었을 때 문화의 복원도 용이할 것이다. 고고학연구가 활성화되면서 고고학 용어가 많아지고 복잡해지기 마련이므로 이들 용어에 대한 정리작업이 이루어져야 할 것이다.

셋째, 고고학의 기초 교육이 강화되어야 한다. 고고학은 과학적인 분석을 기초로 하는 학문임에도 현재 대학 교육은 인문학의 범주에서 벗어나지 못하고 있다. 이를 극복하기 위해서는 현장 실습, 연구방법론 및 과학적 분석(실험·실습실의 확보)에 대한 교육을 강화시킬 수 있도록 교육의 내실화와 박물관, 연구소의 확충, 학과 전문도서관의 운영 등 교육 인프라의 구축이 요구된다.


### 5) 기타

이 외에도 21세기 한국고고학을 위하여 몇 가지 제안하고자 한다.

먼저 한국고고학이 세계고고학의 흐름에 동참하는 문제이다. 한국고고학의 최근 연구성과를 외국의 학술잡지나 국제학술대회에서 적극적으로 발표하여야 한다. 아직까지 외국어로 된 한국고고학의 개설서가 적다는 것은 한국고고학이 전혀 알려지지 못하고 있다는 증거이다. 반면 외국에서 유학을 마치고 귀국할 때에도 그 지역의 고고학 연구동향을 국내에 보고하여야 하고, 외국에서 개최되는 학술대회에 참여하였다면 학술대회의 의의나 외국고고학의 동향을 국내에 알리는 작업도 필요하다.

다음은 유적의 보존문제이다. 개발에 따른 유적의 발굴은 어쩔 수가 없으나 개발에 앞서 이들 유적을 보존하도록 노력하는 것도 고고학자의 몫이다. 중요한 유적은 그 자체가 문화자원으로 가치가 있으며 미래에 더 나은 기술에 의해 학술조사가 될 수 있도록 유적을 보존하여야 한다.

그리고 모든 학문과 같이 고고학도 우리 사회에 기여하는 부분을 국민들에게 잘 인식시켜 고고학의 저변확대와 우호적인 사회환경 조성을 위한 노력도 이루어져야 한다. 특히 고고학 유적의 중요성과 이를 조사하고 지키는 고고학자의 역할을 이해시켜야 한다.

마지막으로 21세기는 문화의 시대라고도 하는데 그 중 문화재분야
는 고고학자들의 활동 영역이다. 즉 유적의 복원·정비, 박물관 및 전
시관의 건립 등에도 고고학자들이 적극적으로 참여하여야 한다.


# 5. 맺음말


근래에 한국고고학은 외형적으로 발전하였음은 분명하다. 그러나
내부적으로는 많은 문제점을 안고 있는 것이 현실이다. 지금까지 한
국고고학에서 다루어진 연구방법론에 대하여 검토해 본 결과 1980대
이후 관심은 증가하고 있으나 아직도 연구방법론의 체계가 뚜렷이 확
립되지 못하고 있다. 이것은 한국고고학이 정체성을 확보하는 데 하
나의 장애요인이다. 정체성의 확립을 위해서는 고고학의 연구목적을
뚜렷이 설정하고, 독자적인 연구방법론이 개발되어야 할 것이다. 그
리고 21세기 한국고고학이 나아갈 방향으로 고고학연구의 체계화 및
과학화, 연구영역의 확대와 정보화, 고고학연구의 전문화 및 고고학
교육의 내실화 등을 제시해 보았다.

IMF 경제위기 이후 각 분야는 구조조정을 통한 경쟁력의 강화를
시도하고 있다. 이는 학문의 세계도 예외는 아니다. 고고학도 경쟁력
을 갖춘 학문이 되어야 한다. 단순히 '문화재보호법'의 그늘에서 안

주하는 고고학으로 인식되어서는 아니 된다. 21세기에는 사회의 여건이 급격히 변화하므로 경쟁력이 없는 부분은 쇠퇴될 것이 분명하다. 이를 대비하기 위해서도 사회가 필요로 하는 고고학으로 자리잡아야 한다.

또한 통일을 대비하여야 한다. 한국고고학이 남한만의 고고학이 아니라 진정한 의미에서 남북한지역을 포괄하는 고고학이 되어야 한다. 북한지역의 유적을 남북한의 연구자가 공동으로 조사하고, 연구할 준비자세가 필요하다. 최근 문제가 되고 있는 개성지역뿐만 아니라 개발예정인 모든 지역이 사전에 조사되어야 할 것이다.

결국 앞에서 언급된 고고학의 기본적인 과제들을 염두에 두고 문제 해결을 위한 노력하면서 계속적으로 연구하고, 논의할 때 경쟁력을 갖추게 될 것이며, 외부적인 장애를 슬기롭게 극복할 수 있을 것이다. 이러한 노력을 통해 21세기에는 한국고고학이 동아시아뿐만 아니라 세계고고학에서도 더욱 중요한 위치를 차지할 수 있게 될 것이다.

# 참고문헌

강봉룡 1997, 〈백제의 마한 병탄에 대한 신고찰〉,《한국상고사학보》26

──── 1998, 〈5~6세기 영산강유역 '옹관고분사회'의 해체〉,《백제의 지방통치》(한국상고사학회편), 학연문화사

──── 1999a, 〈영산강유역의 고대사회와 나주〉,《영산강유역의 고대사회》(최성락편), 학연문화사

──── 1999b, 〈3~5세기 영산강유역 '옹관고분사회'와 그 성격〉,《역사교육》69, 역사교육연구회

──── 2000, 〈영산강유역 고대사회 성격론-그간의 논의를 중심으로-〉,《영산강유역 고대사회의 새로운 조명》, 전라남도·역사문화학회

강봉원 1995a, 〈국가와 군장사회의 사이의 중간단계에 대한 고찰〉,《한국고고학보》33

──── 1995b, 〈고고학에 있어서 공간분석의 일례 : 방안식방법을 중심으로〉,《한국상고사학보》19

──── 1997, 〈미국의 문화재관리 현황과 과제〉,《문화재관리-동서양의 현황과 과제》, 제40회 대학박물관협회 학술발표회 발표요지

강인구 1983a, 《삼국시대분구묘연구》, 영남대 출판부

──── 1983b, 〈삼국시대 분구묘연구-영산강 하류의 방형토축묘의 경우〉,《이화사학연구》13·14

──── 1985, 〈해남 장고산고분조사〉,《천관우선생환력기념한국사학논총》, 정음문화사

──── 1987a, 〈해남 말무덤 고분조사개보〉,《삼불김원용교수정년퇴임기념논총》, 일지사

──── 1987b,《무학산과 장고산》, 한국정신문화연구원

──── 1992,《자라봉고분》, 한국정신문화연구원

강형태 1990, 〈패턴 인지에 의한 고고학적 시료의 분류법〉,《한국상고사학보》3

강형태·나경임 1995, 〈고대토기의 열형광 연대측정법〉,《문화재》28, 국립문화

재연구소

강형태 · 추연식 · 나경임 1993, 〈방사성탄소연대측정과 고밀도보정방법〉, 《한국 고고학보》 30

과학 · 백과사전출판사 1977, 《조선고고학개요》

곽장근 1992, 《전주 효자동 유적》, 전북대 박물관

곽장근 · 한수영 1997, 《군산 조촌동 고분군》, 군산대 박물관

곽종철 1995, 〈충적지유적의 토양에 대한 관찰 · 기재 · 분석법〉, 《고문화》 47

곽종철외 1995, 〈신석기시대 토기 태토에서 검출된 벼의 plant-opal〉, 《한국고고 학보》 32

광주시립민속박물관 1997, 〈제2(용봉) 토지구획정리 사업지구 발굴조사 약보고 서〉(유인물)

구자봉역 1990, 《고고학에의 초대》, 학연문화사(Deetz, J. 1967, Invitation to Archaeology, The Natural History Press)

국립광주박물관 1989, 〈영광지방의 고분〉, 《영암 와우리옹관묘》

──────── 1993, 《영암 신연리 9호분》

──────── 1997, 〈광주 신창동유적 발굴조사 설명회〉(유인물)

국립문화재연구소 1996, 《동아시아의 철기문화─도입기의 제양상》

──────── 1998, 《동아시아의 철기문화─주거 및 고분을 통해본 정치 · 사 회상》

──────── 1999, 〈나주 신촌리 9호분 발굴조사〉(유인물)

국립문화재연구소 · 전남대박물관 1997, 〈나주 복암리3호분 발굴조사 자문위원회 회의〉(유인물)

국립전주박물관 1997, 〈곡성 연화리 지석묘〉, 《호남고속도로 확장구간(고서─순천 간) 문화유적발굴조사보고서》 1

전남대 박물관 · 국사편찬위원회 1973, 《한국사》 1(선사문화)

──────────────────── 1997, 《한국사》 3(청동기문화와 철기문화)

권오영 1986, 〈초기백제의 성장과정에 관한 고찰〉, 《한국사론》 15, 서울대 국사
학과

───  1995, 〈백제의 성립과 발전〉, 《한국사》 6, 국사편찬위원회

───  1996, 〈해방 이후 한국고고학의 발달이 고대사연구에 끼친 영향〉, 《한국
고대사연구와 방법론》, 제3회 부산경남역사연구소 공동 심포지움

권학수 1993, 〈가야의 복원과 고고학적 자료의 해석〉, 《선사와 고대》 4, 한국고
대학회

───  1995, 〈다차원척도법을 통한 상대연대결정법의 개선연구〉, 《한국고고학
보》 32

───  1999, 〈공간분석방법의 고고학적 활용과 문제점〉, 《한국고고학보》 40

───  2000, 〈정보화시대와 고고학〉, 《역사학과 지식정보사회》 제42회 전국역
사학대회

김건수 1994a, 〈원삼국시대 패총의 자연유물연구〉, 《배종무총장퇴임기념사학논
총》

───  1994b, 〈원삼국시대 패총의 자연유물연구(2)〉, 《한국상고사학보》 17

───  1997, 〈주거지 출토 토기의 기능에 관한 시론〉, 《호남고고학보》 5

───  1999a, 〈우리 나라 골각기의 분석적인 연구〉, 《호남고고학보》 8

───  1999b, 《한국 원시·고대의 어로문화》, 학연문화사

김권구 1994, 〈탈과정주의 고고학의 주요내용과 과제〉, 《한국고고학보》 31

───  1995, 〈주거지 고고학 자료분석 방법의 몇 가지 예와 문제점의 일고찰〉,
《한국상고사학보》 19

김낙중 1999, 〈나주 신촌리 9호분 발굴조사〉, 《가야의 고고학》, 제23회 한국고고
학전국대회

김동현 1991, 〈3차원 컴퓨터 그래픽 기술을 이용한 문화재 복원〉, 《문화재》 24,
문화재관리국

김미란 1995, 〈원삼국시대 토기연구〉, 《호남고고학보》 2, 호남고고학회

김승옥 1997a, 〈복합사회의 형성과정과 거치문의 상징적 의미〉, 제17회 한국상
고사학회 학술발표회
────── 1997b, 〈거치문토기 : 정치적 권위의 상징적 표상〉,《한국고고학보》 36
────── 1999, 〈고고학의 최근 연구동향 : 이론과 방법을 중심으로〉,《한국상고학
보》 31
────── 2000, 〈호남지역 마한 주거지의 편년〉,《호남고고학보》 11
김영심 1997, 〈백제 지방통치체제의 연구 -5~7세기를 중심으로-〉, 서울대 박사
학위논문
김원용 1964,《신창리옹관묘지》, 서울대 박물관
────── 1967, 〈삼국시대의 개시에 관한 일고찰 -삼국사기와 낙랑군에 대한 재검
토-〉,《동아문화》 7, 서울대 동아문화연구소
────── 1971, 〈가평 마장리 야철주거지〉,《역사학보》 50 · 51
────── 1973,《한국고고학개설》(초판), 일지사
────── 1986,《한국고고학개설》(3판), 일지사
────── 1989, 〈마한고고학의 현상과 과제〉,《마한문화연구의 제문제》, 제10
회 마한 · 백제문화연구소 국제학술대회
────── 1990, 〈마한고고학의 현상과 과제〉,《마한 · 백제문화》 12, 원광대 마한 ·
백제문화연구소
김유선 1971, 〈문화재의 과학적 보존에 대하여〉,《문화재》 5
김장석 1995, 〈소금, 인류학, 그리고 고고학〉,《한국고고학보》 32
김재원 1976,《단군신화의 신연구》, 탐구당
김정배 1968a, 〈삼한위치에 대한 종래설과 문화성격의 검토〉,《사학연구》 20
────── 1968b, 〈진국과 한에 관한 고찰〉,《사총》 12 · 13
──역 1977,《고고학발달사》, 고려대 출판부(Daniel, G. 1968, The Origin
and Growth of Archaeology)
────── 1978, 〈소도의 정치적인 의미〉,《역사학보》 79

────── 1979, 〈한국고고학에 있어서 시대구분문제〉,《한국학보》14

──역 1979,《현대고고학》, 열화당(Klejn, L.S. 1977, 'The Panorama in Theoritical Archaeology', Current Anthropology 18-3)

────── 1996, 〈'원삼국시대용어'의 문제점〉,《한국사학보》창간호, 나남출판

김정학 1967, 〈웅천패총의 연구〉,《아세아연구》10~4, 고대아세아문제연구소

──편 1972,《韓國の考古學》, 河出書房

────── 1977,《任那と日本》, 日本の歷史 別卷 2, 小學館

김종만 1999, 〈마한권역 출토 양이부호 소고〉,《고고학지》10, 한국고고미술연구소

김지인 2000, 〈유물관리 데이터베이스의 관계형 모델과 개체지향형 모델 비교연구〉, 서울대 석사학위 논문

김진영 1997, 〈전남지역 철기시대 주거지의 지역적 비교〉,《박물관연보》5, 목포대 박물관

김철준 1952, 〈신라상대사회의 Dual Organization〉(상)·(하),《역사학보》1·2

김학휘 1988, 〈전남지방 마한사 연구〉,《향토문화》9

────── 1989, 〈전남지방에 분포된 지석묘·옹관묘 조성집단세력의 사적의미〉,《향토문화》10

김희태·조웅·김경칠 1997,《문화재를 위하여》, 향지사

나주시·전남대 박물관 1997,《나주 마한문화의 형성과 발전》

노중국 1987, 〈마한의 성립과 변천〉,《마한·백제문화》10, 원광대 마한·백제문화연구소

────── 1990, 〈목지국에 대한 일고찰〉,《백제논총》2, 백제문화개발연구원

노태돈 1982, 〈삼한에 대한 인식의 변천〉,《한국사연구》38

노혁진 1987, 〈시대구분에 대한 일견해〉,《삼불김원용교수정년퇴임기념논총》(고고학편)

────── 1994, 〈한국 선사문화 형성과정의 시대구분〉,《한국상고사학보》15

────── 1999, 〈형식학 비판-지석묘 사례를 중심으로-〉,《한국상고사학보》31

마한역사문화연구회 1997, 《삼한의 역사와 문화 총정리 및 박물관 건립세미나》, 제15차 사단법인 마한역사문화연구회 학술발표회

목포대 박물관 1997a, 〈무안 구산리 및 인평고분군발굴 중간보고〉

──────── 1997b, 〈나주지역 지표조사 중간보고〉

──────── 1999, 〈탐진댐 수몰지구발굴 약보고〉(유인물)

목포대 박물관 2000, 〈함평 문화마을부지 발굴조사 약보고〉(유인물)

────────외 1999, 《서해안 고속도로(무안-영광구간) 건설구간 문화유적 발굴조사개요》

목포대 사학과 1997, 《영산강유적 고대사회의 흥망성쇠》, 제7회 사학과 학술 심포지엄

문화재관리국 1985, 《문화재보존》

──────── 1997, 《문화재관계법령집》

박보현 1997, 〈금동관으로 본 나주 신촌리9호분 을관의 연대문제〉, 제30회 백제연구 공개강좌, 충남대 백제연구소

박성용 1993, 〈프랑스 인류학과 아날학파의 동향-인류학의 역사학화와 역사학의 인류학화-〉, 《사회과학연구소 논문집》 2, 효성여자대학교

박순발 1997, 〈마한 전기의 시·공간적 위치에 대하여〉, 《마한문제의 새로운 인식》, 충남대 백제연구소

──── 1998, 〈전기 마한의 시·공간적 위치에 대하여〉, 《마한사 연구》, 백제연구총서 6, 충남대 출판부

박영철 1983, 〈자연환경조사〉, 《한국사론》 12, 국사편찬위원회

박영철·김주용·양동윤·서영남 2000, 〈밀양 고래리 유적의 토양·퇴적물 성인 해석〉, 《한국구석기학보》 1, 한국구석기학회

박중환 1996a, 〈영산강유역의 전방후원형 분구〉, 《호남지역 고분의 분구》, 제4회 호남고고학회 학술대회

──── 1996b, 《광주 명화동 고분》, 국립광주박물관

박중환 1997, 〈전남지역 토광묘의 성격〉, 《호남고고학보》 6, 호남고고학회

박희현 1983, 〈동물상과 식물상〉, 《한국사론》, 국사편찬위원회

배기동 1992, 〈민족지고고학과 전망〉, 《한국상고사학보》 9

──── 2000, 〈구석기유적의 형성과정〉, 《한국구석기학보》 1, 한국구석기학회

삼한역사문화연구회 1997, 《삼한의 역사와 문화-마한편》, 자유지성사

서국향 1998, 〈장수 남양리유적 조사개보〉, 《호남지역의 신석기문화》, 제6회 호
　　　　남고고학회 학술대회

서성훈 1987, 〈영산강유역 옹관묘의 일고찰〉, 《삼불김원용교수 정년퇴임기념 논
　　　　총1》, 일지사

서성훈 · 성낙준 1984, 〈무안 사창리 옹관묘〉, 《영암 만수리 고분군》, 국립광주 박
　　　　물관

──────── 1986a, 〈영암지방의 고분〉, 《영암군의 문화유적》, 목포대 박물관

──────── 1986b, 《영암 내동리 초분골고분》, 국립광주박물관

──────── 1989, 〈대곡리 도롱 · 한실 주거지〉, 《주암댐 수몰지구 문화유적
　　　　발굴조사보고서》 Ⅳ

서현주 1996, 〈남해안지역 원삼국 패총의 시기구분과 기원문제〉, 《호남고고학
　　　　보》 4, 호남고고학회

서해안고속도로 발굴조사단 1998, 《서해안고속도로 건설구간(서천-군산간) 문화
　　　　유적》

성낙준 1983, 〈영산강유역의 대형옹관묘 연구〉, 《백제문화》 15, 공주대 백제문화
　　　　연구소

──── 1993, 〈전남지방 장고형고분의 축조기획에 대하여〉, 《역사학연구》 12, 전
　　　　남대사학회

──── 1996, 〈백제의 지방통치와 전남지방 고분의 상관성〉, 《百濟의 中央과 地
　　　　方》, 제8회 백제연구 국제학술대회

성춘택역 1997, 《고고학사-사상과 이론》, 학연문화사(Trigger, B.G. 1989, a

Historyof Archaeological Thought, Cambridge University Press)

성효현 1992, 〈서울시 선사문화 자원분포에 관한 예측모델-GIS의 활용〉, 국문화 역사지리학회

손병헌 1982, 〈고고학에 있어서 유물의 분류〉, 《한국고고학보》 12

순천대박물관 1997, 〈순천 금당2지구 2차 발굴조사 약보고〉(유인물)

────── 1998, 《전남 동부지역의 문화유적과 유물》

신경철 1985, 〈고식등자고〉, 《부대사학》 9

신경철 1992, 〈김해 예안리 160호분에 대하여〉, 《가야고고학논총》 1

──── 1994, 〈가야 초기 마구에 대하여〉, 《부대사학》 18

──── 1995, 〈삼한·삼국시대의 동래〉, 《동래군지》, 동래군지편찬위원회

신채호 1929, 〈전후삼한고〉, 《조선사연구초》

신형식 1985, 〈한국고대사 서술에 있어서 고고학의 역할과 문제점〉, 《역사학과 고고학》, 제28회 전국역사학대회 발표요지

安德任·米田穣·赤澤威 1994, 〈탄소·질소동위원소를 이용한 선사인의 식생활 연구〉, 《고고학지》 6

안승모 1988, 〈신석기시대〉, 《한국고고학》 21

──── 1994, 〈재배식물로 본 동아시아의 신석기시대 농경〉, 《동아시아 신석기문 화》, 국립문화재연구소 제2회 국제학술대회

안승모·유병하·윤태영 1996, 《완주 반교리 유적》, 국립전주박물관

안승주 1983, 〈백제 옹관묘에 관한 연구〉, 《백제문화》 15, 공주대 백제문화 연구소

안재호 1992, 〈송국리유형의 검토〉, 《영남고고학》 11, 영남고고학회

──── 1994, 〈삼한시대 후기와질토기의 편년〉, 《영남고고학》 14, 영남고고학회

안춘배 1990, 〈컴퓨터입력을 위한 고고자료의 분류(1)-토기자료를 중심으로〉, 《창산김정기박사화갑기념논총》

오건환·곽종철 1989, 〈김해평야에 대한 고고학적 연구(1)》, 《고대문화》 2

우재병 1999, 〈영산강유역 전방후원분 출토 원통형토기에 관한 시론〉, 제34회 백

제연구공개강좌, 충남대 백제연구소

원광대 마한·백제문화연구소 1989,《마한문화연구의 제문제》, 제11회 마한·백제문화국제학술대회

―――――――――― 1999,〈익산 율촌리분구묘 조사보고〉(유인물)

―――――――――― 외 1999,《서해안 고속도로(군간-고창간) 건설구간 발굴조사 지도위원회 자료》

유원재 1994,〈'晉書'의 마한과 백제〉,《한국상고사학보》 17

유 철 1996,〈전북지방 묘제에 대한 소고〉,《호남고고학보》 3

윤근일 2000a,〈풍납토성 발굴조사 개요〉,《삼한의 마을과 무덤》, 영남고고학회

―――― 2000b,〈풍납토성 발굴과 그 의의〉,《풍납토성(백제왕성) 보존을 위한 학술회의》, 동양고고학연구소

윤내현 1986,《한국고대사신론》, 일지사

윤덕향 1984,〈옹관묘 수 예〉,《윤무병박사 회갑기념논총》

―――― 1986,〈남원 세전리유적 지표조사 수습유물보고〉,《전라문화논총》 1

―――― 1988,〈전북지방 원삼국시대 연구의 문제점〉,《한국 상고사연구의 현황과 과제(1)》, 한국상고사학회

―――― 1992,《전주 여의동 유적》, 전북대 박물관

―――― 1994,《행정리 고분군》, 전북대 박물관

―――― 1995,〈전북지역의 패총〉,《군산지역의 패총》, 제3회 호남고고학회 학술대회

―――― 2000,《남양리》, 전북대 박물관

윤동석 1984,《한국 초기철기유물의 금속학적 연구》, 고려대출판부

윤동석·신경환 1982,〈한국 초기철기시대의 토광묘에서 출토된 철기유물의 금속학적 고찰〉,《한국고고학보》 12

윤무병 1972,〈한국 청동유물의 연구〉,《백산학보》 12

―――― 1975,〈무문토기 형식분류시고〉,《진단학보》 39

윤 선 외 1992, 〈진산리 17호 요지의 자연잔류자기 측정결과에 대하여〉, 《해남 진산리녹청자요지》, 목포대 박물관

윤용구 1999, 〈삼한의 대외교섭과 그 성격-조위의 동이경략과 관련하여〉, 《국사관논총》 85

윤종균 1998, 〈고대 철생산에 대한 일고찰〉, 전남대 석사학위논문

윤 환 역 1994, 《고고학입문》, 학연문화사(鈴木公雄 1988, 考古學入門, 東京大出版會)

은화수 1999, 〈한국 출토 복골에 대한 연구〉, 전북대 석사학위논문

이건무 1990a, 〈당진 소소리 유적출토 일괄유물〉, 《고고학지》 2

이건무 1990b, 〈부여 합송리유적출토 일괄유물〉, 《고고학지》 2

이건무 · 서성훈 1988, 《함평 초포리유적》, 국립광주박물관

이근욱 1993, 〈보성강유역 집자리유적의 성격과 변천〉, 《한국상고사학회》 14

이기길 1988, 〈구석기시대의 석기에서 관찰된 쓴 자국의 연구〉, 《고문화》 32

────── 1995, 《광주 산월 · 뚝뫼 · 포산 유적》, 조선대 박물관

이기길 · 김은정 1999, 〈장성군의 고고유적〉, 《장성군의 문화유적》, 조선대 박물관

이기동 1987a, 〈한국고대사 연구의 방향과 과제〉, 제30회 전국역사

────── 1987b, 〈마한영역에서의 백제의 성장〉, 《마한 · 백제문화》 10, 원광대 마한 · 백제문화연구소

이기백 1973, 〈한국사의 시대구분 문제〉, 《한국사시대구분론》(한국경제사학회 편), 을류문화사

────── 1982, 《한국사신론》(개정판), 일조각

이기선 1976, 〈열형광 측정법에 의한 고대도자기의 연대측정〉, 《문화재》 10

이남규 1982, 〈남한 초기철기문화의 일고찰-특히 철기의 금속학적 분석을 중심으로-〉, 《한국고고학보》 13

────── 1997, 〈일본의 매장문화재 조사체제〉, 《문화재관리-동서양의 현황과 과제》, 제40회 대학박물관협회 학술발표회 발표요지

이도학 1995, 〈마한제국의 성장과 백제국의 복속과정-해남지역을 중심으로-〉,
《백제의 고대국가 연구》, 일지사

이동영 1994, 〈선사유적지층의 형성시기와 고환경해석을 위한 지질연구〉, 《고고
학과 자연과학》, 제12회 한국상고사학회 학술발표회

이문웅역 1978, 《문화의 개념》(L.A.White저), 일지사

이백규 1982, 〈김제 청하주거지 발굴보고〉, 《전북사학》 6

이병도 1959, 〈백제의 흥기와 마한의 변천〉, 《한국사-고대편》, 진단학회

────── 1976, 〈삼한문제의 연구〉, 《한국고대사연구》, 박영사

이상규·이영훈·황세호·노태천·신종환 1997, 〈진천 석장리 철생산유적에 대
한 발굴전후 물리탐사반응 비교연구-고고학적 발굴조사에 대한 물리탐사
법의 적용사례-〉, 《한국고고학보》 37

이선복 1988, 《고고학개론》, 이론과 실천

────── 2000, 〈구석기 고고학의 편년과 시간층위 확립을 위한 가설〉, 《한국고고
학보》 42

이성주 1991, 〈Post-modernism 고고학과 전망]〉, 《한국상고사학보》 7

────── 1995a, 〈고고학지식 구축의 맥락〉, 《영남고고학》 16

────── 1995b, 〈제국주의시대 고고학과 그 잔역〉, 《고문화》 47

────── 1996, 〈청동기시대 동아시아 세계체계와 한반도의 문화변동〉, 《한국상고
사학보》 23

────── 1998a, 〈한반도 철기시대에 대한 개념화의 시도〉, 《동아시아의 철기문
화》, 제7회 문화재연구 국제학술대회, 국립문화재연구소

────── 1998b, 〈사회에 대한 고고학적 접근의 방법과 평가〉, 《창원사학》 4, 창원
대학교 사학회

이영남 1988, 〈고고학연구에 있어 자연과학의 활용〉, 《한국상고사연구의 현황과
과제(1)》, 한국상고사학회

이영문 1981, 〈전남지방 횡혈식석실분에 대한 일고찰〉, 《향토문화》 11, 향토문화

연구협의회

이영문 1988, 〈보성 죽산리유적의 성격〉, 《박물관기요》 4, 단국대 박물관

────── 1989, 〈전남지방 마한소국 비정지에 대한 고고학적 검토〉, 《향토문화》 10

────── 1991, 〈전남지방 횡혈식석실분에 대한 일고찰〉, 《향토문화》 11, 향토문화

연구협의회

────── 1993, 〈전남고고학 연구소사〉, 《박물관연보》, 목포대 박물관

이영문 · 조근우 · 정기진 1996, 《광주 일곡동 유적》, 목포대 박물관

이영문 · 이정호 · 이영철 1997, 《무안 양장리 유적》, 목포대 박물관

이영철 1997, 〈전남지역 주거지의 벽구시설 검토〉, 《박물관연보》 6, 목포대 박물관

이오희 1996, 〈고대철제의 상감기법 및 재질에 대한 과학적 분석〉, 《호암미술관

연구논문집》 1

이융조 1975, 〈방사성탄소연대측정과 한국의 선사시대 편년문제〉, 《역사학보》 68

────── 1977, 〈한국고고학의 편년에 대한 연구〉, 《한국사연구》 15

이인숙 1989, 〈초기철기시대의 유리연구(1)〉, 《고문화》 34

이정남 1990, 〈운평리 고구려고분군 제4지구 기단적석총 발굴보고〉, 《조선고고

연구》 74-1

이정호 1996a, 〈영산강유역 옹관고분의 분류와 변천과정〉, 《한국상고사학보》 22

────── 1996b, 〈영산강유역 고분에 대한 시론적 고찰〉, 《박물관연보》 4, 목포대

박물관

────── 1996c, 〈전방후원형 고분의 연구사 검토〉, 《호남고고학보》 4, 호남고고학회

이종욱 1982, 《신라국가형성사》, 일조각

────── 2000, 〈풍납토성과 『삼국사기』초기기록〉, 《풍납토성(백제왕성) 보존을

위한학술회의》, 동양고고학연구소

이종선 1976, 〈고고학에 있어서 연대결정법〉, 《한국문화인류학》 8

────── 1989, 〈오르도스 후기 금속문화와 한국의 철기문화〉, 《한국상고사학보》 2

이 철 1994, 〈패턴 인지법을 사용한 고고학적 분석데이타의 해석〉, 《고고학과

자연과학》, 제12회 한국상고사학회 학술발표회

이 철 외 1991, 〈미량성분 원소분석에 의한 흑요석의 분류〉, 《고고미술사론》 2, 충북대 고고미술사학과

이헌종 1991, 《한반도 후기구석기문화의 성격과 편년에 대한 분석적 연구》, 경희대 석사학위논문

──── 1995, 〈'강원도의 구·중석기문화'에 대한 토론〉, 《고고학 상으로 본 강원도》, 제13회 한국상고사학회 학술발표회

──── 1998a, 〈동북아시아 후기구석기 최말기의 성격과 문화변동에 관한 연구〉, 《한국고고학보》 39, 한국고고학회

──── 1998b, 〈석기분석법〉, 《고고학연구방법론》, 서울대 출판부

이현혜 1984, 《삼한사회 형성과정의 연구》, 일지사

──── 1993, 〈원삼국시대론의 검토〉, 《한국고대사논총》 5

이현혜 1997, 〈3세기 마한과 伯濟國〉, 《백제의 중앙과 지방》, 충남대 백제연구소

이호관 1988, 〈유리제 유물의 분석〉, 《한국고고학에 있어서 과학적 분석》, 제12회 한국고고학전국대회

이희준 1983, 〈형식학적 방법의 문제점과 순서배열법의 검토〉, 《한국고고학보》 14·15

──── 1984, 〈한국고고학 편년연구의 몇 가지 문제〉, 《한국고고학보》 16

──── 1986a, 〈페트리 계기연대법의 편년 원리고찰〉, 《영남고고학》 1

──── 1986b, 〈상대연대의 종합고찰〉, 《영남고고학》 2

──── 1996, 〈신라의 성립과 성장 과정에 대한 고찰〉, 《신라고고학의 제문제》, 제20회 한국고고학전국대회

──── 1997, 〈신라고고학 방법론 서설〉, 《한국고고학보》 37

────역 2000, 《인류의 선사문화》, 사회평론(Fagan, B.M 1999, World Prehistory-a brief introduction(4th ed.), Addison Wesley Longman)

임영진  1989, 〈전남지역 토광묘에 대한 고찰〉,《전남문화재》2

──── 1992a, 〈영산강유역의 석실분의 수용과정〉,《전남문화재》3

──── 1992b, 〈광주 평동 풍암지역의 고고학유적〉,《광주 평동 풍암공단지역의 문화유적지표조사》, 전남대 박물관

──── 1993, 〈영광군의 고고학적 유적 2〉,《영광군 문화유적학술조사》, 전남대 박물관

──── 1994, 〈광주 월계동의 장고분 2기〉,《한국고고학보》31, 한국고고학회

──── 1995, 〈마한의 형성과 변천에 대한 고고학적 고찰〉,《삼한의 사회와 문화》, 한국고대사학회편, 신서원

──── 1996a, 〈영산강유역의 이형분구〉,《호남지역 고분의 분구》, 제4회 호남고고학회 학술대회

──── 1996b, 〈함평 예덕리 만가촌고분과 영산강유역고분의 주구〉, 제39회 전국역사학대회 발표요지

──── 1997a, 〈전남지역 석실분의 입지와 석실구조〉,《호남지역 고분의 내부구조》, 제5회 호남고고학회 학술대회

──── 1997b, 〈전남지역 석실봉토분의 백제계통론 재고〉,《호남고고학보》6, 호남고고학회

──── 1997c, 〈마한 소멸시기 재고〉,《삼한의 역사와 문화》, 자유

──── 1997d, 〈나주지역 마한문화의 발전〉,《나주 마한문화의 형성과 발전》, 나주시 · 전남대 박물관

임영진 · 서현주 1996, 〈화순 용강리의 토광묘와 옹관묘〉,《호남고고학보》3

──────── 1997,《광주 치평동 유적》, 전남대 박물관

──────── 1999,《광주 쌍촌동 유적》, 전남대 박물관

임영진 · 조선진 1995,《광주 월계동장고분 · 쌍암동고분》, 전남대 박물관

임영진 · 조선진 · 서현주 1998a,《보성 금평 패총》, 전남대 박물관

──────────── 1998b,《여수 미평동 양지유적》, 전남대 박물관

임효재  1977, 〈고고학의 최근 경향〉,《교양으로서의 고고학》

───  1993, 〈선사시대 남북한 시대구분의 비교〉,《국사관논총》50

───  1995, 〈한·일문화교류사의 새로운 발굴자료〉,《제주 신석기문화의 원류》, 한국신석기연구회

임효재·이종선편 1977,《교양으로서의 고고학》

장호수  1994, 〈한국고고학과 서구이론의 적용문제〉,《한국상고사학보》15

전경수  1984, 〈한국민족문화의 기원문제에 대한 방법론의 비판적 검토〉,《한국사론》14, 국사편찬위원회

───  1988, 〈신진화론과 국가형성론-인류학이론의 올바른 적용을 위하여-〉,《한국사론》19, 서울대 국사학과

───  1990, 〈대략짐작의 고고학적 경향을 駁함〉,《한국지석묘의 제문제》, 제14회 한국고고학 전국대회 발표요지

───  1993, 〈선사문화의 변동과 소금의 민속고고학-한국고고학의 이론화를 위한 시론-〉,《한국학보》72, 일지사

전경수  1994, 〈문화개념의 주변만을 맴도는 원삼국문화론〉,《현대사회과학연구》5, 전남대 사회과학연구소

전국문화원연합회 전남지부 1996,《세계화시대의 지역문화》, 제8회 향토문화연구심포지엄

전남대 박물관 1997, 〈광주 상무2택지개발지구 문화유적 발굴조사 현장설명회〉

전남대사회과학연구소·유네스코한국위원회 1995,《호남지역 문화유산의 보존: 현황과 대책》

전라남도 1993,《전남도지》2(선사문화편)

───  1997,《문화재관리실무편람》

전영래  1973, 〈전북지역 출토 옹관묘 2례〉,《전북유적조사보고》1, 전북도립박물관

───  1975, 〈고창 송룡리 옹관묘〉,《전북유적조사보고 》1, 전북도립박물관

───  1987, 〈금강유역 청동기문화권 신자료〉,《마한·백제문화》10

전영래  1990,《전주 여의동 선사유적 발굴조사 보고서》, 전주대 박물관

정기진 · 장제근 1998,《광주 용봉동 유적》, 광주시민속박물관

정계옥  1993,〈유적탐사법 개설〉,《문화재》26, 문화재관리국

정징원  1989,〈초기철기시대와 원삼국시대〉,《한국상고사》(한국상고사학회편),
　　　　　민음사

제종길  1994,〈연체동물과 인간〉,《고고학과 자연과학》, 제12회 한국상고사학회
　　　　　학술발표회

제주대 박물관 1998,《제주 고산리유적》, 제주대학교박물관조사보고 23집

조근우  1996,〈전남지방의 석실분 연구〉,《한국상고사학보》21

조선대 박물관 1997,〈순천시 황전면 죽내리유적 추가발굴 약보고서〉(유인물)
　　　　　　　　　1999,〈영광 마전 · 원당 · 수동 · 군동유적 약보고서〉(유인물)

조영현  1992,〈기구를 이용한 유적의 공중 촬영방법〉,《영남고고학》11

조유전  1984,〈전남 화순 청동유물일괄 출토유적〉,《윤무병박사회갑기념논총》

조현종  1997a,〈목기연구집성(1)〉,《무안 양장리 유적 종합연구》, 목포대 박물관

──── 1997b,〈호남지방 도작농경의 현단계〉,《호남고고학의 제문제》, 제21회
　　　　한국고고학전국대회

조현종 · 박중환 · 선재명 1997,〈신발견 영산강유역 고고유적(1)〉,《광주 수완지구
　　　　문화유적 지표조사 보고서》, 국립광주박물관

조현종 · 박중환 · 최상종 1996,〈전남의 토광묘 · 옹관묘〉,《전남의 고대묘제》, 전
　　　　라남도

조현종 · 신상효 · 선재명 2000,《광주 신창동유적 주변 시굴조사 보고서》, 국립광
　　　　주박물관

조현종 · 신상효 · 장제근 1996,《광주 운남동유적》, 국립광주박물관
────────── 1997,《광주 신창동 저습지유적 1》, 국립광주박물관

조현종 · 장제근 1993,《광주 신창동유적》, 국립광주박물관

지건길  1990a,〈장수 남양리 출토 청동기 · 철기 일괄유물〉,《고고학지》2

지건길 1990b, 〈남해안지방 한대화폐〉, 《창산김정기박사화갑기념논총》

───── 1994, 〈호남고고약사〉, 《배종무총장퇴임기념사학논총》

진단학회편 1959, 《한국사》 1(고대편), 을류문화사

채병서 1961, 〈방사능에 의한 새로운 연대결정법〉, 《고고미술》 2-2

천관우 1975, 〈삼한의 성립과정〉, 《사학연구》 26

───── 1976a, 〈『삼국지』한전의 재검토〉, 《진단학회》 41

───── 1976b, 〈삼국의 국가형성(상)(하)-三韓攷의 제3부〉, 《한국학보》 2·3

───── 1979, 〈마한제국의 위치 비정〉, 《동양학》 9

최광남 1991, 《문화재의 과학적 보존》, 대원사

최기룡 1994, 〈고고학 연구수단으로서의 화분분석〉, 《고고학과 자연과학》, 제12
회 한국상고사학회 학술발표회

최몽룡 1976, 《대초·담양댐 수몰지구 유적발굴조사보고》, 전라남도

───── 1978, 〈전남지방 지석묘의 형식과 분류〉, 《역사학보》 78

───── 1981, 〈도시·국가·문명-미국고고학연구의 동향-〉, 《역사학보》 92

───── 1982, 〈고고학에 있어서 복원문제〉, 《서울대 인문논총》 8

───── 1983, 〈한국고대국가형성에 대한 일고찰-위만조선의 예-〉, 《한국고대의
국가와 사회》, 일조각

최몽룡 역 1984, 《신고고학개요》, 동성사(Woodall, J.N. 1972, An Introduction
to Modern Archaeology, Schenkman Publishing Co. Cambridge)

───── 1985, 〈역사학과 고고학-역사서술에 있어 고고학의 공헌-〉, 《역사학과 고
고학》, 제28회 전국역사학대회 발표요지

───── 1986, 〈고고학측면에서 본 마한〉, 《마한·백제문화》 9, 원광대 마한·백
제문화연구소

───── 1987a, 〈고고학적인 측면에서 본 마한〉, 《마한·백제문화》10, 원광대 마
한·백제문화연구소

───── 1987b, 〈고고학 시대구분에 대한 약간의 제언〉, 《최영희선생회갑기념한

국사학논총》

최몽룡  1988, 〈반남면 고분군의 의의〉, 《나주 반남면 고분군》, 국립광주박물관

──  1989, 〈역사고고학연구의 방향〉, 《한국상고사》(한국상고학회편), 민음사

──역  1989, 《인류의 선사시대》, 을류문화사(Fagan, B.M 197 , World Prehistory-a brief introduction(2nd ed.), Harper Collins)

──  1990, 〈전남지방 삼국시대 전기의 고고학 연구현황〉, 《한국고고학보》 24

──  1992, 〈한국 철기시대의 시대구분〉, 《국사관논총》 50

──  1993a, 〈철기시대-최근 15년간의 연구성과〉, 《한국사론》 23, 국사편찬위원회

──  1993b, 〈한국고고학에 있어서 자연과학적 연구-인골과 토기분석의 연구현황과 검토〉, 《한국상고사학보》 13

──  1996, 〈한국의 철기시대〉, 《동아시아의 철기문화-도입기의 제양상》, 국립문화재연구소

──  1997a, 〈철기시대의 시기구분〉, 《한국사》 3, 국사편찬위원회

──  1997b, 〈나주지역 고대문화의 특성〉, 〈나주 마한문화의 형성과 발전》, 나주시 · 전남대박물관

──  2000, 〈풍납동 토성의 발굴과 문화유적의 보존〉, 《흙과 인류》, 주류성

──외  1989a, 〈대곡리 도롱 주거지〉, 《주암댐 수몰지구 문화유적 발굴조사 보고서》 IV

──외  1989b, 〈낙수리 낙수 주거지〉, 《주암댐 수몰지구 문화유적 발굴조사 보고서》 IV

──외  1992, 《한국 선사고고학사-연구현황과 전망-》, 까치

최몽룡 · 권오영  1985, 〈고고학적 자료를 통해 본 백제 초기의 영역고찰〉, 《천관우선생환력기념 한국사논총》

최몽룡 · 김경택  1990, 〈전남지방 마한 · 백제시대의 주거지 연구〉, 《한국상고사학보》

최몽룡 · 신숙정 1988, 〈한국 고고학에 있어서 토기의 과학분석에 대한 검토〉, 《한국상고사학보》 창간호

최몽룡 · 신숙정 · 이동영 1997, 《고고학과 자연과학-토기편》, 서울대 출판부

최몽룡 · 최성락편 1997a, 《인물로 본 고고학사》, 한울

———————— 1997b, 《한국고대국가형성론》, 서울대 출판부

최몽룡 · 최성락 · 신숙정편 1998, 《고고학연구방법론》, 서울대 출판부

최무장 1995, 《교양고고학》, 건국대 출판부

최복규 1974, 〈한국에 있어서 중석기문화의 존재가능성〉, 《백산학보》 16

—— 1983, 《한국과 그 주변의 중석기문화》, 연세대학교 박사학위 논문

—— 1988, 〈한국과 시베리아의 중석기시대 유적과 문화-시베리아 지역을 중심으로〉, 《손보기박사정년기념고고인류학논총》

—— 1995, 〈강원도의 구 · 중석기문화〉, 《고고학상으로 본 강원도》, 제13회 한국상고사학회 학술발표회

최성락 1982a, 〈한국 마제석촉의 고찰〉, 《한국고고학보》 12

—— 1982b, 〈방사성탄소측정연대문제의 검토-이론적 검토 및 그 활용방법에 대하여-〉, 《한국고고학보》 13

—— 1984, 〈한국고고학에 있어서 형식학적 방법의 검토〉, 《한국고고학보》 16

—— 1986, 〈선사유적 · 고분〉, 《해남군의 문화유적》, 목포대 박물관

—— 1987a, 〈고고학적 자료의 통계적 분석〉, 《한국사론》 17, 국사편찬위원회

—— 1987b, 〈해남 백포만일대의 선사유적〉, 《최영희선생화갑기념한국사학논총》, 탐구당

—— 1987~1989, 《해남 군곡리 패총》 Ⅰ~Ⅲ, 목포대 박물관

—— 1988, 〈전남지방의 원삼국문화〉, 《한국 상고사연구의 현황과 과제(1)》, 한국상고사학회

—— 1989a, 〈한국고고학에 있어서 연대문제〉, 《한국고고학보》 23

—— 1989b, 〈원삼국기 토기의 변천과 문제점〉, 《영남고고학》 5

최성락 1990, 〈전남지방의 마한문화〉, 《마한 · 백제문화》 12, 원광대 마한 · 백제
　　　연구소

—— 1993a, 《한국 원삼국문화의 연구》, 학연문화사

—— 1993b, 〈원삼국시대의 패총의 패총문화–연구성과와 제문제〉, 《한국고고
　　　학보》 29, 한국고고학회

—— 1993c, 〈유적의 보존실태 보고–전남 함평군을 중심으로-〉, 《호남고고학
　　　보》 1

—— 1995a, 〈한국고고학에 있어서 시대구분론〉, 《아세아고문화》, 석계황용훈
　　　교수정년기념논총

—— 1995b, 〈한국고고학에 있어서 전파론적 해석〉, 《한국상고사학보》 19

—— 1996a, 〈고고학과 인류학〉, 《박물관연보》 4, 목포대 박물관

—— 1996b, 〈고고학에 있어서 문화의 개념〉, 《한국상고사학보》 22

—— 1996c, 〈전남지방에서 복합사회의 출현〉, 《백제논총》 5, 백제개발연구원

—— 1996d, 〈와질토기의 비판적인 검토〉, 《영남고고학》 19

—— 1997a, 〈톰센과 삼시대법〉, 《인물로 본 고고학사》, 한울

—— 1997b, 〈고고학에 있어서 문화 복원〉, 《한국상고사학보》 26

—— 1997c, 〈문화유산의 보존대책과 활용방안〉, 《문화유산의 보존과 지역발
　　　전》, 제9회 향토문화연구 심포지엄

—— 1998a, 《한국고고학의 이론과 방법》, 학연문화사

—— 1998b, 〈고고학에서 자연과학의 활용〉, 《고고학연구방법론》(최몽룡외
　　　편), 서울대 출판부

—— 1998c, 〈철기시대 주거지를 통해 본 사회상〉, 《동아시아의 철기문화》, 국
　　　립문화재연구소

—— 1999, 〈철기시대의 설정과 문제점〉, 《박물관연보》 7, 목포대 박물관

—— 2000a, 〈전남지역 고대문화의 성격〉, 《국사관논총》 91

—— 2000b, 〈고대사연구와 고고학〉, 《지방사와 지방문화》 2, 역사문화학회

최성락 2000c, 〈국가형성과정에 대한 고고학적 평가-1~3세기 백제지역을 중심
　　　으로-〉, 《동아시아 1~3세기의 고고학연구》, 국립문화재연구소 국제학술
　　　대회

최성락 · 김건수 1999, 《영광 학정리, 함평 용산리유적》, 목포대 박물관

최성락 · 박철원 1994, 〈선사유적 · 고분〉, 《구례군의 문화유적》, 목포대 박물관

최성락 · 이영문 · 이헌종 · 김건수 1999, 〈고고유적〉, 《나주시의 문화유적》, 목포
　　　대박물관

최성락 · 이영문 · 이영철 1997, 〈순천 요곡리 토광묘〉, 《한국고고학보》 31

최성락 · 이영철 · 윤효남 2000, 《무안 양장리유적 Ⅱ》, 목포대 박물관

최성락 · 이영철 · 한옥민 1999, 《무안 인평 고분군》, 목포대 박물관

최성락 · 이정호 1993, 〈선사유적 · 고분〉, 《함평군의 문화유적》, 목포대 박물관

최성락 · 이정호 · 이영철 1995, 《광주 오룡동유적》, 목포대 박물관

최성락 · 이정호 · 윤효남 2000, 〈나주 송제리석실분 실측조사〉, 《자미산성》, 목포
　　　대 박물관

최성락 · 조근우 · 박철원 1992, 《무안 월암리 지석묘》, 목포대박물관

崔盛洛 · 坂田邦洋 1995, 〈南海岸地域 考古學遺蹟에서의 火山灰層의 調査-先史遺
　　　蹟의 編年을 위한 硏究〉, 《역사의 재조명》, 한림과학원

최완규 1996a, 〈익산 영등동 주구묘〉, 제39회 전국역사학대회발표요지

──── 1996b, 〈주구묘의 특징과 제문제〉, 《고문화》 49, 한국대학박물관협회

──── 1997a, 〈호남지방 주구묘의 제문제〉, 《호남고고학의 제문제》, 제21회 한
　　　국고고학 전국대회

──── 1997b, 《금강유역 백제고분의 연구》, 숭실대 박사학위논문

──── 1998, 〈익산 신동리 초기철기 및 백제문화유적〉, 제41회 전국역사학대회
　　　발표요지

──── 2000a, 〈마한묘제의 최근 조사 및 연구동향〉, 《삼한의 마을과 무덤》, 제9
　　　회 영남고고학 학술발표회

최완규 2000b, 〈호남지역 마한분묘 유형과 전개〉,《호남고고학보》11

최은주 1986, 〈한국 곡옥의 연구〉,《숭실사학》4, 1~50

───── 1988, 〈곡옥분석에 있어서의 문제점과 검토〉,《한국고고학에 있어서 과학
　　　적 분석》, 제12회 한국고고학전국대회

최인선 · 이동희 · 조근우 1997,《순천 조례동 신월 유적》, 순천대 박물관

최정필 1994, 〈신진화론과 한국 상고사해설의 비판에 대한 제검토〉,《한국상고사
　　　학보》16

최종규 1991, 〈무덤으로 본 삼한사회의 구조 및 특징〉,《한국고대사논총》2, 한
　　　국고대사연구소

최 주 외 1983, 〈통일신라 그릇에 대한 금속학적 고찰〉,《미술자료》32

추연식 1992, 〈고고학 추론에 있어서 문화특수적 상관유추의 활용〉,《한국상고사
　　　학보》10

───── 1994a, 〈취락고고학의 세계적 연구경향〉,《마을의 고고학》, 제18회 한국
　　　고고학전국대회 발표요지

───── 1994b, 〈고경제학파와 상용자원잠재력 평가분석〉,《선사문화》3, 충북대
　　　선사문화연구소.

───── 1997,《고고학 이론과 방법론》, 학연문화사

충남대 백제연구소 1997,《마한사의 새로운 인식》

　　　　　　　　　　　　 1999,《한국의 전방후원분》, 백제연구 한 · 일 학술회의

충남대 출판부 1998,《마한사 연구》, 백제연구총서 6집

한국고고학회 1988,《한국고고학에 있어서 과학적 분석의 검토》, 제12회 한국고
　　　고학전국대회

한국고고학회 1997,《호남고고학의 제문제》, 제21회 한국고고학전국대회

한국대학박물관협회 1997,《문화재관리-동서양의 현황과 과제-》, 제40회 학술발
　　　표회 발표요지

한국상고사학회 1994,《고고학과 자연과학》, 제12회 한국상고사학회 학술발표회

한국상고사학회 1998, 〈전환기의 고고학(1)〉, 제20회 학술발표회

한국토지개발공사 1994,《문화재 실무편람》

한국토지공사 1996,《국토개발과 문화재보존》

韓炳三 1989, 〈原三國時代-嶺南地方の遺蹟を中心として-〉,《韓國の考古學》, 講談社

한수영 1995,《한반도 서남부지역 토광묘에 대한 연구》, 전북대 석사학위 논문

―――― 1998, 〈군산지역 패총의 현황과 그 성격〉,《호남지역의 신석기문화》, 제6회 호남고고학회

한영희 1983, 〈철기시대-주거생활〉,《한국사론》13

한창균 1983, 〈제4기의 지질 및 자연환경〉,《한국사론》12, 국사편찬위원회

허문회 1991, 〈한국 재배도의 기원과 전래〉,《한국고고학보》27

호남고고학회 1995,《군산지역의 패총》, 제3회 호남고고학회 학술대회

―――――― 1997,《호남지역 고분의 내부구조》, 제5회 호남고고학회 학술대회

홍형우 1994, 〈족장사회에 대한 일고찰〉,《한국상고사학보》15

황용훈 1974,《영암 내동리옹관묘 조사보고》, 경희대 박물관

―――― 1988, 〈방위각과 신라고분〉,《한국고고학에 있어서 과학적 분석》, 제12회 한국고고학전국대회


吉井秀夫 1996, 〈橫穴式 石室墳의 收用樣相으로 본 百濟의 中央과 地方〉,《百濟의 中央과 地方》, 제8회 백제연구 국제학술대회

渡邊誠 1991, 〈郡谷里貝塚出土 卜骨의 硏究〉,《名古屋大學文學部研究論文》110(史學37)

東村武信 1984, 〈오산리유적 출토 흑요석의 형광분석〉,《오산리유적》, 서울대 박

물관

東潮 1995,〈榮山江流域と慕韓〉,《展望考古學》, 考古學研究會

東潮 1996,〈慕韓과 辰韓〉,《碩晤尹容鎭敎授停年退任記念論叢》

藤田亮策 1948,〈朝鮮の石器時代〉,《朝鮮考古學研究》

三上次男 1966,〈南部朝鮮における韓人部族國家の成立と發展〉,《古代東北アジア
　　　　史研究》, 吉川弘文館

西谷正 1982,〈韓國考古學の時代區分について〉,《考古學論考》, 小林行雄古稀記
　　　　念論文集

西谷正 1999,〈前方後圓墳을 통해서 본 南道와 日本과의 關係〉,《嶺·湖南의 古
　　　　代 地方社會》, 창원대학교 박물관

小栗明彦 1997,〈光州月桂洞1號墳出土埴輪の評價〉,《古代學研究》137

小田富士雄 1997,〈韓國の前方後圓形墳-研究史的 展望と課題-〉,《福岡大學人文
　　　　論叢》28-4

岡內三眞編 1996,《韓國の前方後圓形墳》, 雄山閣

有光敎一 1940,〈羅州潘南面古墳の調査〉,《昭和十三年度古蹟調査報告》, 朝鮮古蹟
　　　　調査研究會

森浩一 1984,《韓國の前方後圓墳》, 社會思想史

田中俊明 1996,〈百濟 地方統治에 대한 제문제-5~6세기를 중심으로-〉,《百濟의
　　　　中央과 地方》, 제8회 백제연구 국제학술대회

田淵義三郎譯 1969,〈異敎的古物の時代區分〉,《古代學》8-3

朝鮮總督府 1920,《大正6年度古蹟調査報告書》

土生田純之 1996,〈朝鮮半島の前方後圓墳〉,《人文科學年報》26, 專修大學人文科
　　　　學研究所

坂詰秀一 1990,《歷史考古學の視覺と實踐》, 考古學選書 32, 雄山閣

坂詰秀一·森郁夫編, 1983《日本歷史考古學を學ぶ》(上), 有斐閣選書

Ahn, Sung-Mo 1994, "Validity of Chemical Analysis for Identification of Charred Rice Grains", 《한국고고학보》 31, 31~43

Binford, L.R 1962, "Archaeology as anthropology", *American Antiquity* 28-2, 217~225

―――――― 1965, "Archaeological systematics and the study of cultural process", *American Antiquity* 34, 376~384

―――――― 1972, *An Archaeological Perspective*, Seminar Press

―――――― 1972, "Archaeological Perspective", *An Archaeological Perspective*, Seminar Press

―――――― 1978, *Theory Building in Archaeology*, Academic Press

Bintliff, J. 1991, 'The contribution of Annaliste/structual history approach to archaeology', *The Annales School and Archaeology*(ed. by J. Bintliff), Leicester University Press, London

Childe, G. 1956, *A short Introduction to Archaeology*

Choi, Mong-Lyong 1981, "Analyses of Plain Coarse Pottery from Cholla Province, and the Implication for ceramic Technology and so-called Yongsan River Vallery Culture area", 《한국고고학보》 10 · 11, 261~276

Clarke, D.L. 1968, *Analytical Archaeology*, London

―――――― 1973, "Archaeology : the lost of innocence", *Antiquity* 47

Daniel, G. 1981, *A Short History of Archaeology*, Thames and Hudson

Deagan, K. 1982, Avenues of Inguiry in Historical Archaeology, *Advences in Arcaeological Method and Theory*(ed. M.B.Schiffer), Vol 5, Academic Press, 151~177

Deetz, J. 1967, *Invitation to Archaeology*, The Natural History Press

Dunnel, R.C. 1989, "Philosophy of science and archaeology", *Critical Traditions in Contemporary Archaeology*, Cambridge University Press. Ethnology 47, no. 1, Harvard University, Cambridge, Mass Graslund, Bo 1994, *The Birth of Prehistoric Chronology*, Cambridge University Press

Hodder, I. 1986, *Reading the Past: Current approaches to interpretation in archaeology*, Cambridge University Press

Kroeber, A. L. and Clyde Kluckhohn 1952, "Culture: a critical review of concepts and definitions", Papers of the Peabody Museum of American Archaeology and Ethnology 49, no.1, Harvard University, Cambridge, Mass.

Kerber, Jordan E.(ed.) 1994, *Cultural Resource Management*, Bergin and Garvey

MacNeish, R.S. 1978, *The Science of Archaeology ?*, Duxbury Press

Meinander, C. F. 1981, "The concept of culture in European archaeological literature", *Towards a History of Archaeology*(ed. G.Danial), Thames and Hudson

Milisauskas, Sarunas 1978, *European Prehistory*, Academic Press

Mueller, J.W. ed. 1979, *Sampling in Archaeology*, The University of Arizona Press

Noel Hume, I. 1975, *Historical archaeology*, The Norton Library

Renfrew, C. and P. Bahn 1991, *Archaeology*, Thames and Hudson

Schiffer, M.B. 1976, *Behavioral Archaeology*, Academic Press

——————— 1988, "The structure of archaeological theory", American Antiquity 53-3

Sharer, R.J. and W. Ashmore 1993, *Archaeology*, Mayfield

Smith, George S. and John E. Ehrenhard(ed.) 1991, Protecting the Past, CRC Press

Trigger, B.G. 1978, *Time and Tradition*, Columbia University Press

Tylor, E.B. 1871, *Primitive Culture*, London

Watson, P.J., S.A. LeBlanc and C.L. Redman 1984, *Archaeological Explanation : the Scientific Method in Archaeology*, Columbia University Press, New York

Watson, P. J. 1995, "Archaeology, Anthropogy, and the Culture Concept", *American Anthropologist* 97(4), 683~694

Webster, D.L., S.T. Evans and W.T. Sanders 1993, *Out of the Past*, Mayfield

Winthrop, R.H. 1991, *Dictionary of Concepts in Cultural Anthropology*, Greenwood Press